传统文化
与人力资源管理

张兰蓉 著

中国原子能出版社
China Atomic Energy Press

图书在版编目（CIP）数据

传统文化与人力资源管理 / 张兰蓉著 . -- 北京：
中国原子能出版社 , 2022.12

ISBN 978-7-5221-2557-2

Ⅰ . ①传… Ⅱ . ①张… Ⅲ . ①人力资源管理—研究
Ⅳ . ① F243

中国版本图书馆 CIP 数据核字 (2022) 第 241623 号

传统文化与人力资源管理

出版发行	中国原子能出版社（北京市海淀区阜成路 43 号 100048）
责任编辑	马世玉
责任印制	赵　明
印　　刷	北京天恒嘉业印刷有限公司
经　　销	全国新华书店
开　　本	787mm×1092mm　1/16
印　　张	11
字　　数	220 千字
版　　次	2022 年 12 月第 1 版　　2022 年 12 月第 1 次印刷
书　　号	ISBN 978-7-5221-2557-2　　　　定　价　76.00 元

前　言

"不忘历史才能开辟未来，善于继承才能善于创新。"习近平总书记这句话告诉我们，对待古老而富有生机的优秀传统文化，既要传承，又要进行创新，充分发挥其应有的时代价值。继承中华优秀传统文化是文化创新发展的需要，是社会主义实践的需要，是中华民族伟大复兴的需要。弘扬是在继承基础上的发扬，是在实践中自觉加以贯彻、提倡、发挥。只有通过创造的继承和有继承的创造，才能在文化的发展中使文化的连续性和创造性得到统一。

传统文化中构成古代社会领导思想的基本秩序是礼治秩序。传统文化除了维系社会稳定的基本秩序的"礼治"，其价值观还强调儒家的"修身""克己""去欲"的功夫和道家的"无心""无我""自然"的自我认同"契约"，又再次从人内在的心性方面抑制、消灭个人的主体性与个性。因此，研究中国传统文化中的识人用人与领导力培养，首先必须审视传统文化中的精华和糟粕，只有这样才能开始进行简单的学术探索起步。

人力资源作为一种新的管理模式，已经越来越多地被接受，但在发展过程中存在相应的体制和机制上的问题，需要吸取传统文化在重人、选人、激励方面的合理因素，以此启发用人单位在人力资源的开发与创新中加以运用和借鉴。因此，本书从中国传统文化的基本精神、中国传统文化的价值系统入手，先是介绍了传统文化下的人文素养、传统领导力思想中的用人，并对中国式人力资源管理、人力资源相关法律法规、员工关系管理、绩效管理、激励管理等做出详细的阐述，最后探讨了中国式人才开发与教育培训等，能够为现代人力资源管理提供参考。

本书在编写过程中由于涉及的研究内容广泛，具有较强的综合性和应用性，加之编者水平有限，时间仓促，书中不妥之处在所难免，敬请读者批评指正，以便今后进一步修改，使之日臻完善。

内 容 简 介

　　人力资源作为一种新的管理模式，已经越来越多地被接受，但在发展过程中存在相应的体制和机制上的问题，需要吸取传统文化在重人、选人、激励方面的合理因素，以此启发用人单位在人力资源的开发与创新中加以运用和借鉴。因此，本书从中国传统文化的基本精神、中国传统文化的价值系统入手，先是介绍了传统文化下的人文素养、传统领导力思想中的用人，并对中国式人力资源管理、人力资源相关法律法规、员工关系管理、绩效管理和激励管理等做出详细的阐述，最后探讨了中国式人才开发与教育培训等，能够为现代人力资源管理提供参考。

目　录

第一章　中国传统文化的基本精神

导读：

中国传统文化博大精深，源远流长，在它的长期发展过程中，一些思想观念或固有传统长期受到人们尊崇，影响着人们的生活和行为，成为历史发展的思想源泉，这就是中国传统文化的基本精神。它是民族连续发展的精神动力，或者说是中华民族发展的精神支柱，对于中国社会的发展，对于中华民族的成长壮大，起着极其重要的推动作用。

第一节　中国传统文化基本精神的概述

文化是一个不断运动、演化着的生命流程，悠悠五千年的历史演绎出五千年的中华文化。中华文化历史悠久，彪炳寰宇，辉煌璀璨，众口交誉，影响大千世界，历数千年而不衰。中华传统文化在中华民族长期社会实践和中国历代伟大思想家的概括、提炼中交融、凝聚、更新，形成了独立于世界文化之林的基本精神。

中国传统文化的基本精神凝聚于文化传统中，在价值取向上属于优秀的部分。因此，我们所讲的中国传统文化的基本精神必须具有两个特点：一是具有广泛的影响，代表中国传统文化发展的正确方向、体现中华民族蓬勃向上的精神的那些主要的思想观念，对中国人民乃至世界人民产生广泛影响；二是具有激励进步、促进发展的积极作用，是指导中华民族长期发展，不断前进的精粹思想和精神动力。

一、广泛影响的思想观念

中国传统文化的基本精神体现着中华民族特定的价值系统、思维方式、社会心理以及审美情趣等方面的基本风貌，在中国传统文化中起主导作用，是处于核心地位的基本思想和观念。它在中华民族历史发展的长河中，对民族发展产生了广泛的影响。

中国是世界文化史上唯一经久不衰的文明发源地。在远古时代和中古时代，中国文化屹立于东方，与西方希腊罗马文化交相辉映。欧洲自中古以后，进入历史上所称的黑暗时代，而中国文化却在漫长的中世纪一直走在世界的前列。到了近代，虽然中国传统文化在与西方文化的竞争中不免落后，但中国文明形态作为一种生活方式和思维结构，在文化层面上的意义并未消失。无论是过去还是现在和将来，中国传统文化都曾为、正为和将为丰富人类文明作出独特的贡献。

从人类文化发展史来看，不同民族、国家和地区，都或多或少地对人类文化宝库作出了自己的贡献。但是，在历史发展的不同阶段上，它们所起的作用、作出的贡献都是不同的，有的民族或国家的文化对周围的民族或国家的文化产生了比较大的影响，积之既久，形成了一个文化圈或文化体系。中国传统文化对东亚文化的巨大影响正是这样。

二、民族发展的精神动力

中国文化的基本精神是我们民族强大的精神动力，对于中华民族每一个成员都有着强烈而积极的精神激励作用。

在中国文化的绵延奔流中，中国传统文化的基本精神推动着中国文化的前进和发展，又影响和塑造着中华民族的精神气质和生活性格。它是中国文化中最光辉灿烂的那部分，是催人奋进的精神动力，在浩瀚的历史长河中，正是这种精神浸渍、熏陶和支撑着无数中国人的生命和生活，支持和推动着中华文明自立自强于世界民族之林，它是指导中华民族延续发展、不断前进的精神支柱和内在动力。

中国传统文化的基本精神，实质上就是中华民族的民族精神。对一个民族来说，历史发展的精神动力，首推民族精神。民族精神是民族文化的基本精神代表，是民族优秀文化传统的体现。因此，它应该而且必然反映着中国传统文化的健康的发展方向，能够鼓舞人民前进。无论是在历史上，还是在当代中国的文化建设中，它都具有激发民族自尊心、自信心和民族自豪感的强大作用。它也理所当然地要成为维系全民族共同心理、共同价值追求的思想纽带，成为激发人们为民族统一、社会进步而英勇奋斗的精神源泉。

中国文化中刚健自强的精神，在两千年的历史发展中，一直激励着人们奋发向上，不断前进，坚持与内部的恶劣势力和外来的侵略压迫者做不屈不挠的斗争。

中国传统文化中以人为本的精神，激励人们尊重人的价值和尊严，努力在现实生活中去发现人，实现人的价值。这种价值首先是道德价值。儒家认为，人的本性中先天地具有仁、义、礼、智等美好的道德品质，但要把它实现出来，并且加以充实和发展，还必须经过自觉的道德修养和意志锻炼。儒家学说特别强调主体的自我修养和道德实践的重要意义，鼓励人们通过道德修养来培养高尚的情操，成就完美的人格。

中国文化中天人合一、以和为贵的精神，还激励人们自觉地维护整体利益，坚持集体主义的价值取向。把天、地、人看作一个统一的整体，强调并努力创造三者之间的和谐，以维护这个整体的和谐为己任，并把个人、家庭和国家的利益看作不可分割的统一体，这样一种共同的民族文化心理态势，对于中华民族的发展壮大有着不可忽视的积极意义。儒家的修齐治平理论、道家的道法自然的思维旨趣、墨家的天下相同的政治理想等，都是以整体为上的价值取向。这种价值取向把全局的利益看得高于局部的利益，把整体的利益看得高于个体的利益。它凸显了中华民族以小我成全大我、以牺牲个人和局部利益去维护整体和全局利益的优秀品格，造就了以国家民族利益为上的思想风貌。文化精神的价值导向功能，在这里看得非常清楚。

中华民族精神可以激发民族各成员的归属意识、进取意识、奋斗意识，凝聚社会各方面的力量，从而形成推动社会前进的强大动力。一个民族、一个国家，如果没有自己的精神支柱，就等于没有灵魂，就会失去凝聚力和生命力。有没有民族精神，是衡量一个国家综合国力强弱的重要尺度。综合国力主要是经济实力和技术实力，这种物质力量是基础，但也离不开民族精神和民族凝聚力。精神力量也是综合国力的重要组成部分。中华民族在五千年的历史发展中形成了以爱国主义为核心的团结统一、爱好和平、勤劳勇敢、自强不息的伟大民族精神。中国传统文化的精华培育了中华民族精神，中华民族精神又促进了民族文化的发展，两者相辅相成，相互促进。中华民族精神是伟大的民族精神，是我们民族的脊梁，是民族自尊心和自信心的力量源泉，是中华民族生存发展的强大精神支柱。千百年来，饱尝艰辛而不屈，千锤百炼而愈加坚强，靠的就是这种威力无比的民族精神，靠的就是各族人民的团结奋斗，越是困难的时刻，越是要大力弘扬民族精神，越是要大力增强中华民族的民族凝聚力。而这种民族的自尊心、自信心和凝聚力就是来自于中国传统文化的基本精神。正如习近平总书记指出的那样，中华优秀传统文化是中华民族的精神命脉，是培养社会主义核心价值观的重要源泉，也是我们在世界文化激荡中站稳脚跟的坚实根基。

第二节　中国传统文化基本精神的主要内容

人类来到这个世界，首先需要解决的是自身与客观世界的关系。中华民族地处北半球的温热带，这里气候温润，土地肥沃，适合农业耕作，所以有利于农耕文化的萌生和发展。身处这种环境中的古代先民早就认识到人类自身的存在与自然有着密切的联系，人类在大自然中生长、活动，既受自然的种种恩惠，同时也免不了会遭受自然灾害的威胁。人类自身的命运与大自然紧紧拴在一起，从而对自然产生了极强的依赖性。同时，相传从商代后期开始萌生的宗法制社会，在其形成过程中，逐渐将整个民族看作一个大家庭。所谓"龙的传人"和"炎黄子孙"的提法就强调了天下一家的亲缘关系。要证明人与人之间牢不可破的亲缘关系，也就顺理成章地在文化和哲学上建立了人与自然和谐统一的"天人合一"观念。

天人合一，是中国传统文化的总特征，是中国文化的伦理模式，也是中国传统文化基本精神中最根本的一条。何谓天人合一？正如张岱年指出的："中国哲学中天人合一观点有其复杂的含义，主要包含两层意义：第一层意义是人是天地生成的，人的生活服从自然界的普遍规律；第二层意义是自然界的普遍规律和人类道德的最高原则是一而二、二而一的。"强调人与自然的统一、人与自然的协调、人的道德理性与自然理性的一致。天人合一观的提出，体现了传统中国人试图辩证地认识人自身与其所在的宇宙自然即是主体与客体的整体关系，努力寻求对自我命运的主动掌握，从而实现人生价值的独特而深刻的文化思考与探索。

　　天人合一的文化精神的积极作用体现在：第一，它依据自然的变化推及人世，虽然自然与人是两种物质形态，但毕竟有着极为密切的关系，因而或多或少地在天人合一精神中带有唯物主义的因素。第二，它的目的是督促以皇帝为首的官僚要清正廉洁、坚持礼制、实行仁政，这在当时高度的集权统治和民主意识淡薄的时代里，无疑是一个比较有效的劝谏方式。第三，天人合一思想的实施促使人们去研究自然，推动了古代自然科学的发展。

思考题

1. 中国传统文化的基本精神有哪些主要内容？
2. 中国传统文化基本精神的功能有哪些？
3. 请选一个能够体现中国传统文化精神的当代事件，并进行适当分析。

第二章 中国传统文化的价值系统

导读：

在一个民族的文化系统中，价值判断系统往往对整个文化系统的发展轨迹和方向起着调控、制约的作用。这种调控、制约，就是文化的价值取向。中国传统文化价值取向的基本倾向，是以道德原则作为价值尺度，统摄着全部文化系统的运作。本章拟从整个中国传统文化的价值系统中，以道德价值取向为核心并由它向外衍射、影响、扩及的子系统进行阐发。

第一节 中国传统文化的价值系统概述

一、基本特征

第一，多元化。中国传统文化在其历史发展进程中，曾经呈现出"百家争鸣"的思想认识格局，儒家、道家、墨家、法家、佛家，诸派纷呈，对天人、群己、义利、理欲等关系提出相拒而又交融、相反而又互补的认识观点，自觉形成了各家各派的价值观念，建构了中国传统文化内涵丰富的价值体系。通常认为，中国传统文化表现出重人伦而轻自然、重群体而轻个体、重义轻利、重道轻器的特点，这主要是就儒家的价值取向而言。

第二，主导性。主导价值观是社会自觉建构、被社会多数成员接受与认同、具有现实社会合理性基础和价值导向功能的社会价值观念体系。整体而言，中国传统文化体现了儒家思想的主导地位。儒家思想，也称为儒教或儒学，是先秦诸子百家学说之一，由孔子创立，最初指的是司仪，后来以此为基础逐渐形成了完整的儒家思想体系，是以"仁"为核心和"人为贵"的思想体系，是中国最为重要的传统文化。其九大核心思想——仁、义、礼、智、信、恕、忠、孝、悌更是对中国有着深远的影响。从孔孟之道到宋明理学，儒家思想的产生、发展历经两千余年，其内容、结构和功能在不同时代、不同学者那里都有变化，但是都称之为儒学，说明它们同时遵循协同一致的理论框架，有着相似的思维方法，是中国传统文化的主干，是中国影响最大的流派，也是中国古代的主流意识。儒家学派对中国、东南亚乃至全世界都产生过深远的影响。

第三，关联性。随着农耕社会文明的历史进程的推进，整体而言，中国传统社会诸子百家思想活跃，代表人物、代表思想层出不穷，他们之间并非自说自话、相互排斥，而是体现了相互冲突、紧张的价值观念的交锋乃至争斗，同时更体现着内在关联、互补的关系。从历史上看，墨、法、佛教并没有成为中国传统文化的主流，然而，在群己关系上，其认同群体的趋向与占主导地位的儒家价值观有颇多契合之处。如墨家提出了"兼爱"的原则，对群体予以了更多的关注；而法家的主张颇近于墨家的"相同"，其对君权合理性的解释渗入了整体优先的原则；佛家一方面追求的是个人的解脱，但另一方面又主张自觉地普度众生。而儒家所注重的群体原则，在其衍化过程中，也多方面地融入了墨、法等各家的观念，并呈现出不断强化的趋势，取得了支配的地位。

二、重要思想

（一）天人之辩

1. 人文取向与人道原则

注重天人关系，是中国传统文化的显著特点。早在先秦，天人之辩成为百家争鸣的中心问题之一。它既是一个哲学问题，又具有普遍的文化意义。"天"即广义的自然，"人"则指人的文化创造及其成果。这样，天人关系在某种意义上便构成了一种价值关系，而天人之辩则成为传统文化价值系统的逻辑起点。

儒家对人类与个体超越自然状态、不断社会化持肯定态度。对于人是否应当超越自然的状态这一问题，儒家是较早做出自觉反省的学派之一。按照儒家的看法，自然是一种前文明的状态，人应当通过自然的人文化以达到文明的境界。

在儒家看来，"斯人之徒"是作为类的人。超越自然不仅表现在形成文明的群体，而且以个体的人文化为目标。就个体而言，自然首先以天性的形式存在，而自然的人化则意味着化天性为德性（道德品格）。儒家辨析天人的关系，总是会兼及个体，与注重群体的文明化相应，儒家一再强调个体也应当由自然的天性提升为人化的德性。在儒家看来，就天性而言，人与一般禽兽并没有多大区别，如果停留在这种所谓的本然的天性，那么，也就意味着把人降低为禽兽。

作为一种高于自然的人文存在，文明社会应当以什么为基本的价值原则？早在先秦，儒家的创始人孔子就提出了"仁"的观念。作为原始儒学的核心观念，"仁"具有多重含义。而从价值观上看，其基本的规定则是"爱人"（《论语·颜渊》）。孟子也指出："君子所以异于人者，以其存心也。君子以仁存心，以礼存心。仁者爱人，有礼者敬人。爱人者，人恒爱之；敬人者，人恒敬之。"（《孟子·离娄下》）可见，孔孟之说所体现的是一种朴素的人道原则。以"仁"为形式的人道原则，首先要求对人加以尊重和关切。当马厩失火被焚时，孔子所问的是"伤人乎"，而并不打听火灾是否伤及马（《论语·乡党》）。这里体现的便是一种人道的观念：相对于牛马而言，人更为可贵。因此，失火时孔子首先关心的是人。当然，这并不是说牛马是无用的存在，而是表明牛马作为与人相对的自然存在，只具有外在的价值，或者说是次要的价值。而唯有人才有其内在价值，或者说是首要的价值。这种人道原则体现了儒家基本的价值取向。孟子由仁学引申出"仁政"，要求以德行仁，反对用暴力的方式来压服人。即使在具有神学色彩的董仲舒儒学体系中，同样可以看到内在的人道观念。

墨家在天人关系问题上的看法，与儒家固然存在着不少差异，但也有相近的一面。和儒家一样，墨家对自然的状态与人文的形态做了区分，认为处于自然状态中的动物，有羽毛作衣服，有水草作食物，故既不事农耕，也无须纺织。人则不同："今人与此异者也，赖其力者生，不赖其力者不生。"（《墨子·非乐上》）文中的"力"泛指人的活动。在墨家看来，正是通过这种活动，人超越了自然状态中的动物而建立起文明的社会生活，这里内在地蕴含着化自然为人文的诉求。而在关于文明社会的秩序稳定的问题上，墨家提出了"兼爱"原则，指出若天下之人能兼相爱，就可以消弭纷争，彼此相亲，天下太平。"兼爱"思想同样也体现出人道原则。

佛教也与人道、人文的价值观一致，儒、墨的人道原则，在佛教那里也得到了某种回应。佛教作为外来的宗教，随着它的衍变发展，已逐渐融入中国传统文化之中。其价值观也成为中国传统价值体系的一个组成部分。佛教认为天（自然）与人均虚幻不实，而把彼岸世界视为真实的存在。但是，在论证成佛依据时，佛教常常强调人道胜于天道。人尽管也是宇宙中的一员，但是其地位却高于其他的存在，在"六道"说中，人便被列于一般动物（畜生）之上。佛教的终极目标固然是要超越现实世界，但是这种超越本身要通过人的自觉活动来实现，意味着从自在到自为的状态。这样，作为实现终极目标的环节，广义的"人化"过程也得到某种肯定。与以上趋向相联系，佛教提出了慈悲为怀、普度众生的要求，这种教义尽管具有浓厚的宗教色彩，而且其慈悲的对象也相当广泛，但是，其中无疑的是也渗入了某种深切的人道观念。在对人的关怀上，它与儒家的仁义、墨家的兼爱显然有一致之处。从一定意义上说，佛教的慈悲观念既表现了对儒家、墨家人道原则的吸纳与适应，又从一个侧面强化了中国文化注重人道原则的传统。

2. "无以人灭天"

相对而言，在天人关系的问题上，道家把关注的重点放在自然（天）之上，认为自然过程和谐而有规律，蕴含着一种内在的美，而人化的过程不仅无益于自然之美，而且总是破坏这种理想状态。"牛马四足，是谓天；落（络）马首，穿牛鼻，是谓人。故曰：'无以人灭天……'"（《庄子·秋水》）牛马有四条腿，是本来如此，属自然（天）；给牛马套上缰绳，则是一种后天的人为。正如络马首、穿牛鼻是对牛马天性的戕贼一样，一切人化的过程都是对自然之美的破坏。在道家看来，文明进步带来的并不是进步，而往往是祸乱和灾难："民多利器，国家滋昏。"（《老子》第五十七章）"大道废，有仁义；智慧出，有大伪。"（《老子》第十八章）工具的改进固然增加了社会的财富，但同时也诱发了人的好利之心，并导致利益上的纷争和冲突。文明的规范诚然使人超越了自然，但仁义等规范的标榜也常常使人变得虚伪化。道家既然认为自然的人化具有负面的意义，逻辑的结论便是从文明回到自然。

广义的天人之辩还涉及天性与德性关系的问题。儒家孟子一派认为德性即是天性的内容，荀子一派认为德性是天性的改造。相对于儒家注重天性的改造，道家更强调对天性的顺导，所谓"无以人灭天"，也意味着反对戕贼人的自然本性。在道家看来，自然的天性体现了人的本真状态，人为的塑造则如同络马首、穿牛鼻那样，抑制了人性的自由发展，并使人失去了本真的状态。作为文明社会的主体，人当然应超越天性而培养德性。儒家从主体存在的角度肯定了人文的价值，但过分地强调对天性的改造，又往往使德性的培养成为一个"反于性而悖于情"（《荀子·性恶》）的过程，由此形成的德性并不是真正健全的人性。天性与德性的对立往往导致对自然的否定，其逻辑结果则是使之成为一种外在的强制，后来理学家的所谓"天理"便带有这种强制的性质。

随着历史的变迁，儒学发展到宋明理学时，人道原则得到了进一步的阐发。理学以儒家思想为主题，同时又糅合了佛道等各家学说。与先秦儒学一样，理学家首先强调"天地之性人为贵"（《四书章句集注》），亦即从天人关系角度肯定了人的内在价值。由此出发，理学家提出了"民胞物与"的观念："民，吾同胞；物，吾与也……尊高年，所以长其长；慈孤弱，所以幼其幼。"这里确实充满了人道的温情：人与人之间亲如手足，尊长慈幼成为普遍的行为准则。尽管理学对墨家、佛家等颇多批评，但"民胞物与"的观点却与墨家、佛家等展示了相近的文化精神，它在一定意义上表现为儒家的"仁"、墨家的"兼爱"和佛家的"慈悲"等与之融合。可以说，正是通过这种融合，传统的人道原则获得了更丰富具体的内涵，从而成为一种稳定的价值定式，儒家要求化自然为人文，并以人道作为社会的基本原则，无疑有其积极的意义，对中国传统社会产生深远的影响。儒家所强调的超越自然，主要是指化天性为德性，其目标在于达到道德上的完美。这种价值追求使儒家的人道原则带有狭隘和片面的特点。在主张由天性提升为德性的同时，儒家往往忽视了对外自然的探索与改造，并相应地表现出了某种重人文而轻自然的倾向，也表现出传统价值观消极的一面。

3. 生命之辩与人的自由

天人之辩内在地关联着生命关系问题。"天"的超验化便表现为"命"。而事实上，在中国传统文化中，"天"与"命"常常合称为"天命"。如果剔除其原始的宗教界定，"命"或"天命"的含义大致接近于指外在必然性。与"命"相对的"力"，一般泛指人的主体力量和权能。作为天人之辩的展开，生命之辩所涉及的乃是人的自由问题。

儒家：对主体自由与外在天命予以双重确认。化自然为人文的基本条件是主体自身的努力，超越自然的要求本质上蕴含着对主体力量的确信。从孟荀到汉儒，直到后来的宋明理学家，肯定了主体在道德实践过程中的自主权能，构成了儒家文化的主流。

其总体上是强调充分发挥人力，甚至达到知其不可为而为之的程度，而后才安然去接受此后的一切结果，此即"安命"。由此可见，儒家对主体权能的理解往往与天命的观念糅合在一起。在道德实践的领域，行为固然取决于自我的选择，但一旦超出这个范围，人的活动就要受到天命的限制。如"道之将行也与？命也；道之将废也与？命也。"（《论语·宪问》）"求则得之，舍则失之，是求有益于得也，求在我者也。求之有道，得之有命，是求无益于得也，求在外者也。"（《孟子·尽心上》）这种精神可以用《易传》"穷理尽性以至于命"来概括。"穷理"是对外在规律的根究，"尽性"是高度恪守道德要求，"至于命"就是对一切结果的坦然接受。儒家所谓的"在我者"，主要与主体的德性涵养和道德实践相联系，"在外者"则泛指道德之外的各个领域。从个体的富贵寿考，到社会历史进程，都可以归入广义的"外在者"。二者的区分，在某种意义上表现为自由信念与宿命观念的对立。儒家对主体自由与外在天命的双重确认，构成了儒家价值观的基本特点。从先秦到宋明，儒家在总体上都没有超出这一思维定式，其历史影响极为深远。

道家：主张无为安命与逍遥自适。与"无以人灭天"相应，道家将"无为"规定为主体在世的原则。按其本义，"无为"既是对违逆自然的否定，又意味着接受既成的境遇，它与改造对象和改造自我的积极努力形成对立的两级。正是从接受既成境遇的前提出发，道家提出了"安命"的观念："知其不可奈何而安之若命，德之至也。"（《庄子·人间世》）在这里，服从超验之命，成为主体的最终选择，在主体作用与外在天命二者之间，天命成了更为主导的方面。这种价值取向多少带有宿命论的性质。但是，在强调"安命"的同时，道家又追求一种"逍遥"的境界，以为通过虚静无为，合于自然，便可以摆脱外在的束缚与限制，逍遥于世。就其形式而言，"逍遥"是一种自由之境，这种自由在道家那里往往与超越感性欲望和功利计较相联系，因而带有某种审美的意义。在道家那里，无为安命的人生取向与逍遥的人生追求交错并存，构成了颇为复杂的形态。这种价值观念与儒家也有不同，在儒家那里，自由之境主要是与道德努力相联系，而道家的"逍遥"则趋向于审美的追求。

（二）群己关系

1. 儒家："修己以安人"

由天人关系转向社会与人的关系，便涉及了群己关系。作为主体性的存在，人既是类，又是个体，二者应当如何定位？这一问题将传统价值体系引向了群己之辩。儒家是最早对群己关系做出自觉反省的学派之一，其主要价值取向可以概括为"修己以安人"的群体本位思想。按照儒家的看法，每一个体都有自身的价值，所谓"人人有贵于己者"（《孟子·告子上》），便是对主体内在价值的肯定。从这一前提出发，儒家提出了"为己"和"成己"之说。"为己"和"为人"相对。所谓"为人"，是指以迎合他人的取向为转移；所谓"为己"则指自我的完善，其目标在于实现自我的内在价值，即"成己"。作为主体，自我不仅具有内在的价值，而且蕴含着完成和完善自我的能力。儒家所理解的"为己"和"成己"，主要是德性上的自我实现。

在儒家看来，无论是外在的道德实践，还是内在的德性涵养，自我都起着主导的作用。主体是否遵循伦理规范，是否按仁道原则来塑造自己，都取决于自主的选择及自身的努力，而非依存于外部力量。正是在这个意义上，儒家强调求诸己，而反对求诸人："君子求诸己，小人求诸人。"（《论语·卫灵公》）儒家的重要经典《大学》则进一步以自我为本位，强调从君主到普通人，首要的事情就是以修身为本。儒家的上述看法，从道德涵养的目标（"为己""成己"）和道德实践、德性培养的方式上，对个体的价值做出了双重肯定。在儒家看来，自我的完善并不具有排他的性质，相反，根据人道的原则，个体在实现自我的同时，也应当尊重他人自我实现的意愿，所谓"己欲立而立人，己欲达而达人"（《论语·雍也》），就表明了这一点。如上价值原则往往被更简要地概括为"成己而成人"：一方面，自我的实现是成人的前提；另一方面，主体又不能停留于成己，而应由己及人。而后者在某种意义上构成了自我完善的更深刻的内容：正是在成就他人的过程中，自我的德性得到了进一步的完成。

"成己"与"成人"的联系，意味着使个体超越自身而指向群体的认同。事实上，在儒家那里，成己往往以安人为目的，孔子便已提出"修己以安人"（《论语·宪问》）的主张。"修己"即自我的涵养，"安人"则是社会整体的稳定和发展。道德关系上的自我完善（"为己"），最终是为了实现广义的社会价值，即群体的稳定和发展。后者所确认的乃是一种群体的原则。这种原则体现于任何人的关系，便具体化为"和"的要求。所谓"礼之用，和为贵"（《论语·学而》）、"天时不如地利，地利不如人和"（《孟子·公孙丑下》）等，即表现了这一价值取向。"和"的基本精神是建立人与人之间相互尊重、相互信任的关系。从积极方面看，"和"是指通过共同的理想和相互沟通，达到同心同德，协力合作；而从消极方面看，"和"意味着化解人与人之间的冲突与紧张，消除彼此的相争。这种"和"的观念对中国传统文化产生了深刻的影响。群体认同的更深刻的意蕴是一种责任意识。按儒家之见，作为主体，自我不仅以个体的方式存在，而且总是群体中的一员，并承担着相应的社会责任。它固然应当"独善其身"，但更应"兼善天下"。在"成己而成人""修己以安人"等主张中，已内在地蕴含了这一要求。正是在这种责任意识的孕育下，逐渐形成了"先天下之忧而忧，后天下之乐而乐"的价值取向，它对拒斥自我中心主义、强化民族的凝聚力，无疑具有十分重要的意义。

2. 道家：对个体生命与个性自由的关注

相对于儒家，道家对个体予以了更多的关注。与自然状态的理想化相应，道家所理解的人，首先并非以群体的形式出现，而是表现为一个一个的自我。从这一基本前提出发，道家将自我的认同提到了突出的地位。在道家看来，儒家讲的"为己""成己"意味着自觉地以仁义为规范来塑造自我，以这种方式达到的自我实现并不是真正的自我认同。道家对仁义做了严格区分，反对以普遍的仁义规定去同化自我的内在之性，其侧重点在自我的个性品格，而自我首先是一种剔除了各种社会化规定的个体。作为从社会规范中净化出来的个体，自我不同于德性的主体，而主要展现为一种生命的主体。道家反对以仁义易其性，便已蕴含了对个性的注重。在道家看来，仁义等规范所造就的是无差别的人格,而人性则以多样化为特点。道家对"逍遥"的追求,实际上已包含着崇尚个性的价值取向。在他们看来,"逍遥"主要是一种精神境界,其特点是摆脱了各种外在的束缚,使个体的自性得到了自由的伸张。道家的这种观念在中国文化史上产生了重要的影响。过分强化群体认同,往往容易忽视个体原则,并导致自我的普泛化。相对于此,道家关注个体的生命存在和独特个性,无疑有助于抑制这种倾向。但是,由于过分强调自我认同,道家又多少弱化了群体认同。

3. 墨家、法家与佛家:群体原则的强化

对于群己关系而言,墨家又渗入了一种群体认同的要求,体现出对群体原则的强化。和儒家一样,墨家对群体予以了更多的关注,"兴天下之利,除天下之害"是其基本的主张。墨子学派摩顶放踵,席不暇暖,为天下之利而奔走,也确实身体力行了上述价值原则。正是由于强调群体认同,墨家进而又提出了"相同"之说。"相同"含有群体沟通之意,其核心则是下同于上:"上之所是,必皆是之;所非,必皆非之。"(《墨子·尚同上》)墨家虽然注意到个体的社会认同,但将社会认同理解为服从最高意志,则又弱化了个体的自我认同和独立人格,在上同而不下比的原则下,个体的价值被淹没在统一的意志之中。也许正是有鉴于此,后来荀子批评墨家"有见于齐,无见于畸"(《荀子·天论》)。

相对于墨法,佛教对群己关系的看法则更为复杂。作为宗教,佛教以走向彼岸为理想的归宿,它所追求的首先是个人的解脱,表现为一种疏离社会的趋向。佛教以出家为修行的方式,也体现了这一特点。从这方面看,佛教无疑淡化了个体的社会责任。但另一方面,佛教又主张自觉地普度众生。大乘佛教甚至认为,个人的解脱要以众生的解脱为前提,没有众生的解脱,个人便难以真正达到涅槃之境。佛教提出"六度",其中之一即布施度,它的内容不外是造福他人。这些观念已表现出某种群体关怀的趋向,它在中国佛教中得到了进一步的发挥。东晋名僧慧远便指出:"如令一夫全德,则道洽六亲,泽流天下,虽不处王侯之位,亦已协契皇极,在宥生民矣。"(《答桓太尉书》,《弘明集》卷四)在这里,"出家"的意义似乎已不是个人的解脱,而是福泽众生("泽流天下""在宥生民")。尽管这里不无调和儒佛之意,但其中也确实流露出了对群体的关怀。它表明,在中国传统文化中,即使是追求出世的佛教,也在相当程度上渗入了群体的意识。

从社会历史发展进程上看,墨、法、佛教并没有成为中国文化的主流。然而,在群体关系上,其认同群体的趋向与主导地位的儒家价值观有颇多契合之处。事实上,儒家所注重的群体原则,在其衍化过程中,也多方面地融入了墨、法等各家的观念,并呈现出不断强化的趋势。

(三)义利与理欲

1. 义利关系

群与己的定位问题上并不仅仅体现于抽象的观念认同,它在本质上总是涉及具体

的利益关系。如何以普遍的规范来协调个体之利与整体之利？这一问题在传统文化中便展开为义利之辩。义者，宜也，含有应当之意，引申为一般的道德规范（当然之则）。利则泛指利益、功效等。从价值观上看，义利之辩首先关联着道义原则与功利原则，以及二者的相互关系。

儒家坚持"义以为上"的道义原则。从儒家思想角度，辨析义利是儒家的重要特点，其展现的"义以为上"的道义原则，对中国传统价值观产生了深远的影响。根据儒家的观念，义作为当然之则，本身便有至上的性质："君子义以为上。"（《论语·阳货》）这里确认的，首先就是义的内在价值。后来的宋明理学进一步通过义与天理的沟通，对义的内在价值做了论证："义者，天理之所宜。"（朱熹《论语集注·里仁》）"理"具有普遍必然的品格，义之所以具有至上性，即在于它体现了"理"的要求。

义一旦被赋予了内在的价值，便同时成为评判行为的主要准则。如果行为本身合乎义，则即使它不能达到实际的功效，同样可以具有善的价值。所谓"惟义所在"（《孟子·离娄下》）便表明了这一点。事实上，儒家往往将义（当然之则）理解为一种无条件的道德命令，并把履行道德规范（行义）本身当作行为的目的。这种看法带有明显的抽象道义论的性质。不过，"义以为上"的观念在培养崇高的道德节操等方面，也有不可否认的意义。在中国历史上，"惟义所在"的律令，往往具体化为"富贵不能淫，贫贱不能移，威武不能屈"的道德追求，并出现了不少舍生取义的志士仁人。就此而言，道义的原则确实可以给人以正面的价值导向。

肯定"义"的内在价值，当然并不意味着完全否定"利"在社会生活中的意义。事实上，儒家并不绝对弃绝功利。孔子到卫国，并非仅仅是关心那里的道德风尚如何，相反，倒是开口便盛赞该地人口众多。当他的学生问他"既庶矣，又何加焉"时，孔子明确回答："富之。"（《论语·子路》）"庶"（人口众多）和"富"在广义上均属于利的范畴。按儒家之见，利并不是一种绝对的恶，从社会范围来看是如此，就个人而言也是这样。"富而可求也，虽执鞭之士，吾亦为之。"（《论语·述而》）即使是圣人，也不能完全不讲利："圣人于利，不能全不较论。"（《二程集》）不过，固然不可一概排斥利，但是利的追求必须处于义的制约之下。正是在这个意义上，儒家一再强调要"见利思义"（《论语·宪问》），如果不合乎义，则虽有利亦不足取；"不义而富且贵，于我如浮云。"（《论语·述而》）相对于义，利始终处于从属地位。

一般来说，利首先与个人或特殊集团相联系，而个人（或特殊集团）之利往往并不彼此一致。因此，如果片面地以利作为行为的唯一准则，就不可避免地将导致社会成员在利益关系上的冲突："若切于好利，蔽于自私，求自益以损于人，则人亦与之力争，故莫肯益之，而有击夺之者矣。"（《二程集》）与利不同，"义"超越了个人的特殊利益，具有普遍性的品格，唯其如此，故能对特殊的利益关系起到某种调节作用。从历史上看，儒家突出"义"的普遍制约，反对唯利是求，这对于避免利益冲突的激化、维护社会的稳定，确实有积极的意义。

然而，"以利制义"的要求与"义以为上"的观念相结合，往往又导致了对功利意识的过度压抑。按儒家的看法，固然不可一概否定利，但追求、计较功利之心则不可有。"一有谋计之心，则虽正谊明道，亦功利耳"（王阳明《与黄己成书》，《王文成公全书》卷十二）。这样，合乎义的利虽然得到了某种容忍，但功利意识（"谋计之心"）则完全处于摒弃之列。也就是说，功利的观念完全不容许进入动机的层面。这种看法注意到了功利意识的片面强化将对行为产生消极的导向作用，但同时又忽视了功利意识在一定条件下也可以成为积极的动因。历史地看，技艺的进步、经济的发展、政治结构的调整等，最初往往直接或间接地受到追求功利的推动。反之，对功利意识的过分压抑，则常常容易弱化社会的激活力量。从这方面看，儒家以道义原则抑制功利原则，又明显地有负面的导向作用。

墨家坚持功利的取向。除儒家之外，墨家是对义利关系做过认真考察的一个学派。和儒家一样，墨家对"义"十分注重，认为"万事莫贵于义"（《墨子·贵义》）。但二者对"义"的理解又颇有不同。儒家强调义的内在价值，并由此剔除了义的外在功利基础。相对来说，墨家更侧重义的外在价值。按墨家的看法，义之所以可贵，主要就在于它能带来功利的效果："义，利也。"（《墨子·经上》）这种界定蕴含着如下观念，即当然之则应当建立在功利的基础之上，"义"本身已内在地蕴含着功利的原则。

从义基于利的前提出发，墨家将功利原则视为评判行为的基本准则。仁固然不失为善的品格，但仁并不仅仅表现为德性的完善，它最终必须落实于现实的功利行为："仁人之所以为事者，必兴天下之利，除去天下之害，以此为事者也。"（《墨子·兼爱中》）作为基本的价值原则，兴利除害同时为社会生活提供了具体的规范指导，墨家的"尚贤""相同""节葬""节用""非攻"等主张，无一不是以功利原则为终极根据。如尚贤使能之所以合理，首先在于"天下皆得其利"（《墨子·尚贤下》）；即使是亲子关系，也同样不能离开功利的基础："孝，利亲也。"（《墨子·经上》）在墨家那里，功利追求的合理性得到了普遍的确认。

从价值观角度看，墨家突出功利原则，对扬弃儒家道义原则的抽象性，显然具有积极意义。就其起源、作用而言，作为当然之则的"义"，最终总是以功利关系为其基础，而抽去了这一基础，势必会弱化其现实性的品格。同时，对功利意识的过度抑制，也容易使价值片面化。墨家肯定功利追求的合理性，多少有助于价值导向上的重新调整。但是，以功利追求为基本的价值原则，也有其自身的问题。尽管墨家把利首先理解为天下之利，使其功利原则有别于狭隘的利己原则，但是，将"义"界定为"利"，显然又对义的内在价值有所忽视。事实上，义固然有其功利基础，但作为人的尊严、人的理性力量的体现，它又具有超功利的一面。忽略这一点而完全以功利作为衡量标准，就容易使社会失去健全的价值追求，并使人本身趋向于工具化。在墨家那里，我们已经可以看到这种偏向。在墨家看来，理想的社会关系是彼此相利："利人者，人亦从而利之。"（《墨子·兼爱中》）这种关系本质上具有互为格局的性质，而在彼此计较、相互利用中，人与人之间往往很难避免紧张和对抗，其结果就会走向"兼爱"的反面。当墨家将"害人者，人亦从而害之"（《墨子·兼爱中》）作为与"交相利"相反的原则指出时，便更清楚地显示了这一点。

2. 理欲之辩

在传统社会里，义作为普遍的社会规范，总是以理性要求的形式呈现，利在广义上则以需要的满足为内容，而这种需要首先表现为感性的物质需要。于是，义与利的关系往往进而展开为理性要求与感性需要的关系，即所谓的理欲关系。

理性从一个方面体现了人的普遍本质，感性则更多地关联着人的个体存在，突出理性的要求，同时意味着强化人的普遍本质和漠视人的个体存在。正是从"存天理，灭人欲"的前提出发，理学家得出了"饿死事极小，失节事极大"（《二程集》）的非人道结论。因为"守节"是对天理的维护，而生死只涉及个体的存在。相对于"天理"的要求，个体的存在似乎微不足道，在"饿死事极小"的冷峻律令中，包含着对个体存在价值的极度贬抑。

在理欲之辩问题上，墨家的价值取向与儒家有所不同。墨家崇尚功利的原则，而所谓"利"，往往又被还原为感性要求的满足："衣食者，人之生利也。"（《墨子·节葬》）"利，所得而喜也。"（《墨子·经上》）这里的"喜"便是与丰衣足食相联系的感性愉悦。从社会范围看，功利原则的实现，同样以"饥者得食，寒者得衣"（《墨子·尚贤》）为基本的表现形式，衣食所满足的不外是人的感性需要。在墨家那里，功利原则与感性原则是融合为一的。相对于儒家由理性优先而走向"存理灭欲"，墨家对感性要求的注重，自然有其不可忽视的意义。作为现实的主体，人既有理性的普遍本质，又表现为感性的生命存在。停留于感性的层面，固然难以使人成为自为的主体，但忽视了感性的存在，同样也将使人变得片面化。墨家对感性要求的肯定，显然有助于抑制理性的过度僭越。

第二节　中国传统理想人格和修身之道

感性存在与理性本质的辨析，都以人为对象，其中内在地涉及人格的设定。完美的人格应当具有什么样的规定？正是在这一问题上，传统价值观念得到了更为集中的反映。在中国传统文化价值体系中，无论是义利之分，还是理欲之辩，都内在地涉及人格的设定，不同的价值目标正是通过理想人格表现为各种具体形态。

一、理想人格

所谓理想人格就是人的内在精神风度与外在行为举止都升华到一个高于常人的境界，成为世人效法的楷模，这种人生境界就是理想人格。它涉及人如何生活才最有价值和意义，具有什么样的品格的人才是最优价值的人等问题。在中国思想史上，儒、法、道、墨、佛等不同学派的思想家对理想人格问题进行了长期的探索，并提出了各自的理想人格模式。这些理想人格模式的存在，长期影响了中华民族的人生价值取向。

（一）儒家理想人格——圣人

1. "内圣"是儒家基本的价值追求

儒家所谓"为己""成己"，其内在旨趣不外是人格上达到理想的境界，而儒家的价值理想也最终落实于人格理想。"内圣"是儒家理想人格的本体追求，"内圣"首先表现为善的德性，而善又以仁道精神为其内容。孔子把"恭、宽、信、敏、惠"视为仁的具体内容（《论语·阳货》），这些条目同时从不同方面展示了"内圣"的品格。与正面确立仁德相联系的是"克己"，"克己复礼为仁"（《论语·颜渊》）。后者在另一意义上体现了仁，"克己"则是以仁来净化自我，亦即《大学》里提出的"正心、诚意"，两者从不同方面指向善的德性。

2. "外王"是儒家理想人格的逻辑结果

所谓"外王"是指治国平天下的事功。儒家将"外王"置于"内圣"的从属地位。就儒家总的价值趋向而言，"内圣"处于主导地位，"外王"事功不过是其逻辑的必然结果。《大学》对儒家的理想人格进行了具体而集中的论述，提出了有名的"三纲领""八条目"。"三纲领"就是"明德""亲民""止于至善"，"八条目"就是指格物、致知、正心、诚意、修身、齐家、治国、平天下。可见，修身旨在达到"内圣"之境，治国平天下则属广义的"外王"。在理学家那里，"内圣"进一步压倒了"外王"。这种内向要求多少弱化了理想人格的实践品格。

3. "仁智双修"是儒家赋予理想人格的双重品格

"仁"是一种完美的德性，而儒家在对理想人格的界定里还包括"智"（知）的规定，"仁"和"智"总是联系在一起的，"智"的功能旨在把握仁义之道，实际上，是指在德性制约下的伦理理性或道德理性。"未知（智），焉得仁"（《论语·公冶长》）。可见，"内圣"在某种意义上即表现为"仁"与"智"的统一。"智"是一种理性的品格，按儒家的看法，缺乏理性的品格，主体往往会受制于自发的情感或盲目的意志，从而很难达到健全的境界。只有通过理性升华，才能由自在走向自为，形成完善的人格，并赋予行为以自觉的性质。《大学》强调"欲修其身者，先正其心；欲正其心者，先诚其意；欲诚其意者，先致其知（智）"，便概括地表现了儒家的这种思路。如果说，在天人关系上，儒家着重突出了人道原则，那么，在人格境界上，儒家则把作为人道核心的"仁"与理性融合为一，从而体现了人道原则与理性原则的统一。儒家将"仁"与"智"规定为理想人格的双重品格，由此，进而确认了仁道原则与理性原则的统一。

（二）道家理想人格——真人至人

相对于儒家注重"善"，道家更多地赋予理想人格以"真"的品格，其人格典范表现为"真人""至人"。

人格上的真，首先表现为合乎自然，同时也意味着对个体人格的确认，"不以心捐道，不以人助天，是之谓真人"（《庄子·大宗师》）。在道家看来，理想人格并不是自然的对立物，相反，它总是融入天地之中，与万物一体，所谓"天地与我并生，而万物与我为一"，便强调了这一点。当然，这种"为一"并不是一种本体论意义上的存在状态，而更多的是一种精神境界。正是在与自然的契合中，人格达到了一种逍遥之境。道家的这种看法固然带有抽象的性质，但同时也多少注意到了理想人格应当是一种自由人格，而人格的自由之境又以合规律性为前提。

（三）墨家的理想人格——兼士

墨家代表当时小自耕农、小手工业者、小工商业者等小生产劳动者的利益，墨子站在他们的立场上塑造了这一理想人格，墨家并不仅仅追求道德的完美，而是具有鲜明的功利色彩。

1. 兼爱思想

墨家主张"爱无差等"：不分差等，不分亲疏、尊卑、贵贱地爱一切人。提倡人与人、家与家、国与国之间相互爱护。而儒家主张"亲亲有术，尊贤有等"（《墨子·非儒》）。

2. 功利准则

与儒家重义轻利不同，在墨家看来，义利是统一的。墨家所谓的"义"就是"凡言凡动，利于天、鬼、百姓者为之；凡言凡动，害于天、鬼、百姓者舍之"（《墨子·贵义》）。即以利他人为本，要求不仅在物质上用自己的劳动和财产帮助他人，而且还要在精神上以道教人。因而"兼士"追求的利是指天下人民的"公利"，它与儒家所谈的狭隘的"私利"在内涵上有着本质的区别。

3. 苦行寡欲，侠义风骨

墨家"以自苦为极"而扶弱抑强、济人困危、慷慨赴难的侠义精神。一方面，"生不歌，死无服"（《庄子·天下篇》），日夜不休，不敢问欲；另一方面，只要是利国利民，即使是"摩顶放踵"，也甘心为之。这种崇高的献身精神和坚韧不拔的毅力，充分显示了墨家积极救世的伟大理想和坚强意志。墨家学派同时又是组织严密、纪律严格的社团，其首领称为"钜子"，墨子就是第一任钜子。

（四）法家的理想人格——法术之士

以韩非为代表的法家，在继承荀子性恶论的基础上，设计了"法术之士"的理想人格。

1. "任力"而不"任德"

法家认为，要富国强兵，就必须壮大实力，推行耕战政策，否则就会造成国库空虚、君王卑弱、百姓贫穷的恶果。在法家看来，儒家的"仁爱"、墨家的"非攻"之说，完全是迂腐无用，甚至是有害的主张。

2. "贵法"而不"贵义"

法家认为，人性都是好利恶害的，人们都畏惧严刑，害怕重罚。治理国家就必须利用这种本性，制定刑法禁令，施行法治，使国家安宁而暴乱不起。而儒家的仁义道德是亡国之源。值得注意的是，法家不仅"贵法"，还具有"法不阿贵"的精神。法家认为，法律面前人人平等，没有贵贱亲疏之分，"刑过不避大臣，赏善不遗匹夫"，一切以法律为准绳。

3. "抱法处势"

法家重法，同时又主张运用权术，具备驾驭臣民的技巧，以权术作为保证法实施的手段。而法、术的贯彻执行又必须以势为前提。权势在手，方能令行禁止，威震臣民。这样，法家就把法、术、势的统一作为理想人格设计的重要内容了。

二、修身之道

（一）儒家

儒家非常注重道德的自我修养，把修身作为其他一切活动的根本，强调"自天子以至于庶人，壹是皆以修身为本"。历史上著名的儒家思想家都十分重视道德修养问题。通过长期的理论探索和道德实践，儒家提出了一系列完整的道德修养的方法，主要有以下几个方面。

1. 返躬内省

在儒家看来，人的道德完善必须靠自己努力来达到，不能依靠别人。孔子为此强调"为仁由己"。基于这种认识，儒家主张人们在道德修养中应该严格要求自己而不能苛求他人，同时，"见贤思齐焉，见不贤而内省也"（《论语·里仁》）。孔子的弟子曾参提出了"吾日三省吾身"（《论语·学而》）的思想，即一个人每天都应该反省自己三件事：为别人做事是否尽心竭力了？与朋友交往是否有不讲信用的地方？老师所传授的知识是否已经温习了？返躬内省思想的实质就是强调道德修养过程中严于律己。应该说，这是道德修养过程中带有普遍意义的一种方法。

2. 存心养性

这是与儒家性善学说紧密联系在一起的一种道德修养方法。在儒学史上，自孟子最早提出人性本善的思想，性善论一度成为儒家人性论的主流。在孟子看来，人的本性中先天就具备了恻隐之心、羞恶之心、辞让之心、是非之心，它们是仁、义、礼、智四种品德的萌芽或端绪，道德修养就是要保存与扩充人性中所固有的这些善端，使之不致被外物引诱而丧失。因而道德修养必须从"存心养性"这方面入手。一方面，减少物欲，保持人心本有的善端，不至于因外界物欲的引诱而丧失，已经失去的本心也要重新寻找回来；另一方面，是不断培养扩充心中所具有的浩然之气。孟子的这种"存心养性"的修养方法对历代儒家学者的影响很大，如王阳明提出的"致良知"论，就是对孟子学说的发展。所谓"致良知"就是扩充良知，一方面除去心中的自私念头和不正当欲望，保持善良的心地；另一方面要在现实生活中接受磨炼，身体力行，把心中的善意具体地表现出来，而不是停留在口头上的说说而已。

3. 重学

儒家的道德修养论十分重视道德知识的学习，认为不学习就不能认识和掌握道德知识和原则，道德品质的形成也就无从谈起。孔子重视学习，一生"学而不厌，诲人不倦"，是世人好学的典范。孟子虽然认为有"不学而能""不虑而知"的良知良能的存在，但他同时指出了天赋的德性还有一个保存、发挥、扩充的问题，这就需要学习，不学习就不能存养良心，也不可能把丧失的良心重新寻找回来。而战国末期的荀子更是提出，"故圣人化性而起伪，伪起而生礼义，礼义生而制法度"（《荀子·性恶》），从人性本恶、化性（人的自然本性、生理本能，表现为"饥而欲饱，寒而欲暖，劳而欲休"）起伪（后天的人为）的理论出发，认为人要化改恶性、养成善德是后天礼仪教化的结果，以此肯定教化与学习的重要性。所谓"知明而行无过矣"（《荀子·劝学》）。

4. 力行

儒家重视学习，更重视力行。在儒家看来，如果学而不行，不如不学。道德知识需要学习，但绝不能只停留在学习道德知识上，应该在道德实践中去锻炼，把道德知识真正内化为自己的道德品质。孔子提出"君子欲讷于言而敏于行"（《论语·里仁》），强调行的重要性。荀子提出"知之不若行之"（《荀子·儒效》），认为学的目的在于行，只有力行，才能完成道德修养。到了宋明时期，围绕着知和行的问题，也就是道德意识和道德实践的问题，儒学内部展开了长期的讨论。程朱理学家主张知先行后、行重知轻，陆王心学则明确提出"知行合一"的观点。明清之际，王夫之、颜元等思想家提出了"行先知后""行可兼知"的思想，强调力行的重要性，从而使传统儒家"力行"的道德修养方法得到了强化。

（二）道家

1. 无为

无为是道家的根本政治主张，同时也是其重要的道德修养方法。它要求人们对一切世事都要漠然处之，自然无为，根本不抱任何有为的态度，不要采取任何实际行动去介入或解决实际问题，只是在内心世界改变问题的性质，或干脆在心理上将问题取消。反之，如果事事有为，则会适得其反，最终戕害自己的本性。

2. 绝仁弃义

道家认为，人最宝贵的是人的本心、本性，人一旦丢掉了属于自己的东西，就会变得空虚，丧失任何价值。而"仁义礼仪"就是损伤人的本性的，因此，提倡"仁义礼仪"是圣人的罪过。人们只有摆脱了"仁义礼仪"的束缚，才能保全纯朴至真的本性，摆脱人性的异化，获得精神的自由。

3. "坐忘"

在道家看来，世人之所以达不到"真人"的境界，根本原因在于"有待"，即摆脱不了对周围事物的种种依赖关系。他们或追求荣华富贵，或沉溺于是非毁誉，或汲汲于仁义道德，身心深受残害，陷入无边的苦海。要达到逍遥无为的境界，就必须做到"无待"，即对一切无所欲求，不受任何外在条件的限制，而"无待"的根本方法在于"坐忘"，即精神上超脱一切自然和社会的限制，泯灭我之好恶之情，以达到形若枯槁、心如死灰的地步。这是道家道德修养的根本方法，是达到逍遥境界的必经阶段。

4. "心斋"

道家认为，如果只消除我与外物、外人的矛盾，还是不够的。因为"我"还仍然存在，会自觉或不自觉地产生这样或那样的杂念，只有泯灭自我才是最高的修养之道。为此，庄子提出了"吾丧我"的修养方法。"吾"指得道之我，"我"指世俗的，追求功名利禄、荣华富贵之我。"吾丧我"就要求不仅要将外界的一切事物、是非全部忘却，甚至连一切自我意识都要彻底泯灭、取消。这一修养方法，庄子又称之为"心斋"，其基本要求是心志纯一，消除任何杂念，心神停止与外界接触，摆脱一切外物之累，才能达到精神上绝对自由的境界。

（三）佛教

1. 八正道

八正道是指实现佛教理想所应遵循的八种途径或方法。第一，正见，对佛教真理四谛的正确理解。苦谛是指世俗世界一切皆苦；集谛是指造成痛苦的原因或根据，即痴爱和贪欲；灭谛是指消灭一切造成痛苦的原因，达到佛教所称的无苦常乐的境界；道谛是指为实现佛教最高理想而应遵循的修行手段和方法。第二，正思维，指离开世俗的主观分别，进行佛教纯真智慧的思索。第三，正语，指符合佛法的纯正净善的语言。第四，正业，指正确的行为。不杀生、不邪淫、不做一切恶行。第五，正命，指按佛教的系统、标准谋求衣食住行的必需生活品，远离一切不正当的职业。第六，正精进，指自觉努力，勤修佛教涅槃之道法。第七，正念，指牢记四圣谛之理。第八，正定，指正确的修行禅定，心专注一境，以求观察四谛之理。

2. 三学

三学是指学佛者必须修持的三种学业，即戒、定、慧。戒，即戒律之学，是佛教为出家和居家的信徒制定的教规，目的是使信徒有一个行为准则。佛教各教派的戒教不一，最基本的有"五戒""八戒""十戒"等。"五戒"指不杀生、不偷窃、不邪淫、不妄语、不饮酒。"八戒"是指在"五戒"之上再增加三条戒律，即不进行任何娱乐活动和装扮自己、不坐不睡华丽大床、过了正午不得吃饭。"十戒"是20岁以下男女出家必须奉行的，是在"八戒"之外再增加两条：禁止一切两性关系、不积聚钱财。定，即禅定，是指专于一境而不散乱的精神状态。在佛教看来，修持时通过集中精神，在内心观察特定的对象进行思索，就会获得对义理和功德的领悟。其包括两个方面：一是"生定"；二是"修定"，通过修习而产生的功夫。慧，指学习佛教义理，培养佛教智慧，从而根绝无明烦恼，获得解脱。在南北朝时，佛学有所谓南"义"北"禅"

之分。后来，隋朝天台宗创始人智领大师把这两种方法结合起来，提出了"定慧双修"的主张，又称为"止观双修"。

3. 六度

六度是指通过修行达到涅槃境界的六种具体方法与途径。它是大乘佛教修习的主要内容，包括布施度、持戒度、忍辱度、精进度、禅定度、智慧度。按佛家之言，修行者按以上六种方法修炼身心，就能度己度人，从痛苦的此岸世界达到理想的彼岸世界。因而六度体现在佛教以大慈大悲为本、普度众生、救苦救难的伦理原则之中。

思考题

1. 价值观在中国传统文化中具有何种地位？
2. 中国传统文化价值系统的基本特点是什么？
3. 中国传统文化价值系统的主要思想包括什么内容？
4. 何为儒家理想人格？体现了何种价值取向？
5. 儒、佛、道三教智慧体现在哪里？如何运用到学习生活中？

第三章　传统文化下的人文素养

导读：

　　"人文素养的养成，人文精神的培养，既有赖于学校教育，也有赖于家庭教育、社会教育和职业教育，更依靠人文教育"。作为提高人文素养、培养人文精神主要手段的人文教育，具体表现在四个层面：人文学科教育、民族文化教育、人类意识教育和个人修养教育。其中，民族文化是一个民族最深层的精神家园和精神追求，民族文化教育是人文教育的中心层面和核心内容。中国传统文化是中华民族在几千年的社会历史实践过程中形成和发展起来的比较稳定的文化形态，是中华民族智慧的结晶，其合理内核和人文精华在 21 世纪的今天仍然熠熠生辉，向世人展示着中华文化的独特魅力。这份珍贵的民族文化遗产为当今我们开展的人文素养教育提供了宝贵的文化素材和思想资源，对培养学生的人文精神具有不可替代的作用。

第一节　人文素养的含义

　　人文素养的培养始于人性的自觉，注重人的心灵自悟、灵魂陶冶，着眼于情感的潜移默化。良好的人文素养表现为：追求崇高的理想和优秀的道德情操，向往和塑造健全完美的人格，热爱和追求真理，严谨、求实的科学精神，儒雅的风度气质，等等。

　　具体来说，人文素养包括以下四个方面的内容。

　　第一，具备人文知识。人文知识是人类关于人文领域（主要是精神生活领域）的基本知识，如历史知识、文学知识、政治知识、法律知识、艺术知识、哲学知识、宗教知识、道德知识、语言知识等。

　　第二，理解人文思想。人文思想是支撑人文知识的基本理论及其内在逻辑。同科学思想相比，人文思想是具有很强的民族色彩、个性色彩和鲜明的意识形态特征。人文思想的核心是基本的文化理念。

　　第三，掌握人文方法。人文方法是人文思想中所蕴含的认识方法和实践方法。人文方法表明了人文思想是如何产生和形成的。学会用人文方法思考和解决问题，是人文素养的一个重要方面。与科学方法强调精确性和普遍适用性不同，人文方法重在定性，强调体验，且与特定的文化相联系。

第四，遵循人文精神。人文精神是人文思想、人文方法产生的世界观、价值观基础，是最基本、最重要的人文思想、人文方法。人文精神是人类文化或文明的真谛所在，民族精神、时代精神从根本上说都是人文精神的具体表现，人文素养是国民文化素养的集中体现。随着现代科学技术和社会经济的发展，素养教育、终身教育、大教育观念的确立，人们已认识到在专业教学中渗透具有时代特点并符合中国国情的人文教育，必将有助于学生人格的完善，对学生未来的发展提供强大的精神动力和情感支持，培养出具有较高人文素养和健康高尚人格的全面发展的创新型人才。

人文素养有以下几个方面的现实意义。

一、人文素养是现代教育改革发展的需要

社会的进步，科学技术的发展，对教育提出了更高的要求。特别是第三次全教会以来，教育改革进一步深化，素养教育全面推进和开展起来，但是在传统的应试教育的长期影响下，教育中的科学主义和人文主义长期分离，许多学校只注重传授知识，忽视做人的教育，强调自然科学的学习，以分数的多少来衡量学生素养的高低，忽视学生身心全面发展；学生道德情操的培养、中华民族博大精深的民族文化教育、学生完美人格的塑造等，这些人文底蕴的增长远远滞后于知识的发展，这些都是素养教育改革中面临的种种问题。

二、人文素养是提高教师素养的需要

作为实施教育主导者的教师，其素养的高低直接影响教育的成败。近几年来，部分教师的追求与信仰发生偏差，不能把献身教育、潜心育人作为人生第一目标，作为最高理想境界。常言道："经师易得，人师难求。"一个优秀的教师当为人师，把育人作为自己工作的最终目的。教师职业的特点要求从事本工作的人必须具有爱岗敬业、无私奉献的精神。在开放的新形势下的教育呼唤具有这样人文精神的教师。换言之，只有教师具有丰厚的科学、人文底蕴，才能培养出适合新时代要求的德才兼备的高素养人才。但是长时间以来，在广大教师中更多地重视了业务知识的学习和提高，忽视了人文修养的增强。因此，加强人文修养是目前摆在每一个教师面前亟待解决的问题。

三、人文素养是现代社会发展的需要

在当今社会中，广泛存在着金钱至上，追求物质享受，只讲索取，不讲奉献的现象。伦理道德、基础道德低下，对他人、对家庭、对社会、对祖国前途缺乏责任感，邪教、黄、赌、毒泛起，黑社会抬头，假货充斥市场，假药危及人们健康，等等。中央教科所德育研究中心曾对中学生基本道德素养现状进行调查，据统计表明："30% 多至 70% 的学生做不到或有时能做到遵守公共秩序，尊重他人民族习惯和宗教信仰，关心集体，同学之间互相帮助，拾金不昧，遵守纪律，在公共汽车上主动让座等"。该研究还分析了学校对基础文明、道德文明、人文教育重视不够，是造成以上问题的重要原因。

四、人文素养比数理能力更基础

我国基础教育课程的设置不仅是侧重理论，侧重书本，而且还是侧重少数几门"主科"。仅以目前小学的课程为例，除"大三门"语、数、外和"小三门"音、体、美以外，还有劳动课、科技课、社会课、自然课等课程，这些被称为"副科"的课程无论从哪一门来看都设计得很完美，不仅内容丰富、生动有趣，而且还包含有大量动手的作业，但学生们被告知这些课程中的大多数内容都因为缺乏足够的课时而不能讲授。语文、数学、外语三门课不仅占据了最大量的课时，而且这三门课的作业也占据了学生的大部分课余时间。中小学阶段主副科的划分，以及在课时分配上各学科之间鲜明的主次地位构成了学科的等级化。这种等级化课程教学的结果，必然影响学生知识结构的合理建构以及各类知识间的平衡，也会影响学生正确认识知识整体，并导致群体偏科现象，即将所有学生的精力集中导向少数学科，构成群体知识结构的整体性缺陷。

第二节　人文素养教育的重要性

在一个分工精密化和知识专业化的现代社会中，学校除担负着传授专业知识这个重要功能之外，仍然应该像传统的学校那样承担起一个神圣的天职，那就是培育学生的人文精神。一个真正意义上的现代化学校，不仅要培养出大批的科学家、工程师、律师、会计师和计算机专家，更应该塑造出睿智的灵魂，培育出具有深厚的人文素养和崇高的道德情怀的健全人格。换言之，学校不仅要培养专业人才，更应该培育人。在任何时候，对于学校来说，陶冶性灵都是比造就专家更为重要的事情。

在当今中国，面对着商业化和市场化的时代浪潮，学校也难免会受到功利主义和实用主义的影响。在这种情况下，如何在适应时代潮流的同时继续发扬学校的神圣天职，如何在培养专业人才的同时仍然坚持陶冶学生的人文精神和道德情怀，这是放在当今中国学校的管理者和为师者面前的共同使命。当人们越来越深切地意识到那种过分实用化的教育模式正在培养出一些有技术无文化、有知识无智慧的教育残次品时，这种人文教育的现实意义就显然更加重要和迫切了。

这样一种精神性的需求已经逐渐被我们的教育管理部门和学校校长们所意识到。因此，近年来，在中国学校教育中，注重培育人文素养和道德情操的通识课程越来越受到重视。在学校课程体系的设置中，专业课程受到了一定的限制，而通识课程却有了明显的增长趋势。与那些有着实用性特点的专业课程相比，这些以传统人文学科为主的通识课程往往都是一些"无用的"知识。它们的目的不在于造就一些学有专长的工程师、会计师、律师和计算机专家，而在于培育一个有着健全的理性精神和道德情怀的人。正因为如此，这些通识课程对于一切专业的学生来说，都具有一种毋庸置疑的重要性。这或许正是所谓的无用之大用，因为这种人文教育直接关涉"人"这个终极目的，而目的本身是没有用的，它就超越了一切实用性。

在当今时代，我们的学生们在学习知识时，大多抱着"学以致用"的态度，这固然是为了适应时代的要求，但是如果完全丧失了"学以致知"的情趣和超功利的目的意识，学习本身就会成为一件痛苦的事情。在这种情况下，自由性灵的求知活动就完全蜕变为一种"为稻粱谋"的职业准备，人们也就再难以从求知活动中获得广阔的历史视野、深刻的哲学睿智和盎然的审美情趣。学校通识课程的广泛设置和不断深化，对于纠正这种过于功利化和实用化的学习态度和人才培养模式，无疑将是大有裨益的。

随着市场经济的发展，教育市场化、产业化已成为共识，高职高专教育因其与经济发展的天然联系，市场化运作日趋明显。对市场需求的日益趋近，在一定程度上使得教育在发展过程中表现出追求功利的色彩。在培养目标上把学生工具化，旨在使学生能习得一技之长，为求职谋生做准备；在课程设置上增加了专业技能课程的比重和实习实训时间，甚至为此不惜牺牲专业基础课程所占的比例，不能使知识的传授、能力的提高与精神的培养相结合，扭曲了教育为人的全面发展服务的本质意义。

德育教育的重要性是毋庸置疑的，但目前学校的德育方式仍然是一种高高在上的脱离实际的说教式、训导式、笼统式的方法，德育工作实效性较差，而加强人文素养教育则能切实推动德育教育的发展。

一、人文素养教育与德育教育的关系

人文素养教育与德育教育之间的关系是辩证的。一方面，二者在理论体系、教育规律、解决矛盾的侧重点、评价体系和施教主体的角色定位等方面存在着明显的区别，不可以互相代替；另一方面，二者的教育任务、研究内容和教育过程又有着密切的联系，可以相互补充、相互渗透。

"人文"泛指人类社会的各种文化现象。人文素养包括语言文学修养、艺术修养、伦理道德修养、文明礼貌修养和历史哲学修养等。它是一个人外在精神风貌和内在精神气质的综合体现。人文素养教育就是将人类优秀的文化成果，包括伦理道德、文学、艺术、哲学、历史等，通过知识传授、环境熏陶，使之内化为人格、气质修养，成为人的相对稳定的内在品格。人文教育的目的，就是教会学生如何做人，就是解决人与自然、人与社会、人与人之间的关系，来探索生命的价值、人生的意义。

我国实施的德育是"大德育"，德育通常是相对于智育、美育和体育来划分的，不仅包括道德品质的培养，还包括政治、思想品质及法制观念的培养等，提倡的是全员育人。当代学生的思想道德问题与人文素养的高低是相互联系的，人文素养教育潜移默化地丰富了思想道德教育的内容，提升了学生的道德情操；反过来，思想道德教育调节、导向着人文素养教育向正确的方向发展。

思想道德教育作为一种素养教育，主要是关于人的行为规范的教育。讲道德规范如果只是几条行为准则，那就很难有说服力。当道德规范和一定的历史条件、文化现象、审美情趣联系起来，就具有了生动活泼的内容，使学生乐于接受，真正达到教育的目的。因此，思想道德教育应当和人文素养教育相结合。思想道德教育课应该吸取人文素养教育的某些内容，以充实思想道德教育的知识含量，增强其感染力，人文素养教育课也要对道德伦理问题进行理性探讨，或者发掘文化艺术作品中的伦理道德内容，以增强学生辨别是非善恶的能力。要在保持人文素养教育和思想道德教育各自特点的前提下，在思想道德教育中有中外优秀文化作为道德教化的大背景，使思想教育更加具有形象性和实效性；在人文素养教育中有思想道德教育作引导，使它更具有方向性和影响力。

此外，人文素养教育应与思想政治教育相结合。用先进文化指导人文素养教育，使它符合我国的教育方针，在体现正确的政治方向同时，以人文素养教育去激发学生进一步学习先进文化的兴趣。政治意识形态的正确性和说服力是建立在丰富的文化知识的基础上的，文化素养教育有助于提高学生对不同政治理论的识别能力，提高其学习历史上和现实中先进文化的自觉性。同时文、史、哲和艺术方面的优秀成果的学习，也离不开社会政治的价值尺度。当代院校应将人文素养教育与思想道德教育、思想政治教育结合起来，以期取得最好的教育效果。

二、通过强化人文素养教育，推动德育教育的实施

在以知识经济为特征的 21 世纪，人文素养不高的民族将会丧失民族精神。要强化人文科学教育，培养具有民族精神的开拓型人才，用传统人文精华强化道德教育，用人文渗透教育促进以德育人。

实施人文教育，是德育发展的重要策略。学生的思想道德进一步发展，必须要有比较丰厚的文化底蕴。一个人的文化素养应该包括人文素养和科学素养两个方面，两者缺一不可、不能互相代替。人文素养是人的重要素养，而且是一种深层的素养。学校教育学生学会做人是德育的根本任务，学会做人则必须以人文素养做底蕴。因为，人文科学体系既是一种知识体系，也是一种价值体系。自然科学主要是给人们提供工具理性，人文科学给人的是价值理性。学生通过学习人文知识，给自己塑造高尚品德形象，同时也可以通过自身修养去提高自己。老师在课堂上课，必须要备课、备教、备学，同时还要备人文，要充分挖掘课程中的人文因素，不仅要让学生学到文化知识，而且也要让学生学到人文理念。

（一）改革课程结构

学校学生群体有其特殊性，文化知识基础相对较低，人文素养相对薄弱，因此更需要进行传统文化、人文精神教育。学校要改革重技能课程、轻人文课程的观念，切实结合学校的人文资源和学生的人文素养，实际拟订人文教育计划，构建有教育特色的人文课程体系，夯实学生人文科学知识，寓人文精神于知识传授中。教育工作者在教育教学过程中，深入发掘渗透其中的人文教育因子，结合知识、技能对学生进行人文教育。在人文课程教育中，要摒弃冷落学生个性的做法，重视体现学生的主体性与精神追求，发挥学生的主观能动性，使学生在接受知识的同时，汲取精神营养，将人文知识内化为人文素养。

（二）加强人文学科的德育渗透

长期以来，我国的德育立足于课堂，满足于道德知识的传授，只注重道德原则、道德规范，而无视学生道德能力的形成，德育效果是微乎其微。课堂是对学生进行教育活动的主阵地，所有学科都蕴藏着十分丰富的德育资源，学科教学是进行德育教育最经常的途径，尤其是政治、语文、历史、地理等人文学科。

（三）在人文学科教学中渗透德育教育

要求教师有意识地在教学中把德育与知识传授、能力培养有机地结合起来，使学生在潜移默化中自然而然地接受教育，教师要主动地挖掘教材的德育因素，广泛收集德育的素材，有目的、有计划地进行。努力提高教师自己的德育水平，将思想教育寓于知识传授之中，使学生在心理上和生理上能够接受、乐于接受。

（四）营造浓厚的校园人文氛围

校园人文氛围建设包括硬件环境、软件环境、人文环境建设。硬件环境建设是指学校的设施建设，如建筑、校容校貌等。软件环境建设是指人文化的校园管理与洋溢浓厚人文气息的人与人之间的交往。人文环境建设主要包括丰富多彩的课外文艺活动，在培养和提高学生的人文素养方面具有非常重要的作用，可以增强学生的美感体验，培养学生欣赏美和创造美的能力。学生在不间断地参与各种课外文化活动的过程中，可以不断提高自身素养和人格修养。学生自觉地对自己加以约束，于无声处感受人文教育的召唤。人文素养教育对培养新时期的人才具有不可替代的作用，搞好人文素养教育对推进德育有积极的现实意义。

第三节　传统文化对人文素养的影响

弘扬人文精神，寻觅失落的精神家园，已成为当代教育研究的一个极其重要的课题。高校是培养高素养人才的基地，其向社会输送的人才应当是科学精神与人文精神的和谐统一的人才。著名建筑学家梁思成先生认为，懂得工程而缺少人文修养只能算半个人，他反对"半个人的世界"，强调教育要"理工与人文结合"。中国优秀文化的精髓是人文精神与科学精神融合统一的中华民族精神，概括起来主要是"究天人之际"的探索精神、"自强不息"的进取精神、"经世济民"的责任精神、"和而不同"的和合精神等。这些精神是培养学生人文精神和科学精神的宝贵财富。充分挖掘中华民族传统文化精髓，以人道、人生、人性、人格为目标指向，培养学生最终成为有独立、成熟、健全人格的现代公民，是人文素养教育的一个重要途径。

一、中国传统文化的基本精神

在中国传统文化中，中国哲人一直在思索着三个问题：人与自然（包括神与宇宙）的关系、人与群体的关系、人与自身的关系，由此而阐发出如下的文化论述。

（一）天人合一

季羡林先生指出："'天人合一'就是人与大自然的合一""人与大自然应'和为贵'"。人与自然的和谐相处，是人类文明顺利发展的基石。天人合一的概念主要包含两层含义：第一，人是天地生成的，人的生活服从自然界的普遍规律；第二，自然界的普遍规律和人类道德规律的最高原则是一而二，二而一的。

（二）中和中庸

中国古代哲人在《中庸》中提出了"中和"理论。《中庸》说："致中和，天地位焉，万物育焉。"它表明儒家之和谐理论：生命的和谐，观其万象，天地各得其所，各有其位，自成和谐之系统；人各有位，方可加入天地的和谐中。若德行有失，偏离当居之位，便失去天地中的和谐。儒家强调的是，人需要在生命的体验中，通过内在生命与外在世界的调适，使自己的心灵复归于和谐。己性和，则能人性和，人性和，则能物性和，物性和，则能天地和，从而实现与天地人伦的和谐。

如何达致心灵的和谐呢？儒家认为必须坚持中庸之道，以中庸为手段，来达到中和的目的。何为"中庸"，朱熹解释说："中庸者，不偏不倚，无过不及，而平常之理，乃天命所当然，精微之极致也。""中庸"要求处理问题不偏不倚，恰如其分，恰到好处。也就是把握准确的度，既不要不到位，也不要太过分，"过犹不及"。中庸之"中"，要求事物出现平衡状态，但它乃是一个动态的平衡点。如秤锤依所秤之物的轻重而在秤杆上移动，找准平衡点，才能把秤杆摆平，把重量搞定。中庸之道并不是不讲原则的折中主义，是告诉我们要去除偏激，追求恰当合理的处置。它体现的是端庄沉稳、守善持中的博大气魄和宽广胸襟，是对中庸之道"无过不及"恰到好处的把握。中庸之道是儒家思想与中国传统文化最重要的部分，是一种人生和道德的至高境界和目标，它已经深深渗透到了与中国文化有关的每一个元素和成分之中，成为构成普遍的文化心理和社会心理的核心要素之一。

（三）仁礼道义

崇尚道德修养是古典圣贤做人的基本标准。仁、义、礼、智、信是儒家所提倡的道德伦理思想，它们之间相互关联、相互依存、相互支撑，共同构成了中华民族传统道德大厦的根基。五德之中"仁"居于首位。《礼记·中庸》中说："仁者，人也。"意思是说，只有具有仁德的人，才是真正的人。在人的丰富的道德内涵中，其核心是爱人。儒家思想中的"博爱之谓仁"的道德主张，进一步把仁爱之心推广到每一个人身上。在孟子倡导的"仁政"思想当中，"亲亲"是一个重要的基石。"亲亲而仁民，仁民而爱物。"（《孟子·尽心上》）由亲人之爱推及对百姓之爱，由百姓之爱推及对万物之爱，这是儒家对爱逐级升华的典型步骤。"仁者爱人"的道德观，使中国成为礼仪之邦，也使中华民族成为有强烈道德意识的民族。

（四）修身养性

中华传统文化非常强调修正身心。儒家经典"四书"中的《大学》一开篇就提出："大学之道，在明明德，在亲民，在止于至善。"弘扬灵明的德性，将个人之善泽及天下万民，以至于进入"至善"的境界，这种"内圣外王"理想状态是儒家所追求的最高的人格理想。要实现这一理想境界，就要"格物、致知、诚意、正心、修身、齐家、治国、平天下"。其中，"格物、致知、诚意、正心"是修身的具体方法，而"齐家、治国、平天下"是修身的最终目的，所以《大学》说："自天子以至于庶人，壹是皆以修身为本。"修身为做人的根基，孔子的名徒曾子有"吾日三省吾身"的名言；孟子则宣称"吾善养吾浩然之气"，并主张士人要"穷则独善其身，达则兼济天下"。古代先哲的这些"修身"思想影响了一代又一代的炎黄子孙，形成了中华民族传统的道德文明，如勤勉、仁爱、礼让、自律、自省、自强、慎独、温良恭俭等，已成为取之不尽、用之不竭的精神财富。

二、传统文化对人文素养的影响

多年来，在西方文化、网络文化、休闲文化的冲击下，传统文化被淡化，人文教育没有得到应有的重视。对于我国传统文化连同它的精粹，大学生了解不多，加之文理偏科、应试教育，使传统文化在相当一部分大学生的脑海里没有扎根。什么是民族精神、民族责任，什么是精神世界的富足，什么是道德与智慧，什么是立德、立身、立国之根基，很多大学生知之甚少，或鲜有思考。作为担负着国家富强、民族振兴艰巨历史重任的当代大学生们，应当积极主动地从中国优秀的传统文化遗产中汲取丰厚的精神滋养，并内化于自己的思想、情感、意志和信念当中，使自己成为人格健全、灵魂高尚、意志坚定、具有强烈使命感和远大的宇宙眼光的一代新人。当今的大学生，要传承民族的精神，吸取中国传统文化的精华，应注意以下几点。

（一）重视人文素养，追求理想的人生境界

"文化即人化"是一个长久不衰的文化命题。所谓"人化"就是"人文化成"，就是人成为人的动态过程。就是依"人"的价值，向"人"的理想美化、完善化的历史过程。人在不断地改造自然、改造自我的过程中，在创造丰富的文化成果的同时，又使人性得以高尚、完美和更为自由的全面发展。文化是塑造人性的力量。文化不仅满足人的需要，而且还在创造、限制、改造甚至禁止人们的某种需要，以此来改造、限制、修饰和掩盖人的动物性特征和反社会倾向，使人"成为人"，具有"人模人样"。正是因为文化有如此改造人、塑造人的力量，当代大学生更应该从文化的滋养当中寻觅人生的智慧，提高人文素养。

（二）培养审美心胸，追求诗意人生

德国著名哲人海德格尔提出，人类应该"诗意地栖居于这片大地"。所谓"诗意地栖居"就是"审美的生活"。当代社会竞争激烈，生活节奏加快，人们的身心感到从未有过的压力，精神疾患成为难以控制的世纪病、时代病。大学生的学业压力、就业压力，乃至走上社会后要面临的工作压力、经济压力等，是他们人生路上的每一个挑战。

（三）加强修身，提升人格

修身，即通过学习、培养和锻炼来提高自己的思想道德水平。在儒家的伦理学说中，修身思想占据着极其重要的位置。儒家修身思想的核心是立志，修身的目的是为了齐家、治国、平天下。这不仅是使自身的道德修养得到提高，更重要的是要和亲睦族、安邦治国、教化天下，即孔子所说的"修己以敬""修己以安人""修己以安百姓"，也如孟子所言的"修其身而天下平"。当代学生要把民族振兴、国家富强与个人奋斗目标结合起来，要将个人聪明才智心甘情愿地奉献给国家，奉献给社会，不做目光短浅、胸无大志的人，不做以自我利益为中心的人。唯有如此，才会胸襟开放，蓬勃进取，在历练中成为高素养的人才。

第四节　现代生活中人文素养的体现

人文素养和人文精神，不但表现为丰厚的人文科学知识，更表现为正确的价值观念、高尚的道德情操、积极的人生态度、良好的文化气质。人们不无忧虑地看到，是非界限模糊、道德观念淡薄、自律意识弱化、诚信品质欠缺的问题，在一些大学生身上都不同程度地存在。因此，重视学习是我们民族优秀的文化传统，继承和弘扬我们伟大的民族精神，也是非常重要的一个方面。

人文素养在一个人的成长中起着非常重要的作用，能够启迪人的智慧、开发人的潜能、调动人的精神、激扬人的意志、规范人的行为，以及维护人的健康、控制社会的稳定、协调人际关系等。首先，人文知识的传授利于大学生成人。人文知识教育是一个民族弘扬精神文化传统、铸造人文精神的基本途径。所谓人文知识教育，就是文学、史学、哲学以及美学、伦理学等知识的教育，它能够引导和帮助人们懂得什么是人，懂得要成为什么样的人。其次，人生哲学的教育利于大学生成人。现代中国人生哲学要将国家、集体、个人的权利与义务进行恰当定位，唤醒每一个社会个体的权利与义务的意识，履行义务，享受权利，最终实现人生幸福。最后，荣辱情操的提高利于学生成人。社会主义荣辱观是我们民族得以生生不息、繁荣昌盛的精神支柱，是塑造社会主义公民的精神指导。能够帮助我们在当前形势下明是非、辩善恶、分美丑，利于学生顺利成人。

在人文素养教育过程中，大学生时期培养是个非常重要而且特殊的时期。那么，我们就从目前大学生人文素养教育现状窥探人文素养在我们生活中的一个体现。

人文素养教育是一种注重传授人文知识、培养人文精神和提高人文素养的综合教育，是高校育人体系中不可或缺的一个重要组成部分。随着经济社会的迅猛发展，面对当前我国严峻的就业形势，市场对人才的需求已经从单一技能型逐步过渡到综合型人才。当代大学生不仅要具备较强的职业技能，还应该具有良好的人文素养。然而我国高校学生的人文素养教育的"制度性缺位"表现突出，大学生的人文素养亟待提高。

"人文"一词早在《易经》中就有所出现："刚柔交错，天文也；文明以止，人文也。观乎天文，以察时变；观乎人文，以化成天下。"在这里，"人文"与"天文"遥相呼应，"人文"指的是人所创造的一切文化。而"天文"指的是自然界万事万物运行的规律。在西方，"人文"是相对神学、神文而言的，针对中世纪的宗教等级制度、文化专制而说的。关于人文素养没有一致的定义。有的认为人文素养是关于人之为人应该具备的基本文化素养。它是由知识、观念、信仰、情感、意志等诸多因素综合而成的一个人的内在品质和潜能，表现为一个人的人格、气质、修养及综合能力。

随着高校毕业生就业制度的改革，就业率已经成为评价高校办学能力和教学水平的重要指标。部分理工科院校为了追求较高的就业率，过分重视专业技能和职业能力的培养，就存在着"轻素养，轻德育"的不良倾向。

从整体文化观上看，理工科院校学生的人文教育不仅限于学科知识范围，而且还表现在校园文化氛围和学生的个体体验上。理工科院校校园文化活动往往围绕专业设置情况来组织设计，比较重视开展科技活动、实践活动，而较少组织有质量和人文色彩浓厚的学术报告、文艺活动等。由于校园活动内容和业余生活的单调，使一些学生游离于集体活动之外，沉迷于网络虚拟世界中，热衷于追逐时尚，荒废了学业。另外，由于有些学校在校园硬件建设中，特别是在新校区建设中，缺乏历史文化传承，文化断裂失衡也是导致人文气息不足的原因之一。

英国著名数学家哈代说过："一位对热力学第二定律一无所知的人文学者和一位对莎士比亚著作一无所知的科学家一样糟糕。只有能将科学素养和人文素养二者和谐统一的人才能算是完善的人"。学生作为一个特殊的社会群体，其科学素养的水平对于科学技术的发展以及科学技术知识传播的影响是非常重要的。有关对大学生科学素养的调查研究证实，当前我国大学生科学素养状况不容乐观。

当代大学生人文素养存在的问题有以下几个方面。

一、人文科学知识匮乏

由于过重地强调专业技术的实用性和功利性，部分理工大学生会忽视人文课程的学习，导致人文科学知识的匮乏。许多学生对文史哲的基础知识知之甚少，表达能力较差，艺术品位较低，尤其是对我国优秀的传统文化知之不多。应试教育的盛行与素养教育的形式化，导致今天的大学生人文素养严重缺失。

二、人文精神及人格偏颇

人文精神作为道德观念、价值取向的潜动力，对大学生的发展和成才具有导向和促进作用。当代大学生所表现出的整体精神状态是积极向上的：注重自我价值发展，思想开放，勇于开拓，勇于竞争，能够自觉地培养和发展健康的人格。但部分大学生在市场经济和信息全球化浪潮所带来的负面影响下，面对多元化的世界，缺乏价值判断和选择能力，表现出人文精神及人格的偏颇。

三、价值观功利倾向

随着社会的发展、知识的增加和信息渠道、教育手段的多样化，当代大学生对知识的学习具有更大的自主性、选择性和开放性。对知识的接纳不仅取决于知识的本身，更是由个人的价值取向所决定的，同时也受到社会对人才知识结构需求的影响。社会主义市场经济的建立，带动人们观念的更新，青年大学生站在时代的潮头，更深、更快地感受到了社会的巨大变化和思想的激烈碰撞，他们的人生观、价值观由重义转向了利义均衡或偏重功利，理想信念由高远转向现实。实用主义、功利主义、享乐主义的成才观在大学生中有一定的市场。与此相适应，大学生的求学观念也由虚转实，表现出明显的实用倾向和功利性，往往将学习的精力主要集中于应用型、实用性的学科上，疏于基础的人文学科的学习。追求功利、淡于修养、实用第一成为大学生选择知识的价值标准。

四、创新意识和实践能力比较弱

部分大学生在长期的计划经济体制下，思想和创造意识受到禁锢和闭锁，只是满足于书本的知识，局限于"象牙塔"之内，缺少创新意识和实践能力，还有的大学生已习惯于有例可循，不善于独立思考，参与社会实践的民主精神淡薄。缺少标新立异的思想，不愿接受多元共存，敢于质疑和批判的思考精神越来越淡薄。

五、心理自我调适能力的缺乏

心理的自我调适就是要学会自我调节自己的心理毛病，恢复到正常的心理状态。当今，人们的生活节奏越来越快，娱乐与休闲的时间相对减少，压力自然可想而知。现在的大学生不仅面临繁重的学习任务，更为重要的是面临就业的压力。大学的扩招导致许多学生就业无门，国家虽然尽全力解决大学生的就业问题，但是，毕竟岗位有限，仍有许多学生难以就业。在世界金融危机影响下，就业问题更为凸显。调查显示，大部分学生一进入大四，心理上就处于十分紧张和焦虑的状态，导致这种现状的主要原因就是"就业"。而有些学生不堪就业压力，走上了极端的道路。当然，造成今天大学生面对挫折能力较差的另一个原因是家庭教育所致。如今的孩子几乎都是独生子女，集几代的宠爱于一身，根本不懂什么是"挫折"。即使是农村的孩子也很少有人会下地干活。在这种环境下成长起来的孩子，其心理的承受能力可想而知。

科学精神是一种怀疑的、批判的、理性和实证的精神，是一种去伪存真、实事求是的精神。科学主义推崇科学知识，认为只有自然科学才是真正的科学，世界上的一切问题、一切现象都可以通过科学去解决、去解释，把科学看成万能的。这导致许多的大学生盲目崇尚科学而忽视自己人文精神的培养与提高。他们举着科学的旗号，认为人文是过时的、不实用的，只有科学才能让他们实现自我的价值，人文变得可有可无。而缺乏人文精神的滋养，科学精神注定会成为无水之木，无源之水。著名物理学家杨振宁先生曾说："人文教育的融通是现代教育发展的基本特征和时代趋向，它代表着一种新的教育价值观。不仅要准备大脑抽象升华的思辩，而且要敞开一颗内心敏感且蕴含着向往美好人性理想激情的心。自然科学越发达，越应重视人文科学。"

一个国家没有现代科学就会落后，而一个民族没有人文文化，精神就会迷失，民族就会异化。一个人没有人文精神，他就是一个残缺、不完整的人。21 世纪的大学生，既要有科学素养，又要有人文精神；既要有专业知识，又要有健全人格。我们应高度认识到大学生人文素养的重要性，在知识经济时代，高校应不断开展多种活动推动大学生人文教育向前发展。

思考题

1. 如何运用中国传统文化提升高职学生的人文素养？
2. 在坚守文化自信，提升人文素养方面还存在哪些差距？
3. 学校如何弘扬传统文化？
4. 如何提升教师的传统文化和人文素养？
5. 学习中国传统文化的意义以及给我们的启示有哪些？

第四章　传统领导力思想中的用人

导读：

　　领导力的主体由领导者、被领导者和领导力组成，三者都是领导关系的载体。领导力是实现组织特定目标和使命的一种活动，所以具有目的性；领导是主客体构成的系统和内外关系的一种行为，所以需要领导力；而领导者是有目的地寻找创新的源泉，始终与时俱进，能把握机会开拓进取的人，所以他们要识人用人，以发现价值、实现价值和创造价值为使命，并志存高远，终其一生追求伟大的事业，努力谋求立功、立德、立言。因此，从本质上说，领导是人类社会普遍存在的一种社会精英活动的过程，以及通过领导力中的"任贤使能"、授权、沟通与激励，有效地利用各种资源和富有成效的用人而达到组织特定的目标和使命的行为。

第一节　传统领导力思想中的"任贤使能"和宽以用人

　　在传统思想中，儒家以"修齐治平""选贤与能"以及孟子的"天时不如地利，地利不如人和"的领导思想一直影响着中国的领导理念。此外，《孙子兵法》中的许多思想也被应用到了富有成效的领导中，如上文论述的"智、信、仁、勇、严"亦作为选拔领导者的标准和参照之一。

　　富有成效的领导在很大程度上依赖于用人的策略是否得当，以及根据外部环境变化而不断地"任贤使能"，中国传统哲学思想中的"中庸之道""执中行权"思想就充分体现了领导的动态策略。"中庸之道"讲究做事要有分寸，不偏不倚；"执中行权"则要求领导者要懂得权变，不拘泥于一定之规，要与时屈伸。《中庸章句》中说："君子之所以为中庸者，以其有君子之德，而又能随时以处中也……盖中无定体，随时而在，是乃平常之理也。"

一、"任贤使能"和"各取所长"的用人思想

　　富有成效的领导方法就在于顺势用人和"任贤使能"。"势"隶属于"道"的客观范畴，常用来代指自然界和人类社会所固有的客观规律。《管子·形势篇》中说："天不变其常，地不易其则"（指自然界中的客观规律），社会组织的发展也是这样，组

织很多方面的运行都有一定的"轨"（规律），"不通于轨数而欲为国，不可"（《管子·山国轨》）。在人才的使用上，韩非子最早提出了"任贤使能"这一重要的用人思想。他说："人主有二患：任贤，则臣将乘于贤以劫其君；妄举，则事沮不胜。故人主好贤，则群臣饰行以要君欲，则是群臣之情不效；群臣之情不效，则人主无以异其臣矣。"（《韩非子·二柄》）用人首先在知人、识人，不知人就不能很好地用人。西汉贾谊曾说："闻之于政也，民无不为本也。国以为本，君以为本，吏以为本。"（《新书·大政上》）在顺势用人的成效领导中关键是"求贤"和"任贤使能"，《汉书·刘向传》中说："贤人在上位，则引其类而聚之于朝……在下位，则思与其类俱进……故汤用伊尹，不仁者远，而众贤至，类相致也。"正因为尧、舜、禹在"明选求贤"上有所作为，所以他们才能"任贤得其人"。

一个组织要想兴旺发达，就必须要有一大批人才，优秀的组织一定会集结着优秀的人才，高质量的产品来源于高素质人才的创造性精神。技术的差距，领导水平的差距，说到底是人才的差距。因此，人的才能是组织生存发展的支柱。而用人的精髓就在于"任贤使能"和"各取所长"，知人善任，根据人的才能授予他相应的职位。人的才能是有差别的，一些人适合做这一方面的工作，另一些人适合做那一方面的工作，这就要求领导者能够根据每个人才能的不同，从而委之以不同的任务，授之以不同的职务，这也是传统领导力中用人的一个重要的原则。汉朝刘邦对陈平的任用就体现了"任贤使能"的用人之道。陈平在秦末农民战争和随后的楚汉战争中，先后在各诸侯手下为官，因才能得不到发挥而投奔到刘邦的麾下。刘邦拜他为都尉，以监护诸将。刘邦的将军们对此不平，他们对刘邦说陈平这个人外表漂亮，但没有什么真本领，听说他原来在家里就曾和自己的嫂子私通。他先投靠魏王无咎得不到重用，就跑到楚国，楚王也不愿重用他，于是便投奔我们。现在大王对他委以重任，可这人劣性不改，又收受诸将的贿赂，大王要对这种人仔细考察。于是刘邦便对陈平产生了怀疑，而找陈平的推荐人魏无知责备，但魏无知答刘邦："臣之所言者，能也；陛下所问者，行也。今有尾生、孝己之行，而无益处于胜负之数，陛下何暇用之乎？楚汉相拒，臣进奇谋之士，顾其计诚足以利国家耳。且盗嫂受金又何足疑乎？"可刘邦对陈平还是有些放心不下，于是又把陈平召来加以责问，他说："先生事魏不中，遂事楚而去，今又从吾游，信者固多心乎？"陈平一听便明白了刘邦这番话的意思，就从容答道："臣事魏王，魏王不能用臣说，故去事项王。项王不能信人，其所任爱，非诸项即妻之昆弟，虽有奇士不绝用，平乃去楚。闻汉王之能用人，故归大王。臣裸身来，不受金无以为资。诚臣计画有可采者，大王用之；使无可用者，金具在，请封输官，得请骸骨。"（《汉书·高帝纪第一下》）一番话说得刘邦疑窦冰释，于是刘邦不以有过而弃贤。所以古人在人才的使用上也不全是求全责备，而是提倡根据各人的能力和特长分别加以任用，坚持"任贤使能"和"各取所长"的思想原则。

德行与才干的关系是古今用人者的经常性话题，对此雍正希望有众多的德才兼备之人，但又反对将那些虽安分厚道但碌碌无为的人提拔到重要岗位。在贤与才的取舍上，雍正认为官员的"清、慎、勤"还不够全面。如在谈到巡抚一职所应具备的素质时说：

"巡抚一官,原极繁难,非勉能清、慎、勤三字便可谓胜任也。用人虽不求备,惟至督抚必须全才,方不有所贻误,若无包罗通省之襟怀,统驭群僚之器量,即为不称厥职。"(《朱批谕旨·王国栋奏折》)他把清(廉洁自律)、慎(谨慎忠诚)、勤(勤于做事)只是作为对人才的基本要求,而不是他满意的标准,有德无才的官员在雍正这里是很难得到重用的。为了贯彻技能与效能统一,雍正不能容忍那些尸位素餐者,可见雍正用人的革新与务实的做法证明了他的远见卓识和用人魄力。但资历也不完全是反面的东西,一些年轻人可能是有真才实学,可是由于缺乏资历,没有经验,往往在危急的形势下惊慌失措,不能稳定军心,带领大家一起渡过难关。

每个人都有自己的个性和爱好,如有人爱笑,有人爱说,有人喜静,有人喜动,有人爱养花,有人爱钓鱼,有人爱唱歌,有人爱跳舞,有人爱读书,有人爱打球,等等。只要他无碍于他人和工作,领导就应尊重其个性,切不可要求部下千篇一律。正因为有繁多的个性与爱好,才构成了如此丰富多彩的大千世界。总之,高明的用人者都会具有爱才之心、识才之眼、选才之德、谋才之脑、用才之胆、容才之量、护才之魄、育才之法、集才之力。

二、人才的成长地域与"因人材质"的用人思想

中国幅员辽阔,各区域自然条件千差万别,社会政治经济等方面的发展水平不尽相同,不同区域的历史传统、人文精神和人才个性就自然具有地域特色。各区域由此形成了不同类型的人才分布,古代的中原文化、齐鲁文化、三秦文化、楚湘文化、吴越文化的兴衰和演变都与人才的孕育和分布有着密切的联系。随着历史的演变,政治、经济和文化重心的不断转移,不同区域的人才群体的分布也随之发生种种迁移变化。

中华文明史如从周朝算起,其实是一部地域文明发展的历史,而文明是人类精神活动的成果,人类的精神活动是受气候严格制约的,它与气温有着密切的关系。人体科学界已经证实:在供养充足的环境里,人脑在18 ℃左右的气温最富效率,而在寒冷和炎热的环境中则难以舒畅地运行,相比之下,炎热要比寒冷更不利于精神活动,在超过30 ℃的气温中,人脑的活动则受到严重的阻碍。炎热的气候不仅严重妨碍精神活动,也容易使人产生种种恶劣的情绪和恶毒的想法,因而在骄阳似火或蒸笼般的天气里,人会自然而然地变得不耐烦,而在凉爽宜人的环境里,人因为生理和精神活动较舒顺,情感和念头都容易趋于正面。所以,中原地域的文明较细腻,而岭南地域的文明则较粗陋,这其中的地域因素也是原因之一。而在寒冷的天气中,人会因为渴望热度而喜好人气,因而自然地变得热情和慷慨;但在严寒的环境里,人又会变得好斗,这在很大程度上也是一种因气候和地域而变的自然结果,因为暴力争斗能够最有效率地提升热度。

因为地域的原因,大部分热带和寒带地域缺少高度的原生文明,所有高度的原生文明也出自于或者成长于温带,中华文明和英国、美国开创的近现代文明就是两个典型。中国因为深受西伯利亚寒潮的影响,气温比同纬度的欧、美偏冷,也偏干,最适合人类精神活动的地理范围在中国大致位于关中、河南、晋南、冀南和整个山东,基

本上与古代中原文明范围相合。这个区域四季分明，温和的春秋季节较长，冬季无严寒，一般在 –10 ℃以上，如关中、河南、晋南、冀南和整个山东都是中国范围内 18 ℃左右气温天数最多的区域，所以中华文明是东亚地区的最具高度的原生文明，它也成为日本、韩国、越南文明的来源，并与源于印度北部的印度文明一道成为周边地区多个民族的文明来源。可见，暖温带的气候和地域造就了中华文明，并为人才群体的形成创造了优越的条件，同时不同的区域也产生了不同类型的人才，为领导者在用人权衡和取舍之间提供参考。

当然，今天的中国，南北各地人的习性随着教育的普及、经济发展中的迁移和交流，人的习性禀赋和才能的差距不会那么明显，但领导者在用人时还是应该知道各地人才禀赋的大概情况，需要在大节与小节之间、大事与小事之间权衡取舍，以"因人材质"的不同而用人，避免用其所短，更好地发挥人才的作用。

三、宽以用人的领导力思想

领导者要想得到人才、留住人才和用好人才，具有豁达的胸怀和宽容的美德是极为重要的。三国时期的陈寿（《三国志》的作者，《三国演义》就是以此书的内容而演义的）就说过："苟得其人，虽仇必举"，也如民谚所说："宰相肚里能撑船"。因为一些有德行的人不一定有作为，而有作为的人则不一定有德行，所以领导者要豁达大度，应做到以宽用人，不计私怨。豁达主要是不为私仇结恨，不对过去的个人恩怨耿耿于怀；宽容主要是既要能容人之短，也要能容人之错，还要能容人之私，如此才能达到用人的高妙境界，所以豁达的胸怀和宽容的美德是任贤使能的关键理念。领导者要像大海一样有容纳百川的气概，如此才能赢得人们的佩服与敬重。北宋名臣吕夷简向宋仁宗推荐贤者范仲淹时，宋仁宗就说："他可曾反对过你啊！"吕夷简回答说："他虽曾反对我，我的确也是有毛病的，再说他也是为国家着想啊！"宋仁宗遂委任范仲淹为学士，并任参政知事，后范仲淹向宋仁宗进言十事，改革朝政，颇有政绩。西汉时期的陈平和战国时期的苏秦都很难说是有信义的人，然而陈平帮助西汉奠定了帝业，苏秦帮助燕国摆脱了危机。可见，士有偏短，庸不可废。在贞观十九年，唐朝出现了"国有七年之积，民有九年之储，岁决囚仅二十九人"的贞观盛世，文武百官皆称颂唐太宗治国有方，而齐州人段元冲却上书指责朝政弊端，李世民冷静读完谏书后，批曰："其言若是，是其忠也；其言若非，是其狂也。忠不可究，狂不足较。譬如尺雾障天，无亏于大；寸云点日，无损于明"。

领导者宽以用人的前提是要能容人之短。世上任何人都有其长，也有其短，长与短宛如一对孪生兄弟。金无足赤，人无完人，人的长处与短处不仅是并存的，而且在一定条件下是可以相互转化的，某些缺点在此处为"短"，在彼处则可能是"长"。孔子在《论语》中就指出"赦小过，举贤才""无求备于一人"，所以在用人上，领导者应用其大节而不计小过，用其长处而避其短处，宁肯用有缺点的能人，也不用无所作为的庸人，切不可戴着"放大镜"去求全责备，若如此，则世无可用之人。心理学研究证明，人的缺点和不足一旦形成，便具有一种顽固的思维定式和行为定式，强有力地吸附在他的长处之上，很难从中剥离出来，在通常情况下也很难改变。如宋朝宰相吕蒙正虽才智过人、刚正不阿，但他喜食鸡舌，使得家中鸡毛堆积成山，颇具奢华，但这些瑕疵并不影响大局。所以，优秀的领导者在充分发挥部下长处的同时，也要学会适当地容忍甚至袒护部下的短处和有时犯下的错误。人才绝非全才，人才也会有失误乃至失败。正如美国第十六任总统林肯曾经说过："我的生活经验使我深信，没有缺点的人往往优点也很少。"宋太宗对吕端的识别和任用即是如此：吕端心有大略，吕蒙正为相时，宋太宗想用吕端代替他。有人说吕端人糊涂，并略举事例。宋太宗坚持说："端小事糊涂，大事不糊涂"，并擢吕端为相。事后确实证明了宋太宗用人的英明抉择。相比之下，我们有些组织部门的领导者，对人才要求过高，操之过急，求全责备，实在是缺少宽以用人的雅量和艺术。"人非圣贤，孰能无过"，这是人人皆知的道理，所以领导者用人确实需要豁达的胸怀和宽以用人的度量。

豁达大度、宽以用人的思想也可以体现在孙中山先生刚开始支持袁世凯做临时大总统的行为。孙中山先生拥护袁世凯，并不意味着袁世凯转变成真正的共和主义者，而是如孙中山所分析的那样，当时的中国所需要的人既非全新之人，也非全旧之士，而正如这样新旧掺杂的有利人物。用新人虽然敢于挑战权威和承担重任，其头脑亦甚清楚，见天下事均能明彻，不过做事和对政局的稳定却没有办法和手腕，而没有稳定的社会基础则不能进行社会和政治的改革，故做事不能全用新人和采用新法。孙中山说道："革命起于南方，而北方影响尚细，故一切旧思想，未能扫除净尽。是以北方如一本旧历，南方如一本新历，必新旧并用，全新全旧皆不合宜。故欲治民国，非具新思想、旧经验、旧手段者不可，而袁总统适足当之。故余之荐项城，并不谬误。不知者质疑袁总统此种思想，且非一省有然。故袁总统今日实处于嫌疑之地位，做事颇难，其行政多用半新旧之方针。新派以其用旧手段，反对者愈众，其今日欲办之事，多方牵制，诚不易于措施也。"在袁世凯任临时大总统后，孙中山讲道："政治上革命今已如愿而偿矣，后当竭力从事于社会上革命。社会革命比诸政治上革命愈属重大，且非兵力所能援助，必须以和平手段从事……""维持现状，我不如袁；规划将来，袁不如我。为中国目前计，此十年内，似仍宜以袁氏为总统，我专尽力于社会事业，十年以后，国民欲我出来服役，尚不为迟。"从以上的论述可以充分看出，孙中山先生把传统领导力思想中豁达大度、宽以用人的精神发挥得淋漓尽致。领导者只要有容人的恢宏气度，才能得到真正的人才。

领导者在宽以用人时需要分清主次，用人才的长处而不是纠缠于枝节，用人之道得当，短处也完全可以变成长处。尺有所短，寸有所长，不能以"短"来评价一个人，更不能以短处否定人。然而，由于有的领导者在具体的用人中看不到这一点，往往只看到人的短处就认为别人不行，结果造成人才浪费和工作创新能力的下降。所以，作为领导者不但要善于用人之长，而且还应善于发现和挖掘潜藏于短处的优势，大胆取他人之"短"的优势而发挥在特定的岗位上，这也是用人的辩证法。其实，人才的使用是有经验可循的，如办事简便但又得体的人，喜怒哀乐不露声色的人，每临大事而神色自若的人，这些都是有才能的人。小事不嫌弃，大事不厌烦；对凶险的事情不惧怕，对好事情不喜形于色；对众人疑惑的事情能独自决断；对众人感到有危险的事情能安然处之；对众人难以解决的事情能独立解决；遇到难以平定的事情能使它平定，这些都是可以放手使用的人才。当然，用人的关键在于领导者所在的组织到底需要什么样的人才，在了解后再去寻找和识别，这也是用人的基本思路。

四、绩效考评法的用人思想

传统领导力的思想中除以上介绍的几种用人思想外，还有：分类比较用人法，这种方法通常按照一定的标准把人分成不同的类别，并分别列举出不同类型的显著特征，通过特征的匹配进行区别，以达到对人才的鉴别和任用；实践鉴别用人法，这种方法是在实践中通过人的实际表现来鉴别人才，如孔子的"听其言而观其行"和曾国藩的用有节操而没有官气、谈吐有条理而少大话的人等。当然，在传统领导力思想中更多的是用绩效考评法来监督一个人才的优劣。绩效考评，在古代又称为考绩、考课，即以"业绩"作为选拔人才的标准。东汉王符的"知贤之近途，莫急于考功"，即认为绩效考评是最直接有效的用人方法。西汉时期的董仲舒在《天人三策·第二策》中对绩效考核有详细的论述，即用绩效考评法来决定人才的"任""免""升""降"。

绩效（performance），单纯从语言学的角度来看，包含有成绩和效益这两层意思。用在人才的管理方面，绩效是指主体行为的投入产出比；用在公共管理部门（如政府）中，绩效则是一个包含多元目标在内的概念。绩效是一个组织或个人在一定时期内的投入产出情况，投入指的是人力、物力、时间等物质资源，产出指的是工作任务在数量、质量及效率方面的完成情况。也就是说，领导者必须对投入和产出的比例进行考评，以衡量组织和用人的绩效。同时，绩效是与人力资源管理相联系的范畴，它主要是用来测量和评价员工的工作实绩，以作为给付经济报酬、改进工作以及制订员工职业生涯发展计划的依据。如果说目标是软目标，那么绩效就是硬目标。从管理学的角度看，绩效是组织期望的结果，是组织为实现其目标而展现在不同层面上的有效输出，它包括个人绩效和组织绩效两个方面。组织绩效的实现是以个人绩效的实现为基础的，而组织绩效按照一定的逻辑关系被层层分配到每一个工作岗位以及每一个人时，只要每一个人的工作都达到了组织的要求，组织的绩效就能实现。组织的绩效包含着效益和效率两个方面，在有好的效益的同时，领导者要用最快的速度获得这个结果。因为能够产生绩效的才是有效的行为和方法；如果不能够产生绩效，那么这个就是无效的，同时也是资源的浪费。因为绩效主要是考评用人的有效性，所以下面几种绩效考评现象在领导者的用人理念中要尽量避免。

第一，表扬功劳也认可"苦劳"，甚至以"苦劳"为荣。我们经常会听到这样的说法："我虽然没有功劳，但是也有苦劳。"通常下属只是关注自己在工作中的付出，却并不关心这样的付出是否真的会产生绩效（衡量标准是他自己的付出，而不是付出的效果），所以，在一些组织中经常看到有苦劳的人得到肯定，有资历的人得到重用。但是领导者必须要清楚，只有"功劳"才会产生绩效，"苦劳"不会产生绩效。

第二，认可态度多过能力。某个组织里有 A 和 B 两个人，A 任劳任怨，经常加班加点；B 则准时上下班，从不加班。结果 A 得到表扬，成为优秀者，而 B 从未得到表扬，更没有被选为优秀。但是，有可能会出现这样一个问题：A 之所以加班加点，可能正表明他的能力不足，而 B 的表现可能正说明了他的能力足以胜任这个岗位。所以，是认可态度，还是认可能力，要以绩效为准。只有才能才会产生绩效，而态度必须转化为才能才会产生绩效。但是在现实中，领导者很少考评员工的才能，而考评态度的却有很多。此外，一些领导者习惯上喜欢态度好的人、听话的人和喜欢加班的人，领导者从经验上也认可态度比才能更重要的结论。这样一来，态度好但才能平平的人得到重用的机会比才能强但态度一般的人所得到的机会要多得多。

第三，德与才的选择中希望德才兼备或先德后才。品德和才干一直是人才评价的两个基本方面，而领导者所面对的事实是：有些人才不一定是德才兼备的。在具体的工作中只有才干才能产生绩效，品德也需要转化为才干才会产生绩效。品德并不代表有能力，如果仅仅只有品德而无才能，那他的工作只是愿望，所以领导者在绩效考评中要认识到，人都会犯错误，领导下属不能在品德上下赌注，领导者所要做的就是从制度上让下属没有犯错误的机会。春秋时期的韩非子就说过："人主之患在于信人，信人，则制于人。"（《韩非子·备内》）之所以要有这种思维，是因为领导者在现代社会中所面对的人才不能只是简单地用道德的角度来评估，而要用行为学和经济学的角度来参考。从经济学的角度来讲，人是自私和贪婪的；从行为学的角度来讲，人是懒惰的。这些自私、贪婪、懒惰的人就是领导者需要天天面对的人，这也是因为人才不全是一个道德人，不能用道德为前提，这就要求领导者在评估员工绩效时能够做到"恃术而不恃信，故浑轩非文公。故有术之主，信赏以尽能，必罚以禁邪，虽有驳行，必得所利"（《韩非子·外储说左下》）。概而言之，组织的绩效是要功劳而不要苦劳；要关注能力而不是态度；要关注才干而不是以品德条件为主。只有这样的绩效才是真正的绩效和组织所需要的绩效，从而达到富有成效的领导效果。

总体而言，在传统领导力思想中有关使用人的方法相当丰富，但是必须看到，由于受到具体历史条件的限制，也存在着一些局限，如重定性分析，轻量化研究，对人的评价偏向道德层面，对能力的测试不足；测试的内容偏重政治和文化知识，对技术重视不够。不过，古人强调人才使用的客观性和全面性，尤其是要求针对所用之人的本质；在方法和手段上注重综合运用、相互印证，这些对于当前领导者的用人思想都具有一定的借鉴意义。

第二节　传统用人思想中的授权

一个组织的安危存亡定之于人，事之成败系之于人，能否"明选求贤，顺势用人"直接关系组织的兴衰发展。而由于领导者的体力、精力与知识都是有限的，所以只有通过"众力""众智"，领导者才能摆脱烦琐的事务后集中精力干大事，这就要求领导者不但要善于识人、用人，还要善于授权。司马迁讲道："巧者有余，拙者不足，能者辐凑，不肖者瓦解"（《史记·货殖列传》），只有把权力授予能巧之人，才能实现富有成效的领导力。

一、领导者"治大者不治小"的授权思想

在中国传统的用人思想中有很多关于提高所在组织和领导者本人工作效率的授权思想的论述，其中的很多理念对于提高现代的领导力具有重要的借鉴意义。如"贤主劳于求贤，而逸于治事"，"君臣不同道""明主治吏不治民"（《韩非子》）；明主不躬小事，"治大者不治小"，有事尚能；"智者取其谋，愚者取其力；勇者取其威，怯者取其慎"（《贞观政要》）；等等。在现代社会的组织中，任何一个领导者随时都会碰到两类事情：一类是事关全局和长远利益的大事；另一类是无关紧要的琐碎小事。随着组织规模的扩大和企业部门层次的增多，即使是精明强干、智慧超群的领导者，也无法事事躬亲、样样"有为"。因为领导者本身也是一个人，而人的智慧、体力和时间都是有限的，"人"不是法力无边的"神"。所以，一个高层领导者不应该拘泥于小事，而应该在小事上"无为"，在大事上"有为"。一切计划、决议、命令、批示等都属于"出主意"一类。使这一切主意见之实行就必须团结干部，推动他们去做，属于授权"用干部"一类。这就是说，领导者的"大事"有两件：一是决策；二是用人。黄老学派"治大者不治小"的思想也是要求领导者只有在"小事"上有所不为，才能在大事上有所作为，这也就是汉代学者刘向所说的"将治大者不治小，成大功者不小苟"（《说苑·政理》）的领导力精义所在。例如一位高层领导者，如果放弃制定组织的长远发展规划战略，而去参与具体的事务性工作，那他就不是一位优秀的领导者，因为他把"有为"与"无为"的关系弄颠倒了。

战国时期的荀子认为："主道知（主）人，臣道知（主）事。故舜之治天下，不以事诏而万物成。"（《荀子·大略》）"昔者，舜之治天下也，不以事诏而万物成。"（《荀子·解蔽》）正因为舜善于任贤授权，他才能够达到"不以事诏而万物成"的领导境界。荀子在《成相》一文中也论述到："尧不德，舜不辞，妻以二女任以事。大人哉舜，南面而立万物备。舜授禹，以天下，尚得（稳）推贤不失序。外不避仇，内不阿亲，贤者予（与）……得后稷，五谷殖……契为司徒，民知孝弟尊有德。"

"不以事诏而万物成"的前提是领导者把做事的权力授予最能干的人才，而不是亲力亲为。当然，有些领导在授权时喜欢把权力授予比自己能力差的人，原因在于领导者担心用的人比自己能干会对自己有威胁，所以就会用比自己能力差的人。而这样造成的结果是，该组织中的人才水准自上而下的就会比别的组织差，也缺少与其他组织的竞争力，反而会影响领导者和组织的发展。所以领导者在选择人才和授权予人时，应该选择能力超过自己的或者与领导者自己的专长、能力与经验越少重复的人越好，因为在一个组织中大家的专长类似，就表示在其他很多重要的领域的专长就越少，而一个组织的成败不是取决于最强的一环，而常常取决于弱的一环。领导者在用人或者

授权时，最主要的是看组织要做的事情有哪几样是最重要的，然后根据领导者自己的长处和能力来找一些能弥补自己最不擅长、最需要领域的人才，这样互补的能力就很强了。在授权予人时还要注意，无论这些人与领导者的能力相类似还是相互补，领导者都不能和下属竞争，作为领导者不一定也不需要在每一方面都比别人知道得多，事实上，这也是不可能的事情。与下属竞争是一件无论对个人来说还是对整个组织来讲都是和领导力背道而驰的行为，领导者需要把权力授予给不同背景、不同专长的人才。当然，听取不同的意见也是领导者授权的基本思想。

领导者在授权予人时可参照西汉文帝的领导力思想，汉文帝就曾问丞相："天下一岁决狱几何？""天下一岁钱谷出入几何？"右丞相周勃愧不能对，汗流浃背，而陈平答曰："有主者（主管官员）。"文帝又问："主者谓谁？"陈平答曰："陛下即问决狱，责廷尉（相当于现在的最高法院院长）；问钱谷，责治粟内史（相当于现在的农业部长）。"文帝反问陈平："苟各有主者，而君所主者何事也？"陈平回答道："主臣……宰相者，上佐天子理阴阳，顺四时，下育万物之宜，外镇抚四夷诸侯，内亲附百姓，使卿大夫各得任其职焉。"文帝听后而"称善"。（《史记·陈丞相世家》）陈平作为丞相，从长远着眼，放眼全局，抓大事，主管群臣，授权使群臣各尽其职，这就是一个高层领导者的领导力和领导艺术的表现。

《吕氏春秋·察贤》中对授权与不授权的两种领导行为都做出了评论：宓子贱和巫马期先后治理单父，宓子贱治理时每天在堂上静坐弹琴，没见他做什么，把单父就治理得相当不错。巫马期则披星戴月，早出晚归，昼夜不闲，亲自处理各种政务，单父也治理得不错。两个人两种治法，一则事不躬亲，另一则事必躬亲。两种方法孰优孰劣？事不躬亲是"古之能为君者"之法，它"劳于论人，而佚于官事"，是"得其经也"；事必躬亲是"不能为君者"之法，它"伤形费神，愁心劳耳目"，是"不知要故也"。前者是使用人才，任人而治；后者是使用力气，伤力而治。使用人才，当然可逸四肢，全耳目、平心气，而百官以治；使用力气则不然，弊生事精，劳手足，烦教诏，必然辛苦。由上可见，领导的工作就是抓纲举目，授权予人后才能抓大放小。

清代学者严可均在自己辑录的《全晋文》中也讲道：古之圣哲，深原治道，以为经理群务，非一才之任；照练万机，非一智所达。故"设官建职，制其分局。分局既制，则轨体有断；事务不积，则其任易处。选贤举善，以守其位……故人知厥务，各守其所，下无越分之臣。然后治道可隆，颂声能举。故称尧舜劳于求贤，逸于使能，分业既辩，居任得人，无为而治，岂不宜哉！"（《全晋文》卷三十三）正因为在具体的领导工作中，任何领导者都无法胜任"群务"与"万机"，所以才要求领导者要任贤使能和授权，以无智而能使众智，无能而能使众能，无为而能使众为。在楚汉之争中，刘邦之所以能够战胜"西楚霸王"项羽，一个重要的原因就在于刘邦能够正确地使用了任贤使能的授权思想，用"众力""众智"达到富有成效的领导效果。刘邦谈到他的领导哲学时说："夫运筹帷幄之中，决胜千里之外，吾不如子房；填国家，抚百姓，给馈饷，不绝粮道，吾不如萧何；连百万之众，战必胜，攻必取，吾不如韩信。三者皆人杰，吾能用之，此吾所以取天下者也。项羽有一范增而不能用，此所以为我禽也。"（《汉书·高帝纪第一下》)因此，可以说，刘邦战胜项羽是把授权思想成功地运用到领导中去的结果。刘邦自己也承认运筹帷幄，决胜千里，他不如张良；摆兵布阵，领军打仗，他不如韩信；知人善任，举贤荐能，他不如萧何，然三人皆被他授予权力而使用。所以，传统领导力思想中就认为，领导者在授权后才能"主治吏不治民"，"古之王者，其所为小，其所因多。因者，君术也；为者，臣道也。为则扰也，因则静矣。因冬为寒，因夏为暑，君奚事哉？故曰：君道无知无为，而贤于有知有为，则得之矣。"（《吕氏春秋·任数》）。《管子·形势解》篇也指出："明主不用其智，而任圣人之智；不用其力，而任众人之力。"春秋时期的申不害则认为，领导的风格是："明君如身，臣如手；君若号，臣如响。君设其本，臣操其末；君治其要，臣行其详；君操其柄，臣事其常。"（《申子·大体》）"人君苟任臣而勿自躬，则臣皆事事矣。"（《申子·民杂》）从以上的论述可见，授权是领导者在用人中的一项重要的职能，而只有授权予人，领导者自身的领导力才能发挥出来。领导者不一定是自己能力有多强，只要他懂信任、懂授权就可以提升自己的身价；相反，许多能力非常强的领导者却因为事必躬亲而让自己沦陷为一个平凡的管理者角色。

社会中每一个组织在面对竞争时，组织中人才的差距就决定了组织成长的规模和组织运行的效率，所以只有授权予人做事的权力，才更有利于组织的发展，因为"人才"是组织得以正常、高效运转的最重要因素。还有一些领导者不知道什么样的人才是组织中最需要的，或是他们根本就不具备识别一个真正人才的能力，其实授权即知人善任，有一些很好的人才，但是领导者自己没有能力用，那么组织在面对社会的竞争时就会遭遇很多的困难。对领导者的领导力优劣的评估，主要是看他是否能够授权给予比他本人更能干的人，或能否用比他本人更能干的人，只有那些能授权给予比自己能干的人，这个组织的竞争力才会不断地变强。一个部门能干的人越多，也表示领导者的位置越稳。因此，领导力是否到位就体现为领导者能否对人才授予做事的权力以及对权力灵活地加以运用。

在传统领导力的授权思想中，韩非认为领导者只需制定目标纲要即可，之后就可以纲举而目张。他形象地以"摇木之本"和"引网之纲"论述道："摇木者——摄其叶，则劳而不遍；左右拊（敲钉）其本，而叶遍摇矣。临渊而摇木，鸟惊而高，鱼恐而下。善张网者引其纲（网上的总绳），若——摄万目（网眼）而后得，则是劳而难；引其纲，而鱼已囊矣。故吏者，民之本纲者也，故圣人治吏不治民。"（《韩非子·外储说右下》）相反，如果领导人自恃聪明，与群臣争权，则必劳而少功。同时，由于领导者"力不敌众，智不尽物"，如要躬亲治民，则必陷入"揣（猜度）中则私劳，不中则任（担当）过"的两难境地，即领导者遇事只靠自己主观揣摩，猜对了，花费自己的精力；猜错了，还要自己承担责任。"与其用一人，不如用一国。"（《韩非子·八经》）这就是说，领导者与其依靠自己一个人的智慧与力量，倒不如授权予人后操控群人的智慧与力量，只有这样才可以敌过众人智力而胜过万物，做到"事成则君收其功，规（谋划）败则臣任其罪"。据此，韩非把领导力分为三等："下君尽己之能，中君尽人之力，上君尽人之智。"（《韩非子·八经》）当然，韩非作为法家思想的集大成者，其授权思想更多的是为王朝的长期延续而服务的，其中有很多的授权思想都包含着权谋的理念，这是我们在研究现代领导力中需要注意和辩证看待的问题。

二、授权的方法和谋略

领导者在向下属授权时需要注意，首先应该考虑有关授权的客观环境。一般认为影响授权的内部因素大致有两种：一种是组织规模的大小，规模越大，上层领导与基层的距离就越远，需要者处理的事务越复杂，就必须把更多的决策权授予熟悉情况的下属；如果单位规模小，领导者则无须授出太多的权力。另一种是组织内各种业务活动的性质和形势的变化，业务活动的专业性越强，领导者就应当授予负责该项业务的下属以更多的权力，这是避免"外行领导内行"的一个重要措施。西方学者弗兰克·F．佛珀认为，授权的策略应该首先从设定授权目标开始，而授权目标则必须清楚，阐述清楚、可测量的目标对激发下属的工作热情和提高工作成绩都有重要的效果。授权的时间因素对承诺任务来说至关重要，这也是做好授权的关键因素。领导者确定了清晰的、合适的目标以后，选择适当的被授权者——那些具有主动性的工作者就是当务之急。领导力的授权方法是灵活多样的，其通用的类型有刚性授权、柔性授权、惰性授权和模糊授权四种。在授权时遵循因事授权、因能授权、适度授权、授权留责、监督控制、防止反向授权等原则。虽然授权时所应遵循的原则已经有了，但是权力的行使还需要靠一些具体的方法来实现，这些具体的方法主要包括软硬领导法、会议领导法、危机领导法、运筹领导法和目标领导法等，此外，在授权中一般采取"授权于下属的策略"。

"授权于下属的策略"是既基于工作取向又基于员工取向的三点策略：一是使下属喜欢工作（向其授权的）。领导者一般都可以发现，同一项工作授权于不同的人去做时，下属的工作态度、工作热情是大不相同的。二是考虑授权的满意度。授权于下属的策略与传统授权的重要区别还在于，现代的授权注重下属的心理感受，良好的授权应该使下属感受到工作是有意义的，同时自己是可以胜任的，在面对具体工作时具有充分自主发挥的余地。三是注重沟通而不是指导。授权于下属的出发点是"以人为本"，当下属接受授权以后，在充分自主的基础上进行工作，不免会遇到这样那样的问题，当出现这样的情况以后，传统的领导者往往会以解决工作问题为中心，但是现代的领导者就应该立足于下属的工作特质来考虑问题，尊重下属的个别差异，通过持续不断地沟通来促进下属工作能力的提高，以此达到具体问题的战术性的解决，而且可以从下属不断成熟的角度来实现工作效率的不断提高。可见，注重沟通就是帮助下属通过持续的学习获得自主发展、获得更高的工作效率的方法之一。

在当今时代，领导者在授权的谋略中需要注意的是，不能从个人的利益出发去授权或玩弄权谋，以下几种是从个人的利益出发或玩弄权谋的授权形式，即空头支票式授权、遥控式假授权、利益交换式授权和错误隔离式授权。

（1）空头支票式授权：这类领导者名义上将权力授予下属，但实际上却千方百计地阻挠下属运用他"已被授予"的权力。如有的领导者事无巨细，规定下属做事都必须经过他本人认可等，这在无形中便化解了他授给下属的权力，变成了截留式的授权。虽然领导者可能会担心不适当的授出的权力会被滥用，或者认为完成某项工作不需要那么多的权力，因此他在授权时只授出其权力的一部分，但这种小心却使得下属无法正常地完成交给他的工作。

（2）遥控式假授权：这类领导者混淆了对下属开展工作实施监控与放手让下属做事的界限。授权人往往包揽许多本该属于下属处理的工作，分散了作为全局负责人的主要精力，又严重地束缚了下属的手脚。

（3）利益交换式授权：领导者往往不能根据客观工作任务的情况，根据对被授权者所具备的能力等事实去慎重挑选，而是以个人好感取人，或者从平衡组织内各派权力的思想出发去挑选被授权者，或者是领导者与有私心的下属达成相互勾结的协议，由领导者授权给特定的下属，由下属去捞取好处，然后领导者从中受益。

（4）错误隔离式授权：此种授权在政治领域较为常见，也称为"避雷针原则"。即掌握最高行政权的首脑在行使权力时，一种是领导者亲自掌握最高行政权，国家的日常行政事务由首脑亲自处理；另一种是领导者只处理少数重大事务，把国家的日常行政事务交给另一人或另几个人处理，这样就在首脑下设置了总理、首相或宰相职位。这些总理、首相或宰相不掌握最高行政权，但掌握最高执行权，这样的总理、首相或宰相称为"执行首脑"。"执行首脑"不仅是国家日常行政事务的承担者，而且是缓和或防止一个国家范围内政治冲突的"避雷针"。因为任何政策都不可能使整个国家内的所有人满意，但推行一种良好的政策既有利于加强国家的实力，又有利于提高人民的生活质量，使大多数人感到满意，而各种政策综合作用的结果，势必逐渐会形成一种改变原有政策的社会力量，从而引起社会中一部分人的不满。为此，执政者为了平息民怨和保证政策的执行而改换"执行首脑"，所以"执行首脑"的更迭也可以看成重大政策转变的重要标志，这种情况在世界各国历史上是司空见惯的。

当然，在最高行政首脑直接行使最高执行权的国家，在某些情况下还是可以通过特殊的授权来产生"避雷针"人物的。如美国的哈里·霍普金斯就曾经变成富兰克林·罗斯福的某些问题上的"避雷针"，当一些政府官员带着一大堆问题来找富兰克林·罗斯福时，霍普金斯就出来挡驾。霍普金斯常说："我得想得出办法让一些毫无意义、微不足道的事的人不能去打扰总统。"因而人们对霍普金斯竭力加以谴责，实际上这种谴责本身就是对罗斯福本人的一种保护。在尼克松担任美国总统时，哈·罗·霍尔德曼也是这样的人物。尼克松听任霍尔德曼把他和白宫的工作人员隔绝起来，并允许霍尔德曼代表他讲话，这样，霍尔德曼就成了尼克松的"避雷针"。对掌握最高行政权的首脑来说，他设置"执行首脑"职位是为自己安装了一个"避雷针"，但领导者给"避雷针"授权时需要注意的是被授权者要具备的条件：①服从，即在重大问题上不违背领导的意志；②威望，即该人选具有相当的威望，对他的任命能为其领域所接受；③才能，即该人选具有一定的做事才能。

以上几种从个人利益出发的授权思想都在某种程度上具有韩非子的权谋的色彩，

如《韩非子·难三》中讲道："夫物众而智寡，寡不胜众，智不足以遍知物，故因物以治物。下众而上寡，寡不胜众者，言君不足以遍知臣也，故因人以知人。是以形体不劳而事治，智虑不用而奸得。"在这里，韩非从"寡不胜众"这一思想出发，认识到领导者"智不足以遍知物""君不足以遍知臣"，只有做到"因物以治物""因人以知人"，领导者才能期望达到"形体不劳而事治，智虑不用而奸得"的领导境界。在韩非看来："国者，君之车也；势者，君之马也。无术以御之，身虽劳，犹不免乱；有术以御之，身处佚乐之地，又致帝王之功也。"（《韩非子·外储说右下》）作为一个优秀的领导者，必须让"智者尽其谋，勇者竭其力，仁者播其惠，信者效其忠。文武争驰，君臣无事，可以尽豫游之乐，可以养松乔之寿，鸣琴垂拱，不言而化，何必劳神苦思，代下司职，役聪明之耳目，亏无为之大道哉"。（《谏太宗＋思疏》）而在当今错综复杂、竞争日趋激烈的市场经济中，组织间的竞争是对人才的使用和竞争，所以领导者要具有"任贤使能"的授权思维，授权予人使其在组织中发挥最大的能力，才能实现组织的特定目标和使命，从而使领导者的无为变成众人有为，达到"大巧在所不为，大智在所不虑"的领导力境界。

第三节　传统用人思想中的沟通理念

沟通是人与人之间、人与群体之间思想与感情的传递和反馈的过程，它的目的是寻求思想之间的一致和感情之间的通畅。没有沟通显然就没有组织，因为没有沟通，群体便不可能影响个人的行为。沟通也是一个组织成员向另一个组织成员传输信息以及管理决策的过程，领导者能否制定好某项决策，往往取决于其他人能否把制定一项明智的决策所必需的信息传输给他人，而他本人能否把决策信息传输给他希望影响其行为的组织中的其他成员。从沟通形式上看，人际沟通的种类有正式沟通、非正式沟通；有语言沟通、非语言沟通；有单向沟通、双向沟通；有上行沟通、下行沟通和平行沟通等形式。领导者特定的沟通技巧在很大程度上能够决定组织中的决策制定。因此，组织中的沟通通常是一个双向过程，它既包括向决策中心（也就是负责制定特定决策的领导者）传输命令、信息和建议，也包括把决策从决策中心传输到组织的其他部分。此外，沟通是双向的，向上、向下以及侧向贯穿整个组织的过程。在任何实际的组织中，通过正式权威链向下传输的信息和命令，以及通过相同渠道向上流动的信息，只是整个沟通网络的一小部分。其实，沟通也是为了实现组织制定的特定目标和使命的基础，把信息、思想和情感在个人或群体间传递，以达成共同协议的一种过程。

一、"天地交而万物通"的沟通理念

在中国传统领导力思想中对沟通的重要性也有精辟的论述，周易"泰"卦中就指出"天地交而万物通"后才能"泰"；反之，若"天地不交而万物不通"（《易·卦辞》），沟通不良则必定成为"否"。而组织的绩效如果要"否极泰来",就必须首先保证一种良好的沟通环境。就具体沟通而言,沟通包括语言沟通和非语言沟通。语言沟通又包括口头和书面语言沟通。非语言沟通则包括声音语气和肢体动作(如手势、舞蹈、武术、体育运动等),其中最有效的沟通方式是语言沟通和非语言沟通的结合。沟通的要素包括沟通的内容、沟通的方法和沟通的动作。就其影响力来说,沟通的内容占7%,影响最小;沟通的动作占55%,影响最大;沟通的方法占38%,居于两者之间。

在实际工作中,领导者不光与下属和平级的同事沟通,同时还需向上沟通。有人提出,现代的领导者在与上级沟通时应注意三点,即所谓的"尊重而不恭维;服从而不盲从;亲近而不庸俗"。这三点沟通原则实际上没有强调实事求是和把事情做对,犹如曾仕强所强调的:中国官吏注重把事情做好,即虽然做得不对,但是只要周围的人,特别是上级说好就可以了。这就像古语中的"上意不可揣测"的思想,在封建官僚体制下,上级官吏为了维持等级尊严,他们不会与下级官吏沟通,认为如果下级官吏能够体会、揣测出上级官吏的具体决策内容,那么就有受制于下级官吏的隐忧,经常会严惩妄加揣测上意的下级官吏,所以上下级存在严重沟通不足的现象。反映在现代社会的一些组织中,则变成了决策人和执行者之间的沟通不良,如一些国有企业的中层一般不参与决策,他们主要是执行层,但国有企业级别越高的领导者就越是深居简出,与员工仿佛隔着十万八千里,而且惜字如金,会议上定了的事情,一般就不再对下级解释,喜欢和下级玩捉迷藏。国有企业的工作人员经常会说:"这件事情为什么这样,我不知道领导是怎么想的。"你建议他去问问领导,他会说:"等领导回复吧。"但是领导经常没有回复,底下的人就每天揣摩领导的意思,做对了是万幸,也是例行公事,做不对就要遭到领导的批评和指责。再如民营企业,民营企业的特点是令行禁止,反应速度快,但是很多民营企业家也同样不喜欢和下属深入沟通。他强调说:"我想好了,决定了,你去做就行了。"隐含的意思是:我已经很高明了,听我的,没错。国有企业的老总对下属的封闭,这样的官僚习气主要是出于等级礼数,我是上级,我的沟通对象是上级和平级的人,对下级说太多,那是降低了身份。民营企业老总的不耐烦主要是出于自信,出于对企业的控制要求。由此可见,一些领导者严重缺乏沟通理念和沟通方法。其实领导者在面对沟通时,不妨对古代中国传统的一些哲学思想加以体会,以"天地交泰"的理念进行上下沟通,让组织中的员工也知道组织的远景和使命,并按照领导者所希望的方法去实现组织的目标。

研究指出,领导者在会议上或其他场合都是发言最多的人,他们随意地插入别人的对话,甚至打断别人,当别人才刚回应时便开口说话,更会用其他的方式掌握发言权,虽然这样的掌控表示他们置身其中并参与讨论,但也从中轻易流露出他们对倾听不感兴趣。如果说话的都是他们,他们又如何有时间倾听呢?一般而言,领导者对于员工的观点都兴趣不太大,他们比较专注于自己的意见与感觉,认为员工的感觉和意见都不那么重要;另外,员工通常对领导者都很会察言观色,因为他们知道自己必须服从与回应领导者的观点与计划。然而,这种领导者滔滔不绝,而员工一副深感兴趣的模样,并不意味着他们之间的沟通是有效率的。领导者所发出的信息都很有限的,以免泄露出他们的恐惧与弱点，领导者觉得自己应该显得雄才大略，而不要显露他们的疑问。他们可能也不愿意与员工建立太亲密的关系，以免员工因此不太尊重自己，他们也难以对自己的朋友发号施令。领导者多半相信自己要显示出在位者与掌控得宜的态势，但是威胁与控制的结果会使员工心生怨憎、争权夺利，而一旦有竞争的心态，员工对领导者所有的想法都会极力抗拒。当问题来临时，领导者与员工之间沟通的最大障碍似乎是领导者想很快地找出错误与罪魁祸首，而不是解释他们的想法或开始找出避免一错再错的方法。这样一来，员工们大多不愿意指出最严重的问题，以避免雪上加霜，因为他们唯恐火冒三丈的领导者会把气出在暴露问题的人身上，大家都希望问题过一阵子可以不了了之。同时，他们会埋头苦干、按时领薪水，如果事情演变到无法收拾的地步，那么就再另寻出路。当然，员工一般也会低估领导者身上的压力，许多组织的领导者不得不随时提防对手与"捣蛋者"，为求自保而到处建立盟友，并且还要应付更难缠的上司。许多领导者身陷在"疑难杂症"中而无从自拔，是因为他们投注了大半的青春岁月在这个组织中，因此莫不战战兢兢，唯恐稍有闪失即成千古恨，所以许多领导者面对问题时，即使这个问题需要多人共同仔细商量才行，领导者也都会觉得一定得快刀斩乱麻，才不至于显露出自己是无能的。由上可见，人际沟通不仅是信息的交流，还包含了情感、思想、态度观点的交流。心理因素也制约着人际沟通，如思想政治观点不同、经济地位不同、职业和知识不同也会造成沟通的障碍。

二、冲突中的沟通理念

在传统领导力思想中，"人际关系"对领导力的发挥影响巨大。因此，传统文化中的"以人为本"更多的是对"人际关系"的沟通与协调。"人际关系"作为一种被高度社会化的、"泛血缘化"的人伦情结遍布在社会的方方面面，在组织中就更难避免了。社会上的每个人实际上都处在一个"关系"的网络中，唯因其成为网络，所以对网络中某一轻点的触动都会牵动全网，全网络的动荡会形成一股势力，这股势力足以对大局构成影响。这就使得领导者不得不对"人际关系"投入足够多的沟通和关注，因为从某种意义上说，"人际关系"在一定的特殊情况下还有可能是组织运行中的"第一生产力"，所以沟通就成了领导者的主要工作之一。沟通的目的是协调矛盾，化解冲突，在追求协同发展的今天，冲突是所有组织都无法回避的，但并非所有的冲突都是坏事；相反，在组织内部，适当地激发良性冲突是有利于激活组织的创新思维的。能否激发和调解冲突也是领导力是否到位的重要标准，所以沟通的目的也是激发良性冲突，听取不同声音的途径之一。

人们一般说到冲突时，往往认为它是组织即将崩溃或领导不力的征兆，并认为应当尽量避免。但组织中的冲突并非都是坏事，因为从不同的角度看，不同的人难免会对同一问题产生不同的看法和不同的处理方式，于是矛盾就产生了，而矛盾一经激化便上升为冲突。在组织中，由于人与人之间存在岗位职责和职位的差异，以及人格、气质和性格的差异等，而差异的本身就会酝酿一些冲突的隐患，所以领导者应当认识到冲突也是组织内人际关系矛盾的体现，但需要注意的是，要正确区分良性冲突和恶性冲突。良性冲突是双方关心组织的共同目标并以讨论问题为中心；而恶性冲突则表现为不愿意听取对方的观点和意见，在争论中常常转变为人身攻击和关心冲突中的胜负。当然，良性冲突与恶性冲突的划分不是绝对的，两者往往有交叉，也可以相互转化，而转化的条件则取决于领导者的沟通能力，所以领导者须在冲突的基础上，转换和发挥良性冲突的积极作用。

传统领导力思想对沟通的论述对现代领导力的研究仍具有一定的借鉴意义。如先秦的墨子在其论述中就分析了领导者沟通得以成功的原因在于："古者王公大人为政于国家者，情欲誉之审，赏罚之当，刑政之不过失。"是故子墨子曰："古者有语：'谋而不得，则以往知来，以见知隐。'谋若此，可得而知矣。"（《墨子·非攻中》）领导者在工作中要多听别人的意见和广泛交流。墨子在《尚同中》篇中阐述了下情上达在沟通中的重要性："故古者圣王唯而审以尚同，以为正长，是故上下情请为通。上有隐事遗利，下得而利之；下有蓄怨积害，上得而除之。"由于信息全面，上下之间的感情、想法能够得到及时的沟通，这就可以避免各种不良冲突的隐患出现。《墨子·尚同下》中又说："然计国家百姓之所以治者，何也？上之为政，得下之情则治，不得下之情则乱。何以知其然也？上之为政，得下之情，则是明于民之善非也。若苟明于民之善非也，则得善人而赏之，得暴人而罚之也。善人赏而暴人罚，则国必治。上之为政也，不得下之情，则是不明于民之善非也。若苟不明于民之善非，则是不得善人而赏之，不得暴人而罚之。善人不赏而暴人不罚，为政若此，国众必乱。故赏不得下之情，而不可不察者也。"墨子认为，冲突并非都是坏事，某些良性冲突的存在反而利于组织的健康发展，所以有很多组织提倡良性冲突、鼓励冲突。如果一个组织的员工之间没有丝毫冲突，则是一件很可怕的事，正所谓不在沉默中爆发，就在沉默中灭亡。

因为组织中的各个部门各有其工作领域，原本就对事情的认知会不一样，如业务部门偏向短期目标的达成，而规划部门则可能会就长期策略进行规划，对于这种认知差异所造成的冲突，则应该让不同的部门和专业的员工聚在一起进行面对面的沟通较妥。与之相反，当组织一团和气，基本上处于一种"一言堂"的状态时，领导者就应该警惕这是不是组织老化的征兆。所以，组织里一些有意义的冲突也是组织的活力所在，作为领导者只需了解到冲突背后的两种可能：一是利益纷争；二是价值观不同。在辨析是哪一种冲突后，采取不同的应对策略即可圆满地解决此类冲突。因此，领导者了解和运用好组织中的冲突，管理就会顺利，反之则会混乱。领导者只有在了解了冲突的善恶是非时，才能给予正确的沟通或者奖励和惩罚，所以领导者的多方向、多维度的沟通是组织正常运行和领导力正常发挥的基本要点之一，否则组织管理不仅没有绩效，还可能影响到组织的全局目标。对于领导者来说，在日常工作中，一是要经常运用沟通去了解下属的动向，以及对准备干的事情或者对方不知道的事情和已经决定了的问题提前说明情况，不要等到当事人都知道了，才去找人家沟通，就徒劳无益了；二是要将把握不准的决策问题摆出来与大家沟通，让大家帮助你分析、补充和完善，这样不仅有助于增强决策的科学性和可行性，而且有助于增强相关人员的相互信任心理，以便于决策的执行；三是要把可能会产生分歧的问题展现出来，和大家"通气"，以增进理解、取得共识、得到支持。作为领导者，必须注重探索人的内心世界，因为人的内心世界和思想活动总是在交往中通过姿态、语言、面部表情反映出来，领导者通过观察、分析和判断而准确地捕捉到对方的心理信息，从而做出应有的反应，并据此确定与工作对象谈什么、怎么谈，以语言、行动、表情等不同方式点化、感染、启发、打动对方，以促进理解，从而达到沟通的目的。如有一位大学校长在就职演说时是这样开头的："一般西方人宣誓，把双手放在圣经上；外国总统宣誓，把手放在宪法上；我的就职宣誓，愿意把手放在全校师生员工的脉搏上，做到知热、知冷、知痛、知痒。"由此可见，积极的沟通是连接心灵的桥梁，而上下级之间的沟通则要抓时机、讲方式，可见这位校长是懂沟通技巧的。当你的下属完成了一件工作，你对他会心地一笑或者拍一下他的肩头的这种特殊的肯定、祝贺、赞扬和鼓励，就是一种"此时无声胜有声"的沟通。西方有谚语："眼睛可以容纳一个美丽的世界，而嘴巴则能描绘一个精彩的世界。"的确，语言就是力量，富有感情的语言的力量是巨大的。其实沟通的本质就是一种迅速如闪电、博大如海洋的同情能力，这种能力体现在客户端，是对消费者需求的惊人洞察力；体现在员工端，是对员工心思的透彻理解和从容把握；体现在投资端，是颠倒众生的"讲故事"能力。每个人都是情感动物，每个人也都是物质身体，只有精神上的沟通和利益上的合理分享，才能使组织形成凝聚力和战斗力。显然，这样的沟通才是领导力中的本质所在。

第四节　传统用人思想中的激励理念

调动下属的积极性是领导工作中的一项重要工作，同时也是领导力中的激励思想的体现。中国先秦时期的军事家孙武在《孙子兵法·谋功篇》中就注重"上下同欲者胜"的目标激励法，这种目标激励法能够引导上下齐心，力往一处使，为实现组织的特定目标和使命而努力。所以，激励是强调充分开发组织中的每个员工的潜能，鼓励员工为组织创造价值的同时实现自己的价值。而在组织的具体管理中，建立合理有效的激励制度是领导者的重要事项之一。在具体的激励行为中，激励不只是对员工激发、鼓励、诱导和驱使之意，也不等于奖励，从完整的意义上说，激励应该包括激发与约束两层含义。所以奖励和惩罚是两种最基本的激励措施，也是对立统一的。领导者也要注意控制激励的成本，分析激励的支出与收益比，以追求最小限度的激励成本和最大程度的激励收益。从一般意义上讲，凡是能够促进或调动人们工作积极性的因素，都可以称之为激励因素。如果领导者通过对不同类型人的分析，找到适合他们各自的激励因素，并有针对性地对其进行激励，那么这样的激励措施是最有效的。

一、领导力思想中的激励理论

在论述传统领导力中的激励理念之前，先介绍一下西方领导力思想中的激励理论，以便进行中西对照的研究和论述。19世纪末20世纪初，西方学者对组织的管理活动进行了系统的研究,产生了各种流派的激励理论。其理论经历了把人看作"经济人""社会人""自我实现人"到"复杂人"这样的一种演变过程。由于对人性的基本假设不同,西方学者所提出的理论也各不相同,而他们所主张的激励方法也就不同。20世纪40年代末,西方管理界流行"自我实现人"的管理假设,这种人性假设的核心思想就是认为每个人都有一种充分发挥自己的潜能,以便实现自己的理想,即"自我实现"的欲望。"自我实现人"的观念使激励方法有了根本性的改变,前面所说的两种方法都是从外部条件来满足人的需要,即实施的是外来的激励,而这种理论却认为,外来的激励和控制会对人本身产生一种威胁,最终会造成不良的后果,因此它主张"内生激励",即通过人的"自我"激励和"自我"控制来调动工作的积极性,并在此基础上满足人的自尊需要和自我实现的需要。

西方的激励理论涉及由"刺激—需要—动机"这一连锁过程而产生的行为。学者亚当·斯密从其公平理论出发,解释了员工的公平感与劳动效率的关系;学者佛隆则从他的期望理论出发,解释了激励产生的原因;而马斯洛(A. H. Maslow)则提出了"需要五层次理论",即生理需要、安全需要、社交需要、尊重需要和自我实现的需要。

除此之外,学者赫茨伯格(F. Herzberg)提出了"双因素论",他认为人有两种需要,而要满足这两种需要,主要是两种因素:保健因素和激励因素。前者是指影响人的行为的外部因素,如组织给予的工资水平、工作条件、管理制度、劳保福利、人际关系等,这些因素可以平息员工的不满,就如同卫生保健一样,它主要是满足人的生理、安全、社会需要和自我尊重的需要;后者是指影响人的行为的内部因素,如被人赏识、技能提高、责任加大、成长机遇等,这些因素能够使人充分地发挥自己的聪明才智,刺激人的工作积极性,它主要是满足人的社会尊重和自我实现的需要。

在此基础上,麦克利兰(D. Meclelland)提出了"三种需要"论:成就需要、权力需要和归属需要。他认为,一个组织的成败与该组织有多少高成就需要的人关系甚大。高成就需要者通常都喜欢独立负责,可以获得信息反馈和中度冒险的工作环境,虽然高成就需要者可能颇有建树,但是他们不一定是一个优秀的领导者。此外,员工可以通过训练来激发他们的成就需要。在麦克莱兰之后,学者弗鲁姆(V. Vroom)提出了"期望概率模式"理论,他认为,人的行为是对目标的追求,而行为的激发力则取决于目标价值的高低和期望概率的大小,激发力量 = 目标价值 × 期望概率,他将这一激励概括为一个公式:工作绩效 = 能力 × 动机激发。他认为领导的效率主要体现在下属的工作努力程度上,所以,激励的意义就在于将人才的使用及其工作成绩的考核与奖惩制度联系在一起,对有功劳的人给予必要的奖励,对违反纪律制度者给予惩罚,以此来作为实现管理的手段和必要保证。

而学者斯达西·亚当斯(J. Stacey Adams)则提出了激励的公平理论,他认为组织中的员工会首先思考自己收入与付出的比率,然后与他人的相关比率进行对照,如果员工感觉到自己的比率与他人的相同,则为公平状态;如果员工感觉到二者的比率不相同,那么他们就会产生不公平感,这可能会导致工作效率的降低。而学者霍姆斯特姆与泰若勒的研究认为,激励比监督更为重要,而团队成员的偷懒现象总是可以通过适当的激励机制来解决。学者罗宾斯在对以上的激励理论进行综合比较后指出："在管理实践中，最有效地激励员工应包括以下几方面的内容：认清个体差异，使人与职务相匹配；运用目标确保个体认为目标是可以达到的；个别化奖酬与绩效挂钩；检查公平性系统及重视金钱的激励作用。"而约束也是向来伴随着激励问题的研究而被同时关注的，在激励人的同时，也是对人的行为有所约束，所以学者斯金纳（B. F. Skinner）提出的"行为改造"理论认为，人的行为可以通过正、负两种强化的办法进行影响，正强化可以刺激行为的再现，而负强化可以制止行为的再现，这就是组织管理中奖励与惩罚的理论依据。激励包括正向鼓励和反向约束两层含义，针对人们"趋利避害"的行为选择特点，这两层含义具有内在的统一性。在组织的激励理念中，美国的管理学大师彼得·德鲁克的思想具有重要的地位，他讲道："What is motivation?It is the willingness to exert high levels of effort toward organizational goals, conditioned by the effort's ability to satisfy some individual need."激励是指通过满足员工的个人需求使他们非常情愿地去尽最大努力实现组织的目标。激励的定义是指人心理上的影响力，它决定组织的行为方向和人们工作的努力程度。

从以上对激励管理思想发展历史的回顾中我们可以看出，激励理论经历了以下的转变过程：从着重外部控制（以威胁与惩罚为主）转向从内部引导（激励与吸引）；从使用硬性措施（控制）转向软性管理（培养员工的自我管理）；从独立的激励措施转向整体配合的激励措施；从短期激励效果转向短期效果与长期效果并重；从他励思维方式（由管理者激励下属）转向自励思维方式；等等。随着社会生产力水平的提高，人类自身发展的激励因素也在不断地发生变化。在不同的组织结构中，在不同的文化背景下，甚至在每个人的不同发展阶段，激励因素也会有所不同，因此，对激励因素的分析将有助于领导者设计出一套有效的激励机制。而这样一套科学有效的激励机制不可能是孤立的，应当是与组织中其他的一系列相关制度设计相契合的。

二、正向激励的"赏"与负向激励的"罚"

在古代"以人为本"的传统激励思想中，古人很早就认识到提高组织绩效的关键就在于运用适当的激励方法去调动人的主动性和积极性，让他们去进行有创造性的工作。而具有人本主义特色的激励思维包括："水不激不扬，人不激不奋"，如"士为知己者死"的情感激励法；以身先之的表率激励法；赏罚不可不均的公平激励法；罪己以收人心的揽过激励法；"选贤任能"的考绩激励法；问病吊恤的关怀激励法；等等。任何组织的运行过程都要依靠人的积极性、主动性和创造性去实现和提高组织的绩效，而作为领导主体的人，其生理性和社会性决定了需要一种外部的激励。因此，激励就成为领导者常用的管理方法，论功行赏就成为激励人的积极性的一个重要法则。而物质是一个人最基本的需要，所以很多激励行为就充分利用了人的这种需要。儒家的激励思想中也有很多是从人的生理物质欲望出发的，如孔子认为"富与贵，是人之所欲也""贫与贱，是人之所恶也"（《论语·里仁》），以及"我欲仁""己所不欲，勿施于人""己欲立而立人，己欲达而达人"等，皆是从道德角度揭示"欲"的存在。

古代兵家的"赏禄不厚则民不劝""礼赏不倦，则士争死""重赏之下，必有勇夫"，以及一些君主在用人时遵循"人才要给厚禄，大功要给厚赏"的思想，都说明了物质重奖的作用。除此以外，战国时期的秦昭王还曾经以忧患意识去激励臣属应侯。"秦昭王临朝叹息，应侯进曰：'臣闻主忧臣辱，主辱臣死。今大王中朝而忧，臣敢请其罪。'昭王曰：……恐楚之图秦也……内无良将，外多敌国，吾是以忧'。欲以激励应侯。"（《史记·范雎蔡泽列传》）昭王以秦国危急的办法企图激励应侯的报国之志，以达到他所期望的目标。当然，激励目标是通过树立宏伟而具体的目标来调动积极性的一种激励方法，因为人是有理想、有期盼的群体，追求目标是人的一种理想境界，它集中地体现了人的理想、愿望及对未来生活的一种期盼，所以优秀的领导者要善于发掘和把握大家的美好期望，并把这一美好期望变成具体的奋斗目标，巧妙地把个人价值的实现同组织的共同目标结合起来，这样部下就会毫无疑惑地追求组织目标的实现以满足他们的内心期望，从而产生积极的情绪。日本学者国分康孝就认为："领导者的首要任务就是给予集体成员以具有意义的目标。集体存在着沉闷气氛，是由于没有树立起足以催人进取的目标。"当然，在激励中也要关注每个人的自尊心，在人性中自尊心是一种高尚纯洁的心理品质。每个人都具有自尊心，都希望得到他人，特别是领导者的尊重。自尊心是人的潜在精神能源，是人前进的内在动力。而所谓的"尊重"，在中国更多指向人的"面子"，领导者在言谈举止中不要伤及下属的面子；而西方人所谓的"尊重"，主要是实事求是地承认个人的价值，而不只是给面子。所以领导者应以平等的身份尊重员工的优点，特别是尊重有独立见解者的"不同声音"的员工，让他们的自尊心得到满足，从而激发其"不负使命"的责任感和工作的积极性。

中国传统领导力思想中的激励理念主要以正向激励的奖和负向激励的罚为主导：一是职务的升、降、免、调；二是奖、罚，包括物质方面的金钱奖励、精神方面的褒奖与肉体上的刑罚。物质奖励古人称为"赏"，董仲舒在《春秋繁露》中指出，要"赏不空行，罚不虚出"。《南齐书·崔祖思传》说："天下治者，赏罚而已"。东汉《黄石公三略·上》中有言："香饵之下，必有悬鱼；重赏之下，必有死夫"，其意思是说，在厚重的奖赏面前，一定会有拼死效力的人。《尚书·泰誓下》中说："尔众士其尚迪果毅，以登乃辟，功多有厚赏。""重赏"显然是一种物质激励，是根据绩效的大小多少给予人才不同的奖励，从而达到组织的目标。在传统思想中"赏"最早是用于激励士兵去奋勇杀敌，后来才被运用到了领导力中，如"军无财，士不来；军无赏，士不往""人知胜敌有厚赏之利，则冒白刃，当矢石，而乐以进战者，皆货财酬勋赏劳之诱也"（《孙子兵法·作战篇》）。韩非子的"信赏尽能"的激励理念也认为，君主对立功者的赏赐一定要兑现，才能使臣下竭尽智能。因为在"赏誉（赞美）薄而谩（欺骗）者下不用也，赏誉厚而信者下轻死"。即如果赏誉轻而又不去兑现，臣民就不会为君主所用；赏誉厚而又守信用，臣民就会拼死为君主效力。韩非在《韩非子·初见秦》中指出："言赏则不与，言罚则不行，赏罚不信（不讲信用），故士民不死（不肯拼死效力）也。"如越王在土台上放火焚烧而击鼓令人在火里前进，是因为蹈火有赏；在江边击鼓令人前进，也是因为赴汤有赏；在战争中能使人断头剖腹前进，更是因为为君作战有赏。所以"礼者，士之所归；赏者，士之所死……礼赏不倦，则士争死""故禄资不爱财，赏功不逾时，则下力并而敌国削"（《管子·立政》），此谓"论功行赏"的前提是功，也有事先约定事成兑现的谓之"悬赏"。"悬赏以待功，序爵以俟贤。"（《宋书·孔凯传》）行赏应保持差别，给少数起带头作用的突出贡献者以重赏，可以收到"赏一以劝百""赏一人而天下劝"的效果。当然，"赏"既是为了示信，也是为了起到激励人员的作用，而罚的目的就在于激励被管理者的行为，以保证组织运营的有序运行。

战国时期的荀子也认为："无功不赏，无罪不罚。"在赏罚上，荀子说："赏不欲僭，刑不欲滥。赏僭则利及小人，刑滥则害及君子。若不幸而过，宁僭勿滥。与其害善，不若利淫。"（《荀子·致士》）行使赏罚的关键是要使赏与罚都能够合理得当，赏不可多，罚亦不可多，赏、罚多而过则会达不到激励的目的。同时，实施激励必须以人的具体行为为依据，做到正向激励的"赏"与负向激励的"罚"，赏罚分明，公正无私。"凡爵列、官职、赏庆、刑罚，皆报也，以类相从者也。一物失称，乱之端也。夫德不称位，能不称官，赏不当功，罚不当罪，不祥莫大焉。"（《荀子·正论》）只有做到"赏行罚威，则贤者可得而进也，不肖者可得而退也"时，组织的激励管理才能有序进行，所以荀子说："赏不行，则贤者不可得而进也；罚不行，则不肖者不可得而退也。贤者不可得而进也，不肖者不可得而退也，则能不能不可得而官也。若是，则万物失宜，事变失应，上失天时，下失地利，中失人和，天下敖然，若烧若焦。"（《荀子·富国》）赏罚的制度在于激励和调动人的积极性，发挥人在组织中的主动性和创造性。而论功行赏的目的在于激励下属的主动性和创造性，以促进组织的发展。

当然，奖励要与表扬结合。不能只有实际的奖励而没有表扬，表扬本身就可以激励员工，以及审时度势地提出更高的期望，赋予员工更强的使命意识，可能会有更好的激励效果。美国心理学家罗森塔尔和雅各布森等人对于自我实现的现象研究已经充分证明，某些人的行为方式与我们对他们的期望是保持一致的，因为期望本身就是一种激励的力量，它为人们搭建了将理想与现实相结合的桥梁，所以对他人良好的期望会导致该人向你所希望的方向发生变化，从而间接地达到激励的效果。因此，西方有所谓的"皮格马利翁效应"（Pygmalion effect）"皮格马利翁效应"源自于希腊神话中的故事，皮格马利翁雕刻了一名美丽的女人雕像，后来便深深爱上了这座雕像，在他的殷切期望下，这个雕像活过来了。后来人们对期望的实现就称为"皮格马利翁效应"。作为领导者，除物质的赏与罚外，对下属的期望激励和精神奖励也是激励的方法之一，因为人的社交、尊重和自我实现的需要决定了期望激励与精神奖励（如"名"）的必要性。特别是古人，把名节、名誉看得高于一切，"穷且益坚，不坠青云之志"（王勃《滕王阁序》），"所守者道义，所行者忠信，所惜者名节"（欧阳修《朋党论》），故有"赏以文而成"的精神激励（《苏东坡集·策别第八》）。给人以期望和名望的奖励往往会比金钱物质更能起到激励的作用，因此，在传统用人思想中的"赏以文而成"的期望与精神激励就包括当众表扬、通报嘉奖、记册立传以及以分享来激发部下的积极性、自豪感和成就感等，所以对理想和信仰的激励、对"义"的执着，以及由信仰和"义"激发出来的"志"，都具有巨大的激励力量，更能激发人们奋不顾身地为组织的使命而拼搏。

美国管理学家麦克里伯夫也认为，论功行赏的激励原则不仅是物质的、金钱的，还应该有精神的，并对此提出了奖赏的九大准则。①奖励解决具体问题的方案，而就事论事。奖励既要照顾长远目标，又能避免短期效应。②奖励甘冒风险者，而非平庸之辈，以鼓励创新。因唯有敢冒风险者才能创新。③奖励创新，而非一味墨守。④奖励处理问题者，而非犹豫不决者。⑤奖励有工作成果者，而非忙忙碌碌者。一些事务主义者整天忙忙碌碌，然而考察其绩效时则无任何工作成果。⑥奖励精简者，而非无谓的复杂化者。⑦奖励多做少说者，而非多说少做者。⑧奖励质量而非速度。⑨奖励忠诚而非跳槽者。当然，领导者要激励员工，自己就必须先"激励"起来，领导者自身必须具有事业心和使命感，并且能够把自己的热情、追求的精神表达给下属员工，在下属员工面前表现出目光坚定、精神饱满等强势特征。这种强势特征对员工具有强大的榜样作用。榜样具有强大的感染力和影响力，是一种无声的命令。所谓榜样，既包括领导者身先士卒的示范，也包括领导者公开为员工树立的英雄模范人物。榜样的力量是无穷的。在榜样潜移默化的作用下，使人受到教育，从而激发组织员工的上进心和荣誉感。俗话说："上梁不正下梁歪""强将手下无弱兵"，所以领导者的榜样也是激励员工热情的最有效的方法之一。因此，古人所说的"贵义而不贵惠，信道而不信邪"（《春秋谷梁传·隐公元年》）的激励思想和《礼记·礼运》篇中"天下为公"的大同理想，直到今天依然还发挥着它本身所拥有的正向的激励作用。可见，传统用人思想中的正向激励的"赏"与负向激励的"罚"在现代的组织运营中依然具有借鉴意义。

从传统用人思想中的"任贤使能"到授权、沟通与激励，都是为了将人的才能发挥到最佳的效果，进而达到组织特定的目标和使命，其中心思想还是怎样合理地用人和用好人，怎样调动人的主观能动性和创造性。人才是一个特定的概念范畴，它主要是指在一定条件下，能以自己的智力进行创造性的开发，并对社会的发展和进步做出一定贡献的人。能进行创造性劳动的人，一般来说都是智商比较高的人，他们和平常人的最大不同之处就在于他们能进行创造性的创新，而创新是人才最具本质的特征之一。

他们大多数都具有一定的专业技术知识和较强的实践能力，能够根据人类已获得的各种知识改进或创造出新的生产工具和生产手段，以提高人类自身征服自然和适应环境的能力。在这个过程中，人们丰富了对社会和对人自身的认识，提出了对社会和组织的领导理论，从而促进了社会文明的进步和社会组织的发展。可见，人才不只是一个组织生存发展最重要的资源，也是社会前进的指导者和引路人。所以，领导者用好人才对组织特定使命和远景的实现具有非常重要的现实意义。

思考题

1. 领导力的核心是什么？
2. 中国传统文化的发展经历了哪几个阶段？每一个阶段的文化特征分别有哪些？
3. 中国传统文化的精髓有哪些？
4. 学习中国传统文化对一个人的领导力和执行有什么意义？

第五章　中国式人力资源管理

导读：

把人叫资源，一开始就是错误的，人就是人，人具有最高灵性，怎么能叫资源。资源，顾名思义，就是被开发利用的，人是第一主体，是不能被利用的，所以我们不能叫人力资源。我们应该把人力资源部改叫组织发展部或者人本管理部。我们给组织管理部一个使命：培养最优秀的人才，给每个人才提供一个舞台，团结起来，为了共同的理想和幸福而奋斗。

第一节　服务利润链与企业的使命

什么是使命？使命就是如何使用自己的生命，也就是如何让自己的生命更加有意义，更加精彩，更加有价值，更加有尊严。每个人都有自己的使命，每个企业、组织也都有自己的使命。企业的使命就是服务客户、服务员工、服务股东、服务社会，构建一个客户、员工和股东志同道合、共生共荣、和谐的平台。

一、服务利润链概念解析

服务利润链是表明利润、顾客、员工以及企业四者之间关系的、由若干链环组成的关系链，是由詹姆斯·赫斯克特教授等5位哈佛商学院教授组成的服务管理课题组提出"服务价值链"模型时才提出的。这项历经二十多年、追踪考察了上千家服务企业（所有的企业都是服务企业，因为所有的企业都是为客户服务的）的研究，试图从理论上揭示服务企业的利润是由什么决定的。他们认为，服务利润链可以形象地理解为一条将盈利能力、客户忠诚度、员工满意度和忠诚度与生产力之间联系起来的纽带，它是一条起循环作用的闭合链，其中每一个环节的实施质量都将直接影响其后的环节效果，最终目标是使企业盈利。

简单地讲，服务利润链告诉我们，利润是由客户忠诚度所决定的，忠诚的客户（老客户）给企业带来超常的利润空间；客户的忠诚度是靠提高客户满意度取得的，企业提供的服务价值（服务内容加过程）决定了客户满意度；企业内部员工的满意度和忠诚度决定了服务价值。简而言之，客户的满意度最终是由员工的满意度所决定的。

服务利润链的核心内容是顾客价值等式，而与顾客价值等式直接相关的是顾客忠诚循环和员工能力循环。实践证明，在服务利润链中存在如下重要关系。

第一，利润和顾客忠诚度。

第二，员工忠诚度和顾客忠诚度。

第三，员工满意度和顾客满意度。

在服务过程中，他们之间的关系是相互促进的，即顾客满意和员工满意是相互作用的。

服务利润链的思想认为，利润、增长、顾客忠诚度、顾客满意度、顾客所获得的产品及服务的价值、员工的能力、员工满意度、员工忠诚度、劳动生产率这些因素之间存在着直接、牢固的关系。这些都和服务的利润以及利润的增长有着直接而深刻的联系。

从模型中我们可以发现，服务利润链由以下几个循环构成：员工能力循环、员工满意度循环、顾客忠诚度循环和企业盈利循环。以企业盈利循环为主线，四个循环之间又相互作用，可以找到以下逻辑关系：内部高质量的服务可以产生满意、忠诚的员工，员工通过对外提供高质量的服务，为客户提供了较大的服务价值，接受服务的客户由于满意而保持忠诚，忠诚的客户带来了健康的服务利润。

二、服务利润链环境下的企业使命

通过服务利润链中的循环构成，企业在提供服务时应该注意以下六点。

（一）提高内部服务质量，增进员工满意度

内部服务质量驱动员工满意度。企业若要想更好地为外部客户服务，首先应该将员工看作内部客户，明确内部客户服务的重要性，尽可能地满足内部客户的需求，提供优质的内部服务。内部服务质量取决于员工对工作本身满意与否以及员工之间的关系是否融洽两个方面。员工对工作本身满意与否取决于其完成预定目标的能力以及在这一过程中所拥有的权力。当员工具备了上述两个条件时，自然会因为达到了预期目标而对工作满意、对企业满意，并最终对企业忠诚。而员工之间的关系，也在很大程度上决定了企业内在服务质量的高低。一方面是员工之间的人际关系，如果同事之间能维持一种和谐、平等、互相尊敬的关系，那么在这样的工作环境中，员工满意度和工作效率就会提高；另一方面是员工之间的相互合作和服务方式，而在相互服务的过程中，尤其应提倡团队精神与合作态度，这样才能提高员工的满意度。

（二）员工满意度促进员工忠诚度

员工满意度主要是指员工对现在工作中的各个因素是否满意，包括报酬、学习、晋升、环境、地位、企业的承诺等诸多方面。员工满意度调查、员工面谈、员工服务热线等都是了解员工满意度的有效手段。员工满意度是由岗位设计、工作环境、员工选拔培养、激励机制以及服务工具和技术支持等多方面所决定的，员工对自身服务能力的评价会影响其自身的满意度。满意表明员工对企业未来发展有信心，为能成为企业中的一员而感到骄傲，并促使员工自觉承担起一定的工作责任，为企业努力地工作。员工满意能有效地提高员工的工作效率，降低流失率。在服务业企业工作中，员工由于不满意而流失跳槽造成的损失不只是重新招聘、雇用和培训而产生的费用，更是由于生产率的下降和客户满意度的降低而导致客户流失的损失，由此产生的不良影响是难以估量的。员工的忠诚取决于员工的满意，员工对企业越满意，忠诚度越高；员工对企业不满，心存抱怨，忠诚度自然就低。因此，培养和提高员工的满意度以提高员工的忠诚度及工作效率，对企业的发展具有深远意义。

（三）员工忠诚度是工作效率和服务价值的保证

高服务价值来源于企业员工高保留率和高工作效率，也就是来源于员工对企业的忠诚度。企业员工的工作是服务价值产生的必然途径，而员工的工作效率和工作方式无疑决定了他们所创造的价值高低，只有高忠诚度的员工才能产生高的服务价值。对企业而言，要培养员工的忠诚度，最重要的是要让员工有归属感、事业成就感，如可以通过给予员工发展的机会、建立员工自我管理团队、让员工享有一定的股权、提供挑战性的工作、对员工无微不至的关怀等措施来实现。要让员工真正热爱自己的工作，应对每个员工进行准确的定位，让个人脾气秉性和职位认知与其所从事的职业相吻合。让每位员工的优势得以发挥，就能使员工在工作中获得成就感，增强自信心，从而把工作做得更好。企业应加强与员工的公开交流和沟通，促进员工和组织之间互相认同，使员工有信心在为企业工作、贡献的同时达到自己的预期目标，最终让职业忠诚同企业忠诚实现完美结合。

（四）高服务价值导致高客户满意度

客户满意度取决于员工服务质量和服务价值的高低。对于客户来说，服务价值可以通过比较自己获得服务所付出的总成本与得到的总利益来衡量。客户所获得的总价值是指客户购买某一产品或服务所获得的全部利益，包括产品价值、服务价值、人员价值和形象价值等。客户总成本是客户为购买某一产品所耗费的时间、潜力、体力以及所交付的资金等。客户购买产品或服务时，总希望把资金、时间等成本降至最低，而同时又希望从中获取更多的利益，因此，客户所获得的价值越大，其满意度越高。企业提高客户满意度可以从两个方面入手：一方面通过改进服务、提升企业形象来提高服务的总价值；另一方面通过减少客户购买服务的时间和精力的消耗，降低客户的货币与非货币成本。

为客户创造的服务价值还与客户的期望有关，由于价值随个人期望的不同而不同，为了提高价值，要求企业在服务一线时取消管理层次，尽可能贴近客户，并给予一线服务人员相应的自主权，以按各个客户的需要提供专门的服务，极大地提高客户满意度。

服务质量和客户满意度紧密相关，客户是根据企业人员提供的服务来判断服务质量的，从而确定自己是否满意。推行服务质量管理，我们可以适当引进制造业的质量控制原则，包括时间与动作研究、标准化、装配线作业原则等，以此来改善服务质量，也可以聘请相关组织，从局部开始对服务进行质量管理体系认证，借助外力形成企业服务的质量管理体系。

（五）客户满意导致客户忠诚

客户忠诚是由客户满意度决定的，客户满意是一种心理活动，是客户的需求被满足后内心产生的愉悦感。对于任何企业而言，客户满意与否是至关重要的，只有满意的客户才会持续产生购买行为，最终成为忠诚客户，企业才能实现可持续发展。企业的一切活动必须以满足客户的需求为出发点，通过比竞争对手做得更好使客户满意，培养其对企业的忠诚，造就稳定的客户源，由此扩大销售，增加利润，获得更大和更持久的发展。客户忠诚代表客户对企业及产品服务的偏好，如果客户对企业所提供的产品和服务满意，客户的忠诚度就会随之提高，购买率与对企业的满意度成正比。企业同时还要重视客户作为企业产品"传道者"的意义，满意的客户会转变那些不接受企业产品和服务的群体的看法，而不满意的客户则会通过宣传负面效应进而使企业产生不好的口碑，因此企业应该尽量避免产生不满意的客户。

（六）客户忠诚导致企业获利与成长

服务性企业的利润来源于客户忠诚，客户忠诚度的提高能大大促进企业的获利能力的增强。忠诚的客户所提供的销售收入和利润占据了企业销售收入和利润总额的很高比例。在服务业企业中，客户忠诚度的小幅度提高就能导致利润的大幅度上升，忠诚客户每增加5%，所产生的利润增幅可达到25%~85%。因此，可以说，忠诚客户的多少在很大程度上决定了市场份额的"质量"，它比以实际客户多少来衡量的市场份额"规模"更有意义。

服务利润链也就是企业价值链或者企业微笑链，服务利润链的核心理念是客户第一，员工第二，股东第三。员工为客户服务，股东为员工服务，股东对员工微笑，员工就对客户微笑，最后客户就对股东微笑。满意、忠诚的客户决定公司业绩与利润的增长，优秀、满意的员工决定满意、忠诚的客户。

企业的最终目标是做到三个满意，即员工满意、客户满意和股东满意。其中，员工满意是客户满意和股东满意的基础，只有员工满意，才能在工作中投入更大的热情，从而创造出更高的客户满意，才能保证企业的持续生存和发展，保证企业的利润，这样就能确保股东满意。美国奥辛顿工业公司的总裁对此总结出一条"黄金法则"："关爱你的客户，关爱你的员工，那么市场就会对你倍加关爱。"

满意的员工能够创造更高的工作效率。满意的员工心情愉悦，对企业拥有归属感、责任感，有主人翁意识，为工作投入更大的热情，从而能够在同样生产技能的情况下创造更高的工作效率。而低水平的员工满意度会导致员工情绪的低迷或过分紧张，这种状态不利于个人工作效率的提高，还将直接影响企业团队的战斗力。

员工满意度高会增加企业的效益。员工满意度高的企业人员流动率低，减少了由于人员流动频繁给企业带来的损失；满意的员工以更大的热情投入工作中，创造了更高的工作效率，更高的工作效率意味着更大的利润；满意度高的员工组织公民行为增加，公民行为对提高企业的效益也是有利的。组织公民行为是指一种积极的对组织运作有利的行为，但这一行为并非组织所强制的工作任务，是一种自发性的额外工作，与正式报酬没有直接关系。大量企业调研表明，组织公民行为对组织的长期效能及成功运作扮演着关键性角色。

我们最后再回到企业的使命，企业的使命并非单纯盈利，盈利是结果，盈利是回报，而不是目的，企业的使命是创造客户、服务客户和感动留住客户，离开了客户，企业就失去了存在的基础。利润不是企业首要追求的目标，利润是企业为推动人类社会发展做出贡献后社会给予的回报。为了有效地创造客户、服务客户和留住客户，企业同时还肩负着另外一个使命，就是创造培养、服务和留住员工。

第二节　人力资源管理的使命与中国式人力资源管理

IBM 公司创始人沃森曾说："你可以接管我的工厂，烧掉我的厂房，但只要留下我的员工，我就可以重建 IBM 公司。"另一位公司总裁用其亲身经历总结说："许多年来，人们一直都在说，对于处于发展中的行业来说，资本是一个瓶颈。而我已经不再认为这种看法是正确的了。我认为真正构成生产瓶颈的是劳动力以及公司在招募及留住优秀劳动力方面的无能。我只知道那些曾陷于部分停滞或完全被遏制的行业，是由于它们不能维持劳动力的效率和工作热情……"当今最伟大的职业经理人，通用电气公司的前 CEO（首席执行官）杰克·韦尔奇的一番话更揭示了人力资源管理的真谛："我最大的成就就是发现人才，发现一大批人才。他们比绝大多数的首席执行官都要优秀，这些一流的人物在 GE（通用电气公司）如鱼得水。"可见人力资源管理对组织的生存和成功至关重要。

企业的竞争表面上（看得见的手）是人才的竞争，人才的竞争本质上（看不见的手）是人力资源管理的竞争，一个企业人力资源管理的水平决定了企业人才的水平，决定了这个企业的竞争力和命运。

国内一知名人才网站曾经做过这样一次调查，主题是"影响员工满意度最关键的因素"。最后调查结果显示，影响员工满意度最关键的两项因素是员工的发展空间（员工有奔头）和直接上司的管理领导水平。

另外一家知名机构做过一项主题为"优秀员工离职的原因是什么"的调查，最后调查结果显示，优秀员工离职的最关键原因在于直接上司不够优秀。

我们对第一项调查进行分析后发现，员工的发展空间与直接上司的管理和领导水平直接相关，也就是说，直接上司的管理和领导水平决定了员工的发展空间。

当然，这里不是认为薪酬待遇不重要，相反，薪酬待遇非常重要。薪酬待遇与发展空间之间的关系是，发展空间是根本，薪酬待遇是保障。离开发展空间谈薪酬待遇，离开薪酬待遇谈发展空间，激励效果不可能得到体现，但是其根本在于发展空间。关于激励，本书第九章专门进行论述。

因此，我们可以得出这样一个结论：直接上司的管理和领导水平决定了员工的满意度。这样，我们可以建立一个完整的企业价值链和微笑链：

第一，股东对经理（企业管理领导者）微笑，为经理创造价值，让经理活出价值和生活幸福。

第二，经理对员工微笑，为员工创造价值，让员工活出自我和生活幸福。

第三，员工对客户微笑，为客户创造价值，让客户幸福。

第四，客户最后反过来对股东微笑，让股东幸福。

管理就是服务，服务就是爱心的传递，管理就是严肃的爱。管理就是团结一切可以团结的力量，整合一切可以整合的资源，为了共同的理想和幸福去奋斗。管理就是通过带领一帮员工实现共同的目标，进而带领员工走向共同富裕，活出人生的价值。微笑就是爱心的传递，微笑就是一种感恩。微笑链构建了企业爱心链和感恩链，构成了企业基业长青的根基。

下面我们来谈人力资源管理的使命，并提出中国式人力资源管理。在股东、经理、员工和客户中，人力资源工作发挥的价值点在哪里？人力资源管理发挥作用的价值点不在员工，而在经理。

我们在这里提出人力资源管理的客户与使命。人力资源管理的客户不是员工，而是组织中的经理干部，人力资源管理服务好经理干部，经理干部服务好员工，员工服务好客户。人力资源管理的使命就是开发最好的工具、制度，包括思想观念，培养服务最优秀的干部经理。组织管理就是用经理干部为杠杆，撬动组织这个地球。经理干部优秀了，员工自然就优秀了。没有不合格、不优秀的员工，只有不合格、不优秀的经理干部和管理领导者，管理者的无能是对追随者最大的犯罪。

企业管理本质上就是人力资源管理，"以人为本"的中国式管理，就是中国式人力资源管理。

中国式人力资源管理体系和西方式人力资源管理体系是相同的，所不同的是思想动机。西方式人力资源管理是管人理事，而中国式人力资源管理是管事理人。

中国式人力资源管理的思想始终坚持"以人为本"，管理的目的不是管人，而是让每个人自己管理自己，强调管事理人。管事理人，就是通过管理事务建立平台，让每个人都找到自我，开拓自我成长发展的空间，自己管理自己，自己促进自己的成长，最终实现双赢。

中国式人力资源管理体系的构建，即基于上述思想对人力资源管理体系进行重新思考和探索。

第三节　人力资源管理 5P 模式

目前，在很多企业中，牌子虽然换了（由人事部改为人力资源部），但人力资源管理并没有真正落到实处。究其根本，在于人事经理并没有真正转变角色，没有形成人力资源管理的新观念，没有理解人力资源管理的实质内容。为此，根据中国企业的实际情况与有关理论分析，笔者尝试提出了人力资源管理模型——5P 模式，以阐述人力资源管理的精髓。5P 模式认为，人力资源管理是一项系统性的工作，包括五项基本工作：识人、选人、用人、育人、留人。它是以识人为基础，以选人为先导，以用人为核心，以育人为动力，以留人为本质的工作。

一、识人（perception）

识人，就是要认识与了解人的心理与行为特征，洞察人的心理需求变化，它是人力资源管理工作的基础。以往的人事管理把人看成机械的、被动的实体而加以管制，并没有把员工看成具有能动性、自主性的主体来加以开发。因此，企业的各级管理者大都以自我为中心来管理员工，企业所制定出来的人事制度由于缺乏员工的参与，在实践中往往缺乏可操作性与可接受性，造成劳资矛盾、管理冲突。而现代人力资源管理认为，企业的各级管理者都是人力资源管理者，要真正激发员工的工作潜能，提高工作积极性，就必须深入了解员工的所思所想，分析员工心理与行为的变化，把握员工的个性差异。只有在此基础上建立与形成的各种人事规章、制度才能真正落到实处，达到规范与引导员工行为的目的，实现员工利益与组织利益的高度统一。因此，笔者认为，要真正做好人力资源管理工作，就必须以识人为基础，只有在此基础上才能选好人，用好人，育好人，最终达到留住人的目的。

二、选人（pick）

选人，是人力资源管理工作的重要环节，是对人员的招聘与选拔。要真正选好人才，第一，必须了解组织的宗旨、战略与业务的发展，事先必须制订较为详细的人力资源规划；第二，要分析岗位要求，尤其是任职资格分析非常重要，只有这样才能做到人适其事，事得其人；第三，要有一个好的选人标准，处理好德与才的关系；第四，选人者本身要具有较高的素质，有相应的专业知识，才能更好地鉴别人才，发现人才，选好人才；第五，要有科学的选人机制与程序。在选人机制上，要把握公平、公正、公开的原则。尤其必须力戒凭主观印象去选人，要借助于科学有效的人事测评手段招聘、挑选人员。要特别指出的是，招聘与选拔主要着重于人员的潜能。能者识能，贤者识贤。潜能是看不见的，需要靠挖掘。人力资源开发最有价值的是挖掘到了员工自己都不知道的潜能，并使其得以应用。

三、用人（placement）

对各级管理者来说，如何科学合理地用人，是人力资源管理工作中最具挑战性，也最具艺术性的工作。只有用好人，才能发挥人才的积极性和创造性。

用人的实质是首先安置好人。如何在最合适的时机把合适的人放在合适的岗位上，如何找到"人"与"事"的最佳结合点，做到事事有人做，而不是人人有事做，是值得中国很多企业管理者深思的。同时，要真正用好人，必须做到知人善任，量才录用，任人唯贤，用人之所长，大材小用或小材大用都是不合适的。当然，用人不疑，疑人不用，是用人的基本原则。但是，要真正在实践中做到用人不疑，还必须不断完善各种人事管理制度。只有做到先者上，平者让，庸者下，才能真正激发出人的潜力。

四、育人（professkm）

育人，即培养人才。育人的根本目的是激发员工的工作兴趣，提升员工的工作素质，规划员工的职业生涯，使其成为职业专家能手。因此，管理者的角色是老师、教练、专家。如何在组织发展的同时，帮助员工得以成长，是管理者重要的职责。培训一定要从岗位出发，结合员工的岗位要求，切实帮助员工提高工作技能。培训要因人施教，学以致用，与实践紧密结合。现代企业越来越强调一种新的培训观念：培训不光是知识的传授、技能的提高，更重要的是观念的更新、态度的改变。因此，培训不是消耗，而是投资。培训产生的收益所带给企业的不光是工作目标的完成，更是整个企业素质的提升。只有这样，企业才更具有竞争力，立于不败之地。

五、留人（preservation）

如何留住人才，尤其是留住重要技术岗位与管理岗位的人才，是管理者颇感头疼的问题。留人要留"心"，"身在曹营心在汉"的人要不得。如果员工觉得外面有发展，不要强行限制他，人才的流动是正常的，也许走的人将来对企业还会产生"反哺作用"。

当然，对员工来说，一个好的领导、一个好的工作氛围与工作条件是留人的重要因素之一。而对企业来说，通过各种激励措施的制定与约束机制的完善，对预防人才外流、保留一支优秀的员工队伍是十分重要的。

第四节　中国式人力资源管理 5P 模式

识人、选人、用人、育人和留人是人力资源管理的五项基本工作，是一项系统性的工作。识人为基础，选人为先导，用人为核心，育人为动力，留人为本质。如何出色地完成这五项工作，笔者根据中国企业的实际情况与中国式管理思想，尝试提出了中国式战略人力资源 5P 体系，以阐述人力资源管理各项内容的关系。

其中，P1（人力资源规划和招聘）和 P5（培训和职业发展）为 2P 人才体系（planning-profession）；P2（组织岗位）、P3（绩效管理）和 P4（薪酬激励）。

一、人力资源规划和招聘（planing）

企业在招聘人才之前，必须首先做人力资源规划，确定企业招聘引进人才的需求。广义的人力资源规划，还包括对人力资源管理体系的规划。

通过招聘进行有序的人才竞争和流动，为企业人才库积累人力资源。在人力资源管理中，这一体系至关重要。企业一定要重视招聘工作，招聘是企业运营的起点，招聘决定了整个企业运营的效率。招聘一定要有系统组织，不要来一个测评一个，要系统设计招聘简历筛选、初试、笔试、面试、复试环节，测试中以品德和智慧测试为主，以知识能力经验测试为辅。

企业的运营首先是从招聘人才开始，招聘工作是企业运营的起点，企业里所有的工作都要以人才组成团队方式来完成，如果起点错了，要达到终点，难度就会倍增。企业中在其他环节、其他流程上面的投入不能少，在招聘环节的投入和预算更不能少。企业高层和领导在其他工作上投入的精力可以少一点，但是在招聘环节投入的精力千万不能少。招聘是一劳永逸的工作，招聘工作做得好，企业很多问题都会迎刃而解。

招聘越怕麻烦，以后就越麻烦。企业一切损失的源头从招聘工作开始，招聘马虎，将付出惨重的代价；企业招聘工作中越怕花钱，以后工作中花钱就越多。企业随随便便招聘员工，员工进来后就随随便便工作。优秀的人才是免费的，平庸的人才是非常昂贵的。优秀的人才给企业创造的价值远远超过从企业得到的回报，所以是免费的。平庸的人才不但给企业创造的价值有限，而且经常在工作中出现问题和漏洞。

由于工作失误给企业造成的损失远远比企业支付的工资大，甚至会影响企业的发展。用人不仅仅是直接成本，间接成本和损失比直接成本和损失大得多。选错了人，往往花再多的代价也培养不出来，工作中还会带来重大损失。所以，企业最大的成本是选错人的成本。选人选对了，培养起来得心应手，所以选人比培养人更加重要。培训不是不重要，最关键在于选错了人，再怎么培训，培训效果都不强，甚至如何努力，都培养不成人才。

企业不要为了招聘而招聘，不要为了解决眼前问题而招聘，而要为培养事业人才而招聘，招聘人才苗子进行培养。企业招聘引进人才要根据发展战略制订人才招聘引进计划，企业招聘千万不要陷入今天缺一个招一个，明天缺一个招一个的方式，用人部门累，人力资源部也累，无端地增加了工作量，并且极大影响了招聘的效果。招聘一定要系统组织，不要过多临时招聘，今年的招聘是为了明年战略发展储备人才，近期招聘是为了未来储备培养人才，这样企业才能化被动为主动。

二、组织岗位（position）

组织具有综合效应，这种综合效应是组织中的成员共同作用的结果。组织管理就是通过建立组织结构，规定职务或职位，明确责权关系，以保证组织中的成员互相协作配合、共同劳动，有效实现组织目标的过程。组织管理是管理活动的一部分，也称为组织职能。中国式组织管理的目的，即构建以人为本、精干高效、志同道合的组织。

中国式组织管理思想，组织是为实现公司战略服务的，资源（以人为核心）、能力与战略相匹配的产物。因此，组织管理必须遵循一些基本理念与思想，具体如下。

第一，组织设计与管理必须有利于为客户提供服务、创造价值。

第二，组织设计与管理必须有利于资源的整合和系统组织能力的提高。

第三，组织设计与管理必须有利于公司人才的培养和发展。

第四，组织设计与管理必须有利于公司战略目标的实现。

中国式组织设计与管理必须遵守一定的原则。

（一）客户导向原则

组织设计应保证公司以高效的工作流程面对客户，并满足客户的需要，为客户创造价值。判断标准：立足于短期或长远，凡是符合社会发展大趋势，有利于为客户创造价值的组织行为，就是有效组织行为，否则就是无效组织行为，无效组织行为即官僚行为。有效组织行为是对社会资源的有效利用，无效组织行为是对社会资源的浪费。企业组织行为必须比社会市场行为效率更高，企业组织才有生存和发展的客观条件，当官僚行为达到一定的程度，企业组织行为效率比社会市场行为的效率还低时，企业组织行为将被社会市场行为所取代，企业组织最终走向破产、解散。

（二）精干高效原则

在保证公司任务完成的前提下，应力求做到机构简练，人员精干，管理效率高，颠覆"因事设岗、因岗设人"。过去指导企业设计组织岗位的纲领是"因事设岗"和"因岗设人"八字方针，这对于现代企业组织早已不适应，已经不符合现代企业组织发展的需要。在"因事设岗"和"因岗设人"八字方针中，考虑最多的和最重视的是"事"，而不是"人"，在这种企业中，"人"是处于从属地位的，也就是"人"是为"事"服务的，"事"比"人"重要。因公司的发展和人的成长发展设岗位，"事为人服务"一事是锻炼培养人才的工具，而不是"人为事服务"——人成为事的工具和奴隶。在现代企业组织中，"人"是最重要的，企业的所有使命就是让员工通过为客户服务成长和发展，这样企业组织也就成长和发展了。因此，现在指导企业组织岗位设计的最高纲领是：有利于员工的成长和发展，让工作任务成为锻炼员工成长、发展的路径，变"人为事服务"为"事为人服务"，充分体现"以人为本"、推动人才成长发展、推进企业发展的目的。

变岗位（以事为本）工作制为项目（以人为本）工作方式，即事事是项目，人人是项目经理。决定一个企业组织管理水平高低的，首先不在于制度体系，而在于管理者经理人的管理水平，也就是管理者经理人的管理内功，管理内功不好，就像习武一样，再好的制度、管理工具和武器，到手上都不能有效地发挥作用。

（三）责权利对等原则

公司每一管理层次、部门、岗位的责任、权力和激励都要对应，责权利要对等，不能出现责任大于权力、权力大于责任，或者有权无责、有责无权的情况。对于"利"，应该以员工的长远发展为主导激励线，这是员工最大的利，让员工感受到来公司就是来提升、发展的，而且到公司一定可以得到很好的提高和发展，能够有很好的平台和施展才能的舞台。其他的"利"，即物质方面的"利"应该充分与发展挂钩，发展越快，为公司创造的价值越大，鼓励也就相应越大。

同时，责权利首先强调的是责任，尤其是管理者的责任。指导公司责任划分的原则是"责任二八法则"，即在一个团队或一个部门中出现过失，直接领导或上司承担80%的责任，直接责任人承担20%的责任，主要是强调上司对下属培养、监督、检查和支持的责任。

（四）专业分工和协作原则

分工与协作是一体的，分工是手段，不是目的，协作才是目的，分工是为了更好地协作以达到目标。绝对的分工将不利于员工的成长和发展，单一的工作将使员工感觉枯燥乏味，久而久之，失去工作的兴趣和积极性，影响工作效率。因此，从人才成长发展角度，组织设计和管理不能过度、绝对分工，确保每个人才成长发展的空间。

三、绩效管理（performance）

绩效管理体系是以实现企业最终目标为驱动力，以关键绩效指标和工作目标设定为载体，通过绩效管理的三个环节来完成对全公司各层各类人员工作绩效的客观衡量、及时监督、有效指导、科学奖惩，从而调动全员积极性并发挥各岗位优势以提高公司绩效，实现企业的整体目标的管理体系。绩效管理的三个环节为：制订绩效计划及其衡量标准；进行日常和定期的绩效指导；最终评估、考核绩效并以此为基础确定个人回报。

（一）绩效管理的四个维度和两大体系

许多企业已充分认识到，只有员工素质和工作绩效的提高才能真正与企业战略目标相联系，才能改变组织的绩效，增强企业的活力和竞争力。不少企业不惜成本聘请顾问公司建立系统化的绩效管理体系，并投入大量的人力、物力维系这一体系的运转。但同时我们也看到企业在建立绩效管理过程中面临很多的问题与矛盾，这些矛盾主要集中在以下几个方面：如何平衡企业短期绩效、中期绩效、长期绩效的关系；如何平衡企业财务绩效与非财务绩效的关系；如何平衡组织绩效与个体绩效的关系。为解决这些问题，我们将从绩效管理四个维度对绩效管理体系进行分析与构建。

绩效管理的四个维度是指从绩效管理的长期绩效、中期绩效和短期绩效的角度出发对企业绩效管理进行的分类，其分别是战略绩效、经营绩效、部门绩效和员工绩效。战略绩效侧重于公司长期绩效，通过确定公司战略图，有效地确定公司的长期发展目标及影响企业长期发展的关键因素，平衡企业长期发展和年度经营绩效的矛盾；经营绩效侧重于公司的年度绩效，以预算管理为基础，实现战略资源的优化配置和年度经营计划目标；部门绩效主要体现在部门层面，根据公司的年度经营计划和公司级的KPI（关键绩效指标）分解制定的部门KPI和工作目标；员工绩效主要是在员工个体层面，按照"动态的目标＋静态的职责"原则，将战略绩效、经营绩效和部门绩效在各级员工层面的分解。通过战略绩效、经营绩效、部门绩效和员工绩效的有效结合，将长期的战略转化为近期内的计划，将团队的目标转化为个体的绩效，将组织的战略转化为个人的行动，确保战略的有效落实和执行。

要实现企业战略绩效、经营绩效、部门绩效和员工绩效的有效衔接，保证公司战略目标的有效分解并引导员工培养企业所需的核心专长与技能，就必须建立以KPI为核心的业绩评价体系和以素质模型为核心的任职资格体系。

1. 以KPI为核心的业绩评价体系

KPI指标不仅是员工的绩效考核体系，而且更为重要的是，它是企业战略管理的工具，通过对企业战略的有效分解，让每个部门、每个员工都明确，在公司既定的战略前提下，自己应该承担什么样的KPI，以及自己应该采取什么样的行动来确保KPI指标的达成。通过KPI分解机制，使企业的战略目标有效地传递到组织中的每一位员工，使高层管理的战略压力都得到无依赖的传递。同时依靠将KPI指标考核结果与员工的报酬待遇、升迁发展相挂钩，依靠利益动力机制形成对员工的约束。

2. 以素质模型为核心的任职资格体系

任职资格体系具体包括完成工作所需采取的行为，以及在背后支持这些行为的知识、技能和素质等。任职资格评价的关键在于对绩效行为标准的制定，而这种绩效行为标准又来自于对流程的分解和对工作内容、绩效标准的分析，只要员工按照这样的行为标准去指导自己的工作，就能够有效地提高工作业绩。通过将任职资格体系与员工的工资定级、绩效奖金和薪酬调整相挂钩，强化员工的绩效行为，引导员工培养企业战略所要求的核心专长与技能基本任职资格，有效地支撑企业战略目标的实现。

（二）基于绩效的薪酬管理体系

如果说不断改善企业的绩效管理是实现卓越绩效的一种行之有效的方法，那么，不断优化的薪酬体系就是实现卓越绩效的关键推动力。它的作用是：把企业的战略目标和价值观转化为具体行动方案并支持员工实施这些行动。在企业建立基于绩效管理的薪酬管理体系的过程中，必须解决好几个方面的问题：一是如何通过薪酬体系的利益动力机制实现企业长期、中期、短期绩效管理的平衡发展；二是如何通过薪酬体系的设计实现其对公司战略的引导和对员工行为的驱动，保证员工行为与团队绩效的一致性。

为了解决以上问题，企业需要通过四个方面构建基于绩效的薪酬管理体系，这四个方面的内容是岗位工资体系、绩效奖金体系、薪酬调整体系和长期激励体系。

中国式人力资源管理的绩效思想：绩效是管理的目的，绩效管理是战略牵引机制，千万不要陷入量化、表格化、全面化的误区，否则只会把人管死，而不会把人激活。绩效不是控制人，而是激励人。中国现在很多企业打着绩效的幌子，却做着控制人的事情，完全把绩效的目的给忘掉了。

四、薪酬激励（payments）

企业人力资源管理的核心是通过激励体系的建立，保障激励过程的良性循环，实现人尽其才、才尽其用。在对企业进行管理咨询的过程中，我们经常听到管理者抱怨"我现在已经无法激励员工，调动大家的工作积极性了。无论怎样使出浑身解数，组织的效率还是无法得到提高，员工、下属还是无精打采，整个企业就像一台生了锈的机器，运转起来特别费劲儿"。如果情况真是这样，那问题大多出自管理者和组织，而不是员工本身。

薪酬激励是激励体系的一个重要组成部分，但整个激励体系仅仅依靠薪酬的支撑是有欠缺的，表现为对员工业绩的肯定方式的导向出现误区。企业的发展进程并非总是一帆风顺，当企业遇到挫折，甚至暂时转入低谷时，薪酬的配备无法达到员工的预期要求，激励作用则无从谈起。同时，过度地依赖薪酬激励，会使一些员工产生以薪酬衡量责任的倾向，将本应属于工作的责任及义务量化为获取利益的标准，从而与激励本身的目的造成严重偏差。

员工激励最重要的是发展激励和精神激励，物质激励或薪酬激励只是发展激励和精神激励的价格表现，薪酬只是货币符号，离开发展和精神，将发挥不出最佳的激励效果。

中国式人力资源管理激励思想：在完善激励构成的过程中，应当承认薪酬激励的主要作用，并坚持创建价值激励体系，促进员工与公司的共同成长与发展，达到不断改进绩效、创造和提升价值，为社会发展做贡献，进而实现自我人生价值的目的。

价值激励指导思想是，鼓励发展和团队协作，价值激励必须以文化、战略、发展和团队协作为导向。企业组织中需要英雄人物，但是不能依赖英雄人物，企业组织中需要的是一批批英雄人物产生的土壤和机制，而不是单纯的英雄人物。激励什么，就会得到什么；要得到什么，就需要激励什么。

根据不同时段的需求，有选择地综合运用发展激励、文化激励、感情激励等方式，全面激发员工的工作动力。

（一）运用发展激励

从员工结构梯次分布结构分析，中青年员工发展需求比较突出，希望能体现人生的价值，事业上有所成就，这种成就不仅来自于职务的升迁，而且更多的来自于在自身素质提高的基础上对企业贡献率的提升。所以，企业在完善员工晋升制度的同时，可以将主要的激励定位于对员工的培训和发展，针对不同层次、不同类别的员工分别制定发展规划，为各类人才的成长提供发展空间。

吸引员工最为主要的因素分别是：员工发展计划（78%）、对员工的奖励和肯定（60%）、薪酬福利（56%）、培训计划（40%）、工作环境（28%）和工作内容（25%）。由于调查对象的差异，数据反映结果可能会有所不同，但整体趋势和需求还是相通的。

（二）运用文化激励

企业的凝聚程度如何，在很大程度上反映在其文化氛围的形成上。没有良好的企业文化，员工与企业很难做到真正意义上的休戚与共。因此，企业有必要针对当前员工行为等方面的变化，提倡具有自身特色的文化理念，促进内部形成新的价值观。价值观要充分体现员工与企业的相互依存和共同发展，培养员工的事业责任感及企业依存感，用文化凝聚人心。当经营出现局部困境时，员工有信心、有决心、有耐心地为企业工作，而不是简单地体现在薪酬的索取与对应上。

（三）运用感情激励

感情激励介于物质激励与精神激励之间。一方面，它需要企业工会等组织职能的有效发挥，进一步加强思想政治工作，注重与员工的心灵沟通，了解员工的真实思想状况，及时为员工解疑释惑，消除思想上的顾虑，让员工认识到企业发展的前景，尽可能地化解种种矛盾。另一方面，加强人文管理，合理运用企业福利开支，尽可能地帮助员工解决生活和工作中的实际困难，为员工创造良好的工作环境，减轻生活压力。让员工体会到企业的关怀，融洽企业员工之间的关系，为企业队伍稳定发展打下良好的基础。

任何激励系统，千万不要形成员工为了待遇而工作的文化，要形成员工为了发展、为了共同梦想而工作的文化，否则就会出现斤斤计较、急功近利、患得患失、推诿敷衍等现象，破坏企业的团队文化。

员工不会做你期望的事情，只会做你检查评估加激励的事情，你需要得到什么就检查评估和激励什么，奖就奖得心花怒放，罚就罚得胆战心惊，通过激励形成标杆和文化后，你害怕失去什么，你就检查评估和惩罚什么。奖励和惩罚只针对行为事件本身，而不是行为事件本人。公司不会因为单纯奖励而完全肯定一个员工，也不会因为单纯惩罚而否定甚至放弃一个员工。

五、培训和职业发展（profession）

培训和职业发展体系规划的目的，是让企业从发展战略出发进行人力资源规划和配置，明确未来几年的人力资源发展目标，哪些人才是关键核心人才，需求量、人才结构是什么，通过哪种途径获得所缺的人才，如何快速培养这些人才，明确人才培养的制度、流程、责任者是谁，不让企业在人才培养方面处于被动，从而使人力资源管理真正站到战略高度推动企业发展。

培训和职业发展体系的另一个重要工作就是人才测评，其目的是通过对企业现有人员进行基本素质评估，了解企业现有人员的基本素质水平，对照各职位类别的基本素质模型，判断企业现有人员更适合从事哪类工作，该类人员的绩效预期如何，哪些人员更具有发展潜力，哪些人员可以作为重点培训对象，以及企业现有人员的培训重点应在哪些方面。

中国企业在教育与培养方面普遍存在的问题，如人才培养滞后于公司业务发展，表现为符合公司要求的管理骨干、技术骨干、业务骨干缺乏；人才培养缺乏标准；人才培养缺乏有效办法；人才培养就是上课培训；员工职业发展通道未建立；未做人员培养与晋升规划，没有建立有效的人才培养与发展机制；领导力发展方向不明确，对干部的素质要求没有统一的企业标准；培训与培养针对性不强；未对现有人力资源状况进行评估，不清楚如何进行人才培养；未进行人才梯队建设，等等。在未建立人才教育与培养机制的情况下，往往造成：

第一，企业用人的短期化行为。

第二，企业用人的盲目性。

第三，企业未进行用人风险控制。

第四，企业领导力发展不足。

中国式人力资源管理对人才教育与培养体系的思想：构建做事培训系统和做人教育开发系统，构建员工学习成长发展平台，为组织的发展源源不断地提供所需要的人才。

中国式教育培训本质一：以人为本，以能为辅；先人后事，人是主，事是辅；以教人智慧、启迪心灵、增强爱心为主，以培养知识、专业技能为辅。以人为本，即以教育做人为本，把人做好了，事就做好了。人对了，事自然就对了，结果也就对了，即使错误，也不会错到哪里去，也会通过自我修正而回到正确的道路上。

中国式教育培训本质二：教育培训就是传播复制智慧和成果。言传身教，你自己做好了，把人做到位了，你才有资格教育培训别人。因此，企业中最有培训资格的，首先是老板或者创业者，老板和创业者能够把企业做成功，一定有成功的方法和智慧，把这个总结出来，然后进行复制。其次是管理者。管理者之所以能够成为管理者，必有其不同于常人之处，把成为管理者的成功原因复制出来，就是最好的教育培训。让管理者、让企业中的成功者成为讲师，培养人才，这是推动企业发展的永续动力。

中国式教育培训本质三：以企业自己培训为主，以外聘专家培训为辅。在企业中有两大问题：维持性问题（包括改善性问题，统称为维持性问题，也称为稳定性问题）和创新性问题。维持性问题是企业中在发展中沉淀下来，得以传承下去的。这类问题应该占80%（相对），要解决这类问题，企业应该自己培训，企业发展的过程就是不断将创新性问题转化为稳定性问题，不断创新和沉淀的过程，一部企业发展的历史，就是一部创新沉淀的历史。企业的发展好不容易才积累沉淀了那么一点儿东西，一定要通过教育培训传承下去，反复地训导、培训。创新性的问题，企业自己不好解决，可以外聘专家，不断创新，不断进步。

第五节　中国式人力资源管理与西方式人力资源管理的融合

把西方的管理方式与中国的管理方式以"太极图"的方式相结合，可以很好地诠释中西方管理的融合。其中阴阳代表中西两方，阳中阴点表示中方的管理方式中吸取了源于西方管理方式中的精髓；同样，阴中阳点表示西方的管理方式中也引用了源于中国的管理智慧。"中国理念，西方标准"的关键在于阴阳结合，运转于无穷。我们可以想到将来更多的中国企业会将中国式管理与西方管理进一步融会贯通。那么，他们该从哪里入手？实质上，中西管理融合的关键在于三个转变：从"以事为本"向"以人为本"转变；以"岗位为本"向以"目标为本"转变；以职能导向向以流程导向转变。

未来中国的其他企业有必要向先锋企业学习，合理地平衡二者间的利弊。这包括决定主要流程和支持流程，避免流程太细；以主要流程规范企业的组织架构，建立企业整体流程绩效的管理标准；处于主要流程的各部门，保持职能导向的管理方式，以控制流程再造过程中产生的各种风险；对支持部门，形成独立的人格，同时强调人不应当贬视自己，而应当追求自身的价值与幸福。因此，西方社会中人与人之间不形成宗法伦理、等级关系，而是平等基础上的契约。表现在管理上就是规范管理、制度管理和条例管理，特别注重建立规章制度和条例，严格按规则办事，追求制度效益，从而实现管理的有序化和有效化。未来中国企业有必要寻找中、西两方的平衡方法——当管理者试图从注重人的平等关系转向通过管理制度形成的管理环境，实施"移情于法"，企业管理特色就从"以事为本"转到了"以人为本，以执行锻炼人才为本"。

员工参与和身体力行。从先锋企业的实践来看，他们通过让员工理解概念、激励每个员工参与流程再造、重视员工的建议等完成这个艰巨的管理方式改变。这些企业的经验是：企业的高层管理者以身作则，明确地选择新的管理方式，并主动参与推广和执行；创设新的仪式、象征和典故；建立新的评估及赏罚制度；以正式化的、成文的条文取代非正式化的、不成文的规范，并以员工参与的方式取得员工的共识。

最善于把握平衡术的企业家也许就在中国，因为中国是一个讲求"人与自然融合"的国家。先锋企业的探索充分证明：以中国的管理哲学严谨地实施西方的管理科学，才是中国企业的最佳管理方法。

第六节 中国式人力资源管理成功案例

海底捞源自一线员工所见、所闻，并发自内心的个性化随机服务，才是真正能够留住人心的、非标准化的"顶级服务"。这个叫海底捞的火锅企业，颠覆了人们对"服务"的既有认识。

这是一个理念先行，项目随后的企业。最让人惊讶的是，你在这里消费时会前所未有地体会到：你消费的不是餐饮，而是对方热忱的心！感动是必然的、正常的、感慨万千的，要达到这种效果，在其他餐饮企业是何其罕见！

一、服务胜于产品

按照海底捞餐饮有限责任公司董事长张勇的话说，百胜的到访"简直是大象向蚂蚁的学习"。这个比喻不无道理。作为跨国餐饮巨头，每个百胜区域经理手中都有至少36家门店，而当时海底捞全国的门店数加在一起还不到20家。

在成为中国餐饮百强之前，作为"火锅之乡"的川渝本地人，也很少听说过四川有一家知名火锅店叫作"海底捞"。直到它在京沪两地红透半边天、媒体长篇大段地报道、各种研究文章充斥众人眼球，它只在四川简阳开了一家店。

在许多人看来，海底捞颇有些"一夜暴富"的味道。却很少有人知道，它已经在"服务胜于产品"这条道路上默默坚持了15年。

张勇的创业经历颇有些传奇色彩。1994年，身为拖拉机厂电焊工的他，在街边摆起了四张桌子，开始卖麻辣烫。这就是海底捞的前身。

"我不会炒料，只有买本书，左手拿书，右手下料，就这样边学边炒。"张勇当时并不会做火锅，只能照着书本摸索。这样的"伪劣产品"自然不可能得到客人的青睐。

"想要生存下去，只能态度好些，别人要什么快一点，有什么不满意多陪笑脸。"张勇回忆道，"你什么都不懂，如果连最基本的谦虚和对客人友好的态度都失去的话，你还做什么生意？！"

创业之初，海底捞的生意并不好。冷冷清清几天过后，终于迎来了第一拨客人。让他没想到的是，结账时客人竟然一致评价：味道不错。

等客人一走，张勇品尝了一下自己做的火锅，发觉底料中放入了过多的中药而味道发苦，简直难以入口。这样的火锅也能得到客人的好评？张勇反复思忖后恍然大悟：原来是优质的服务弥补了味道上的不足。

肯定了这一点，张勇更加卖力，帮客人带孩子、拎包、擦鞋……无论客人有什么需要，他都二话不说，一一满足。其独创的招牌接待动作：右手抚心，腰微弯，面带自然笑容，左手自然前伸作请状，今天在海底捞仍随处可见。

凭借一腔热情和体贴入微的服务，几年之后，海底捞在简阳已经是家喻户晓。

二、兵败西安

1999 年，张勇决定绕道"诸侯争霸"的成渝两地，直接到外地发展。"海底捞"走出简阳的第一站，选在了西安。

踌躇满志的张勇派出得力助手杨小丽"出使"西安，出人意料的是，现实却给他泼了一盆冷水：泼辣果敢的杨小丽来到西安后不久，竟然向张勇提出辞职，理由是："西安方面的合伙人对每一分钱都斤斤计较，我们的传统被全部放弃了。"初来乍到的海底捞接连亏损，眼看着就要把张勇辛苦积攒下来的老本赔个精光。危急关头，张勇果断要求合伙人撤资，让杨小丽全权负责，重拾海底捞的核心理念——服务高于一切。

得到充分的授权后，杨小丽开始向客人提供大量的"特色服务"，对待客人超乎寻常的热情和耐心。这样一种"高成本"的运作方式，让海底捞在西安迅速声名鹊起，短短两个月内居然扭亏为盈！

2003 年，"非典"肆虐，餐饮业陷入低谷。海底捞自然难以幸免，营业额直线下降，昔日宾客满座的火锅店变得冷冷清清。作为西安店的经理，杨小丽又开始寻思对策：客人不愿进店就餐，我可以给客人送上门去。

紧接着，杨小丽就在报纸上发布了一则关于海底捞火锅外卖的消息。送火锅上门，这很新鲜，海底捞的订餐电话立时响个不停。为了送货方便，海底捞将传统的煤气罐替换为轻便的电磁炉。前一天送餐，第二天再去取回设备。如此"火锅外卖"，还被《焦点访谈》作为餐饮行业在"非典"时期的重大创新进行了专题报道。

张勇现在的生活轻松自在，时而开着车在四川的大山里转，时而出现在高校的课堂上，时而又在图书馆看书，只有很少一部分时间留给工作。原因就在于从西安店得到的启示授权。

在海底捞，从管理层到普通员工，都拥有超乎一般餐饮店员工所能得到的权力：200 万元以下的开支，副总可以签字；100 万元以下的开支，大区经理可以审批；而30 万元以下的开支，各个分店的店长就可以做主。

就连普通的一线员工都大权在握：他们可以赠送水果盘或者零食；如果客人提出不满，他们还可以直接进行打折，甚至免单。

三、颠覆服务

在张勇的理念中，海底捞虽然是一家火锅店，它的核心业务却不是餐饮，而是服务。在将员工的主观能动性发挥到极致的情况下，"海底捞特色"日益丰富。2004 年 7 月，海底捞进军北京，开始了一场对传统的标准化、单一化服务的颠覆革命。

从此，海底捞有了一系列专属名词：肉麻式服务、变态服务……

在海底捞，顾客能真正找到"上帝的感觉"，甚至会觉得"不好意思"，更有食客点评："现在都是平等社会了，让人很不习惯。"但他们不得不承认，海底捞的服务已经征服了绝大多数的火锅爱好者，顾客会乐此不疲地将在海底捞的就餐经历和心情发布在网上，越来越多的人被吸引到海底捞，一种类似于"病毒传播"的效应就此显现。

如果是在吃饭点，几乎每家海底捞都是一样的情形：等位区里人声鼎沸，等待的人数几乎与就餐的相同。这就是传说中的海底捞等位场景。

等待，原本是一个痛苦的过程，海底捞却把这变成了一种愉悦：手持号码等待就餐的顾客一边观望屏幕上打出的座位信息，一边接过免费的水果、饮料、零食；如果是一大帮朋友在等待，服务员还会主动送上扑克牌、跳棋之类的桌面游戏帮助大家打发时间；或者趁等位的时间到餐厅上网区浏览网页；还可以来个免费的美甲、擦皮鞋。

即使是提供的免费服务，海底捞一样不曾含糊。一名食客曾讲述她的经历：在大家等待美甲时，一个女孩不停地更换指甲颜色，反复地折腾了大概5次。一旁的其他顾客都看不下去了，为其服务的阿姨依旧耐心十足。

待客人坐定点餐时，围裙、热毛巾已经一一送到眼前了。服务员还会细心地为长发的女士递上皮筋和发夹，以免头发垂落到食物里；戴眼镜的客人则会得到擦镜布，以免热气模糊镜片；服务员看到你把手机放在台面上，会不声不响地拿来小塑料袋装好，以防油腻……

每隔15分钟，就会有服务员主动更换你面前的热毛巾；如果你带了小孩子，服务员还会帮你喂孩子吃饭，陪他们在儿童天地做游戏；抽烟的人，他们会给你一个烟嘴，并告知烟焦油有害健康；为了消除口味，海底捞在卫生间中准备了牙膏、牙刷，甚至护肤品；过生日的客人，还会意外得到一些小礼物……如果你点的菜太多，服务员会善意地提醒你已经够吃；随行的人数较少，他们还会建议你点半份。

餐后，服务员马上送上口香糖，一路上所有服务员都会向你微笑道别。一个流传甚广的故事是，一位顾客结完账，临走时随口问了一句："怎么没有冰激凌？"5分钟后，服务员拿着"可爱多"气喘吁吁地跑回来："让你们久等了，这是刚从超市买来的。"

"只打了一个喷嚏，服务员就吩咐厨房做了碗姜汤送来，把我们给感动坏了。"很多顾客都曾有过类似的经历。孕妇会得到海底捞的服务员特意赠送的泡菜，分量还不小；如果某位顾客特别喜欢店内的免费食物，服务员也会单独打包一份方便其带走……

这就是海底捞的粉丝们所享受的"花便宜的钱买到星级服务"的全过程。毫无疑问，这样贴身又贴心的"超级服务"，经常会让人流连忘返，一次又一次不自觉地走进这家餐厅。

四、员工比顾客更重要

在每一个海底捞的办公室里，墙上都会贴着一张"金点子排行榜"，这就是海底捞思想火花的来源。每个月，由各大部长、片区经理组成的创新委员会对员工们提出的创意服务做出评判，一经评上就会推广到各个分店，员工可以获得200~2000元不等的奖励。

员工们的自觉与热情来自于张勇一个最简单的思想：员工才是企业的核心竞争力，

他们的重要性远超于利润，甚至超过了顾客！

　　在海底捞，每天两班倒的员工，白班的一直会被安排白班，晚班的一直会被安排晚班。这样员工不需要被迫改变作息时间来适应。这样细心的安排还包括：员工宿舍离工作地点不会超过 20 分钟，全部为正式住宅小区，且都会配备空调；有专人负责保洁以及洗衣服；公寓甚至配备了上网电脑；如果员工是夫妻，则考虑给单独房间……光是员工的住宿费用，一个门店一年就要花掉 50 万元人民币。

　　为了激励这些大多来自农村的员工的工作积极性，海底捞有一个传统，是将员工的奖金中的部分直接寄给他们的父母亲人，虽然每月只有 400~500 元，但这让员工的家人也分享到了这份荣耀。

　　海底捞有近 6000 名员工，流动率一直保持在 10% 左右，而中国餐饮业的平均流动率为 28.6%。与此同时，海底捞 4 年只开出了近 40 家店，这与其单店上千万元的年营业额，每晚 3~5 台的翻台率是极不符合的。

　　为了保证服务质量的连续性和一致性，海底捞的每个店都必须保证 30% 左右的老员工"压阵"。在这一点上，张勇非常清醒："支撑海底捞发展的根本，从来不是钱，而是员工。在没有培养足够合格员工之前拿钱拼店数，是失去顾客进而让海底捞品牌消失的最快死法。"

思考题

1. 对中国式管理的感想有哪些？
2. 如何看待所谓的"中国式管理"？
3. 中国式管理的特点有哪些？
4. 中国式管理的精髓是什么？
5. 中国式管理的特点有哪些？
6. 中国式管理与西方式管理的异同有哪些？

第六章　人力资源相关法律法规

导读:

随着国有企业改革的深入发展，原单一的国有产权向多元产权的企业转化，形成了由多种所有制共同享有产权的混合所有制。企业所有制的多元化意味着劳动关系的复杂化。劳动关系的复杂化导致了劳动争议的增多，特别是三资企业和私营企业违反劳动法律法规的现象较为严重。维护企业的合法权益，同时保证职工合法权益的实现，成为人力资源管理和开发的重要内容。

第一节　劳动合同管理

一、劳动合同的编制

《中华人民共和国劳动法》（以下简称《劳动法》）对劳动合同内容没有做出详细的规定，《中华人民共和国劳动合同法》（以下简称《劳动合同法》）为了使雇主与雇员双方的责、权、利更加明确，以防止合同履行过程中出现不必要的纠纷，在双方确立正式劳动关系时，在合同中应该做出更详尽的规定与描述。

（一）劳动条款的设计

依据《劳动合同法》第十七条第一款规定，劳动合同应当具备以下条款。

第一，用人单位的名称、住所和法定代表人或者主要负责人。

第二，劳动者的姓名、住址和居民身份证或者其他有效身份证件号码。

第三，劳动合同期限。

第四，工作内容和工作地点。

第五，工作时间和休息休假。

第六，劳动报酬。

第七，社会保险。

第八，劳动保护、劳动条件和职业危害防护。

第九，法律、法规规定应当纳入劳动合同的其他事项。

劳动合同除前款规定的必备条款外，还要用人单位与劳动者可以协商约定试用期、培训、保守商业秘密、补充保险和福利待遇等其他事项。

（二）劳动合同的分类

劳动合同按照不同的标准可以有不同的分类。

1. 按照劳动合同期限的长短不同分类

按照劳动合同期限的长短不同，劳动合同可分为以下三种。

第一，有固定期限的劳动合同。它是指企业等用人单位与劳动者订立的有一定期限的劳动协议。合同期限届满，双方当事人的劳动法律关系即行终止。如果双方同意，还可以进行续订合同，延长期限。

第二，无固定期限的劳动合同。它是指企业等用人单位与劳动者订立的没有期限规定的劳动协议。劳动者在参加工作后，长期在一个企业等用人单位内从事生产或工作，不得无故离职，用人单位也不得无故辞退。这种合同一般适用于技术性较强，需要连续进行的工作岗位。

第三，以完成一定工作为期限的劳动合同。它是指以劳动者所担负的工作任务来确定合同期限的劳动合同，如以完成某项科研，以及带有临时性、季节性的劳动合同。合同双方当事人在合同存续期间建立的是劳动法律关系，劳动者要加入劳动单位集体，遵守劳动单位内部规则，享受某种劳动保险待遇。

我国《劳动法》就是按照劳动合同的这一分类标准，将劳动合同的期限分为有固定期限、无固定期限和以完成一定的工作为期限。为了充分保护劳动者的合法权益，《劳动法》特别规定："劳动者在同一用人单位连续工作满十年以上，当事人双方同意续延劳动合同的，如果劳动者提出订立无固定期限的劳动合同，应当订立无固定期限的劳动合同"，避免出现用人单位只使用劳动者的"黄金年龄"。

2. 按照劳动合同产生的方式不同分类

按照劳动合同产生的方式不同，劳动合同可分为以下三种。

第一，录用合同。它是指用人单位在国家劳动部门下达的劳动指标内，通过公开招收、择优录用的方式订立的劳动合同。录用合同一般适用于招收普通劳动者。目前，全民所有制企业、国家机关、事业单位、社会团体等用人单位招收录用劳动合同的特点是：用人单位按照预先规定的条件，面向社会公开招收劳动者；应聘者根据用人单位公布的条件，自愿报名；用人单位全面考核、择优录用劳动者；双方签订劳动合同。

第二，聘用合同，也叫作聘任合同。它是指用人单位通过向特定的劳动者发聘书的方式，直接建立劳动关系的合同。这种合同一般运用于招聘有技术业务专长的特定劳动者，如企业聘请技术顾问、法律顾问等。

第三，借调合同，也叫作借用合同。它是借调单位、被借调单位与借调职工个人之间，为借调职工从事某种工作，明确相互责任、权利和义务的协议。借调合同一般运用于借调单位急需的工人或职工。当借调合同终止时，借调职工仍然回原单位工作。

3. 按照劳动者一方的人数不同分类

按照劳动者一方的人数不同，劳动合同可分为两种：一种是个人劳动合同，一般是由劳动者个人同用人单位签订；另一种是集体合同，一般是指在中外合资企业中，由工会代表劳动者集体同企业签订的合同。

4. 按照生产资料所有制的性质不同分类

按照生产资料所有制的性质不同，劳动合同可划分为，全民所有制单位劳动合同、集体所有制单位劳动合同、个体单位劳动合同、私营企业劳动合同和外商投资企业劳动合同等。

5. 按照用工制度的种类不同分类

按照用工制度的种类不同，劳动合同可分为，固定工劳动合同、合同工人劳动合同、农民工劳动合同、临时工（季节工）劳动合同等。

二、劳动合同的签订

《劳动合同法》第十九条第一款规定："劳动合同期限三个月以上不满一年的，试用期不得超过一个月；劳动合同期限一年以上不满三年的，试用期不得超过二个月；三年以上固定期限和无固定期限的劳动合同，试用期不得超过六个月。"在签订劳动合同前，人力资源部的招聘专员应要求被录用员工准备以下资料和证明：与原公司解除劳动合同证明书、员工身份证和学历证、员工的体检证明、员工个人情况详细表、员工相片等。签订二次劳动合同后，如果劳动者提出续订无固定期限劳动合同，用人单位就应当签订无固定期限劳动合同。

三、劳动合同的解除与终止

（一）非过失性劳动合同解除

《劳动合同法》第三十六条的规定，用人单位与劳动者协商一致，可以解除劳动合同。从该条立法来看，并未规定协议解除劳动合同应具备固定条件，只要双方当事人依法达成协议便可以解除双方的劳动关系。

（二）过失性解除劳动合同

过失性解除劳动合同，是指员工自身存在过失而导致用人单位解除劳动合同。对于过失性解除劳动合同，用人单位可以随时解除。

有关过失性解除劳动合同的情形，《劳动合同法》第三十九条规定了六种情形：① 在试用期间被证明不符合录用条件的；② 严重违反用人单位的规章制度的；③ 严重失职，营私舞弊，给用人单位造成重大损害的；④ 劳动者同时与其他用人单位建立劳动关系，对完成本单位的工作任务造成严重影响，或者经用人单位提出，拒不改正的；⑤以欺诈、胁迫的手段或者乘人之危，使对方在违背真实意思的情况下订立或者变更劳动合同的；⑥被依法追究刑事责任的。

四、经济补偿金的支付

第一，用人单位未按照劳动合同约定提供劳动保护和劳动条件，造成劳动者解除劳动合同的。

第二，用人单位未及时足额支付劳动报酬，导致劳动者解除劳动合同的。

第三，用人单位未依法为劳动者缴纳社会保险费，导致劳动者解除劳动合同的。

第四，用人单位的规章制度违反法律、法规的规定，损害劳动者权益，导致劳动者解除劳动合同的。

第五，用人单位以欺诈、胁迫的手段或者乘人之危，使劳动者在违背其真实意思的情况下订立或者变更劳动合同，导致劳动者解除劳动合同的。

第六，用人单位以暴力、威胁或者非法限制人身自由的手段强迫劳动者劳动，或者用人单位违章指挥、强令冒险作业危及劳动者人身安全，造成劳动者解除劳动合同的。

第七，劳动者患病或者非因工负伤，在规定医疗期满后不能从事原工作，也不能从事由用人单位另行安排的工作，用人单位与劳动者解除劳动合同的。

第八，劳动者不能胜任工作，经过培训或者调整工作岗位，仍不能胜任工作，用人单位与劳动者解除劳动合同的。

第九，劳动合同订立时所依据的客观情况发生重大变化，致使劳动合同无法履行，经用人单位与劳动者协商，未能就变更劳动合同内容达成协议，用人单位与劳动者解除劳动合同的。

第十，法定情形进行经济性裁员的。

第十一，用人单位向劳动者提出协商解除劳动合同，并与劳动者协商一致解除劳动合同的。

第十二，除用人单位维持或者提高劳动合同约定条件续订劳动合同，劳动者不同意续订的情形外，劳动合同期满的终止固定期限劳动合同的。

第十三，用人单位被依法宣告破产，导致劳动合同终止的。

第十四，用人单位被吊销营业执照、责令关闭、撤销或者用人单位决定提前解散，导致劳动合同终止的。

第十五，法律、行政法规规定的其他情形。

五、非全日制用工

随着我国经济社会的发展及人民生活水平的提高，非全日制用工越来越普遍，如小时工、家政服务用工、顾问咨询服务等。它是指以小时计酬为主，劳动者在同一用人单位一般平均每日工作时间不超过 4 小时，每周工作时间累计不超过 24 小时的用工形式。双方当事人可订立口头协议，但不得约定试用期，用工小时计酬标准不得低于用人单位所在地人民政府规定的最低小时工资标准，不缴纳保险和公积金。劳动报酬结算支付周期最长不得超过15日。非全日制用工的劳动者可以与一个或一个以上用人单位订立劳动合同；但后订立的劳动合同不得影响先订立的劳动合同的施行。非全日制用工双方当事人任何一方都可以随时通知对方终止用工，用人单位不向劳动者支付经济补偿。

从事非全日制工作的劳动者应当参加基本养老保险，原则上参照个体工商户的参保办法执行。对于已参加过基本养老保险和建立个人账户的人员，前后缴费年限合并计算，跨统筹地区转移的，应办理基本养老保险关系和个人账户的转移、接续手续。符合退休条件时，按国家规定计发基本养老金。

从事非全日制工作的劳动者可以以个人身份加入基本医疗保险，并按照待遇水平与缴费水平相挂钩的原则，享受相应的基本医疗保险待遇。参加基本医疗保险的具体办法由各地劳动保障部门研究制定。

用人单位应当按照国家有关规定为建立劳动关系的非全日制劳动者缴纳工伤保险费。从事非全日制工作的劳动者发生工伤，依法享受工伤保险待遇；被鉴定为伤残5~10级的，经劳动者与用人单位协商一致，可以一次性结算伤残待遇及有关费用。

第二节　工伤及其保险

一、劳动者工伤的界定

（一）工伤的认定

根据我国《工伤保险条例》第十四条规定，职工有下列情形之一的，应当认定为工伤。

第一，在工作时间和工作场所内，因工作原因受到事故伤害的。

第二，工作时间前后在工作场所内，从事与工作有关的预备性或收尾性工作受到事故伤害的。

第三，在工作时间和工作场所内，因履行工作职责受到暴力等意外伤害的。

第四，患职业病的。

第五，因工外出期间，由于工作原因受到伤害或者发生事故下落不明的。

第六，在上下班途中，受到非本人主要责任的交通事故或者城市轨道交通、客运轮渡、火车事故伤害的。

第七，法律、行政法规规定应当认定为工伤的其他情形。

（二）视同工伤条件

《工伤保险条例》第十五条规定，职工有下列情形之一的，视同工伤。

第一，在工作时间和工作岗位，突发疾病死亡或者在48小时之内经抢救无效死亡的。

第二，在抢险救灾等维护国家利益、公共利益活动中受到伤害的。

第三，职工原在军队服役，因战、因公负伤致残，已取得革命伤残军人证，到用人单位后旧伤复发的。

职工有前款第一项、第二项情形的，按照本条例的有关规定享受工伤保险待遇；职工有前款第三项情形的，按照本条例的有关规定享受除一次性伤残补助金以外的工伤保险待遇。

（三）非工伤的界定

《工伤保险条例》第十六条规定，职工有以下情形之一的，不得认定为工伤或者视同工伤。

第一，故意犯罪的。

第二，醉酒或者吸毒的。

第三，自残或者自杀的。

二、劳动者工伤及能力鉴定

（一）工伤申报

企业应为工伤职工向统筹地区劳动保障行政部门提出工伤认定申请。进行工伤认定申请应当提交下列材料。

第一，工伤认定申请表。

第二，与用人单位存在劳动关系（包括事实劳动关系）的证明材料。

第三，医疗诊断证明或者职业病诊断证明书（或者职业病诊断鉴定书）。

工伤认定申请表应当包括事故发生的时间、地点、原因以及职工伤害程度等基本情况。工伤认定申请人提供材料不完整的，社会保险行政部门应当一次性书面告知工伤认定申请人需要补正的全部材料。申请人按照书面告知要求补正材料后，社会保险行政部门应当受理。

（二）劳动能力鉴定

职工发生工伤，经治疗伤情相对稳定后存在残疾、影响劳动能力的，应当进行劳动能力鉴定。

　　劳动能力鉴定是指劳动功能障碍程度和生活自理障碍程度的等级鉴定。劳动功能障碍分为十个伤残等级，最重的为一级，最轻的为十级。生活自理障碍分为三个等级：生活完全不能自理、生活大部分不能自理和生活部分不能自理。

　　劳动能力鉴定标准由国务院社会保险行政部门会同国务院卫生行政部门等部门规定。

　　劳动能力鉴定由用人单位、工伤职工或者其近亲属向设区的市级劳动能力鉴定委员会提出申请，并提供工伤认定决定和职工工伤医疗的有关资料。

　　省、自治区、直辖市劳动能力鉴定委员会和设区的市级劳动能力鉴定委员会分别由省、自治区、直辖市和设区的市级社会保险行政部门、卫生行政部门、工会组织、经办机构代表以及用人单位代表构成。

　　劳动能力鉴定工作应当客观、公正。劳动能力鉴定委员会组成人员或者参加鉴定的专家与当事人有利害关系的，应当回避。

　　自劳动能力鉴定结论做出之日起 1 年后，工伤职工或者其近亲属、所在单位或者经办机构认为伤残情况发生变化的，可以通过申请劳动能力复查鉴定。

第三节　医疗、生育与养老保险

一、劳动者医疗保障

（一）医疗保险基金

　　基本医疗保险基金由统筹基金和个人账户构成。职工个人缴纳的基本医疗保险费，全部记入个人账户。用人单位缴纳的基本医疗保险费分为两部分：一部分用于建立统筹基金；另一部分划入个人账户。划入个人账户的比例一般为用人单位缴费的 30% 左右，具体比例由统筹地区根据个人账户的支付范围和职工年龄等要素确定。

（二）医疗保险金筹集及报销比例

　　基本医疗保险费由用人单位和职工共同缴纳：用人单位按在职职工工资总额的 6% 缴纳（县市规定不同），在职职工按本人工资收入的 2% 缴纳，由用人单位从其工资中代扣代缴。退休人员个人不缴纳基本医疗保险费。职工缴费工资低于上年度当地职工平均工资 60% 的，按 60% 为基数缴纳。基本医疗保险基金由统筹基金和个人账户金构成，二者分别核算，不得互相挤占。用人单位缴纳的基本医疗保险费，65% 划入统筹基金，35% 划入个人账户。

大额医疗救助金制度是指参保职工超过最高支付限额以上的医疗费用，由"大额医疗救助金制度"解决。大额医疗救助金由统筹基金结余按每人每年24元的标准划入，参保职工按每人每年12元的标准按月从个人账户中划入。企业职工发生的封顶线以内部分，由基本医疗保险统筹基金给予支付，封顶线以上至15万元部分，由大额医疗救助金进行支付。

参保职工医疗费报销比例各省、市、区有所不同，请参照当地相关规定。

二、劳动者生育保险

（一）生育保险

生育保险遵循"以支定收，收支基本平衡"的原则筹集资金，由企业按照其工资总额的一定比例向社会保险经办机构缴纳生育保险费，建立生育保险基金。生育保险费的提取比例由当地人民政府根据计划内生育人数和生育津贴、生育医疗费等项费用确定，并可根据费用支出情况适时调整，但最高不得超过工资总额的百分之一，职工个人不缴费。企业缴纳的生育保险费作为期间费用处理，进入企业管理费用。

（二）产假期限

职工按照规定采取避孕措施的，享受以下待遇：① 放置宫内节育器，休息两日，七日内不安排重体力劳动；② 结扎输精管，休息二十一日；③ 结扎输卵管，休息二十一日。

休假期间，是国家机关工作人员或者企业事业单位职工的，视为出勤，发给工资、福利。城镇无业居民和农村居民接受上述手术的，由所在县（市、区）或者乡（镇）人民政府从计划生育经费中给予补贴。

（三）生育费用报销范围

生育医疗费用包括女职工因怀孕、生育发生的检查费、接生费、手术费、住院费、药费和治疗费。女职工因生育引起疾病的医疗费，由生育保险基金支付，其他疾病的医疗费，按照基本医疗保险的有关规定办理。计划生育手术医疗费用包括职工实施放置（取出）宫内节育器、流产术、引产术、绝育及复通手术所发生的医疗费用。参加生育保险男职工的配偶无工作单位，其生育符合计划生育政策规定的，按照当地规定的生育医疗费标准的50%享受生育补助金。

三、养老保险

（一）养老保险概述

中国的基本养老保险制度实行社会统筹与个人账户相结合的政策。基本养老保险覆盖城镇各类企业的职工；城镇所有企业及其职工必须履行缴纳基本养老保险费的义务。目前，企业的缴费比例为工资总额的 20% 左右，个人缴费比例为本人工资的 8%。

养老保险是指劳动者在达到国家规定的解除劳动义务的劳动年龄界限，因年老丧失劳动能力的情况下，能够依法获得经济补偿、物质帮助和生活服务的一项社会保险制度。养老保险就其保险范围、保险水平、保险方式的不同，又可分为基本养老保险、补充养老保险。

基本养老保险金，也称为退休金、退休费，是一种最主要的养老保险待遇。在劳动者年老或丧失劳动能力后，根据他们对社会所做的贡献和所具备的享受养老保险资格或退休条件，按月或一次性以货币形式支付的保险待遇，主要用于保障职工退休后的基本生活需要。

补充养老保险，是指企业在满足社会统筹的社会基本养老保险的基础上，为填补基本养老保险的不足，帮助企业员工建立的超出基本养老保险以上部分的一种养老形式，它属于团体寿险的一种。

凡达到国家法定的退休年龄，即男年满 60 周岁，女工人年满 50 周岁，女干部年满 55 周岁；缴费年限（含视同缴费年限）满 15 年及其以上，经所在地社会保险经办机构核查，劳动保障行政部门批准办理退休手续，按月领取养老金。

（二）养老保险的缴费基数和比例

缴费比例：该部分由个人缴费和单位缴费组成。

第一，个人缴费根据职工本人上一年度月平均工资（最低数为上年全市职工工资的 60%；最高数为上年全市职工工资的 300%）的 8% 缴纳。

职工个人缴费额 = 核定缴费基数 × 8%（目前为 8%）= 职工工资总额 × 60%~300% × 8%

第二，单位缴费根据职工本人上一年度月平均工资的 20% 缴纳，划转为社会统筹。

企业缴费额 = 核定的企业职工工资总额 × 20%

第三，个体劳动者（包括个体工商户和自由职业者）

缴费额 = 核定缴费基数 × 18%

思考题

1. 《劳动合同法》是如何规定合同期的？
2. 《工伤保险条例》是如何规定医疗期待遇的？
3. 劳动者患病或非因工负伤，医疗期是如何规定的？

第七章　员工关系管理

导读：

员工关系管理主要是指企业和员工的沟通管理，这种沟通更多采用柔性的、激励的、非强制的手段，以协调好雇主与员工、主管与员工以及员工与员工之间的关系。员工关系管理是目前唯——个人力资源外包无法企及的领域。

第一节　员工关系管理概述

一、员工关系管理的含义

员工作为企业的核心生产力，越来越受到企业管理者的重视，企业与员工的关系是否和谐，直接影响着企业的经营水平、产出水平和发展前景。为了处理好企业与员工之间的关系，越来越多的企业将员工关系管理放在了人力资源管理的重要任务中。

从广义上讲，员工关系管理是指企业各级管理人员和人力资源职能管理人员通过拟定和实施各项人力资源政策和管理行为，调节企业与员工、员工与员工之间的相互联系和影响，以达成组织目标的过程。

从狭义上讲，员工关系管理主要指企业与员工之间的沟通管理过程。这种沟通多采用柔性的、激励性的、非强制性的手段，以提高员工满意度，支持企业目标的实现。

二、员工关系管理的基本内容

员工关系管理是一件非常繁杂的任务，随着员工在企业中经历的阶段的变化，员工关系管理的内容也不断更新。其中，劳动关系管理主要体现在劳动合同的管理上，而该部分内容在前文已经有所阐述，因此不再赘述，剩余五类员工关系管理内容将在本章中依次详细阐述。

三、我国员工关系管理存在的问题

目前，在我国企业的员工关系管理中，主要存在以下五大问题。

（一）缺乏共同的愿景，导致员工关系管理的起点不明确

企业的共同愿景首先必须是企业利益相关者的共同追求，由此，员工关系管理的起点是让员工认同企业的愿景。没有共同的愿景，缺乏共同的信念，就没有利益相关的前提。

（二）对短期利益的过度追逐，冲淡了企业内部员工关系管理的是非标准

企业的价值观规定了人们的基本思维模式和行为模式，是企业的伦理基准，是员工对事物共同的判定标准和行为准则，企业核心理念的深根必须通过制度去实现，价值观只有反复强化才会得到员工认同。中国很多行业的集中度都不高，企业面临激烈的竞争，即便是海尔这样的企业，亦是如此。它们经常在短期利益和长期利益之间摇摆不定，例如，诚信固然重要，但不诚信却能带来业绩的行为往往得到褒奖，导致评判员工关系管理的是非标准模糊不清。

（三）缺乏完善的激励约束机制，导致员工关系管理根本的缺失

员工关系管理的根本是内部公平，调查显示，员工离职的第一原因不是薪酬水平低，而是员工的内部不公平感。内部不公平体现在激励、职业发展、授权等方面。从程序上看，过程的不公平比结果的不公平更加突出。如何完善激励约束机制，建立科学合理的薪酬制度和晋升机制成为员工关系管理的根本方法。

（四）员工关系管理的主体不清晰

在企业员工关系管理系统中，职能部门负责人和人力资源部门处于联结企业和员工的中心环节。人力资源部为公司员工关系管理的组织部门，广大的直线经理是员工关系管理的首要负责人，他们相互支持和配合，从而保证企业目标的实现。企业内部员工关系或者人力资源管理的最大责任者是董事长或者总经理，但是这一观点在很多企业得不到确定，导致企业员工关系管理水平和效果得不到有效的体现。

（五）员工需求的实现程度不高，作为员工关系管理核心的心理契约总体失效

20世纪70年代，美国心理学家施恩提出了心理契约的概念。虽然心理契约不是有形的，但却发挥着有形契约的作用。目前，企业对于合同、协议等契约比较重视，但对心理契约普遍忽视，企业没有清楚地了解每个员工的需求和发展愿望，并尽量予以满足，也没有对员工的需求进行适当的引导，导致员工需求期望的实现程度不高，老板和员工的心理定位差距较大，双方的满意度都较低。

四、加强员工关系管理的措施

员工关系管理,正被越来越多的企业所关注,越来越多的企业更加注重员工和谐。企业应该怎么做呢?从短期看,企业应该完善机制,建立健全维持良好员工关系的手段,表现在以下几个方面。

(一)建立有效的信息渠道

及时准确的信息是企业决策的基础,很多企业管理者决策所依赖的信息准确度低,不能在决策的过程中对员工关系现状和未来的发展趋势做出准确判断。因此,企业必须建立有效的信息渠道,这种渠道表现在两个方面:一是正式的报表系统,企业要建立有效的报表系统对各业务领域进行监控,报表系统要做到财务指标和非财务指标并重,过程指标和结果指标并举;二是非正式渠道,大凡有效的管理者都非常关注"小道消息",特别是那些企业内部非正式组织的领头人的动态,可以和他们进行定期沟通。

(二)员工参与管理

无论是国有企业还是民营企业,无论是大企业还是小企业,无论是上市公司还是非上市公司,都必须重视员工对管理的参与。员工参与管理,首先需要组织保障,要从公司治理和终极决策的角度确保员工的意见表达,如监事会、决策委员会中员工代表的确保;其次,优化和员工个体利益切实相关的流程和制度,从事前意见征询、事中管理研讨、事后决策表决三个角度确保员工对管理举措的理解和决策参与。员工参与管理的过程是员工代表表达意见的过程,同时也是员工理解、接受管理方案的过程,参与不是一切员工说了算的,也不是员工的盲目抵制,是"我们"兼顾各方利益共同决策的过程。

(三)优化人力资源管理机制

传统的人力资源管理机制包括招聘制度、培训制度、薪酬激励制度、绩效管理制度、职业生涯规划制度,它是一个企业的人力资源管理理念的体现。人力资源管理机制是企业员工关系的最直接的表现,这些具体制度反映了企业的人才观,即对于人才,企业支持什么,反对什么。首先,我们希望这种观念是清晰明确并且强有力的,而不是含混不清并且自相矛盾的;其次,人力资源管理机制必须能把员工个人利益统一到企业整体利益中,这就是把企业人格化,这种人格特征体现了股东、客户、社会、管理层、普通员工等诸多利益群体的融合。

(四)慎重处理裁员时的员工关系管理

当金融危机来临时,裁员或者变相裁员成为很多企业的应对之策。然而,在企业发展好时提倡要同舟共济,一旦遇到风浪就把员工从船上往水里推,这样的裁员只会让员工彻底看清企业的无情。这就是典型的失败裁员时的员工关系管理。裁员不是一定不行，但一定要慎重使用，因为它对企业文化的伤害是巨大的。在中国传统文化里，经常强调一个组织就是一个家，大家都是兄弟姐妹，不能让一个人落后，这才有人情味。正确的做法是什么呢？把人员冗余和企业发展相结合，变废为宝，这其中的关键是建立和企业发展战略相一致的人力资源规划体系，特别是基于核心竞争力要求的培训体系的建设，把人员冗余和培训结合，促进人力资源的转型；如果一定要裁员，要把它和绩效考核相结合，确保裁员的公平合理性，其中关键的是绩效考核的公平合理性。

（五）建立员工援助计划

在员工最需要帮助时，企业伸出援手，会让所有的员工感觉到温暖。在建立员工援助计划的过程中，要坚持以下几点：① 建立援助基金，援助基金不仅来自于企业的利润，而且更需要来自于每一个员工的捐献，即使额度很小，也能体现员工之间的关爱；② 明确援助计划的组织保障，这样的组织通常是工会或者人力资源部，这样的援助是企业职责的一部分；③ 确立援助标准，什么事项、什么人有资格享受什么水平的援助；④ 确保援助计划实施过程的公开透明，让更多的员工了解企业对员工的关爱，保证援助计划实施过程的公平合理，真正起到凝聚员工、激励员工的作用。

第二节　员工沟通与冲突管理

一、员工沟通管理

著名组织管理学家巴纳德认为："沟通是把一个组织中的成员联系在一起，以实现共同目标的手段"，没有了沟通，企业也就失去了成长的生命力。因此，良好的沟通是保证企业持续发展的基础。

对企业来说，最重要的沟通就是企业的内部沟通，即员工沟通。员工沟通管理是指通过一定的沟通手段和形式，实现企业与员工之间有关企业的工作制度、员工普遍关心的重要问题、员工个人的工作、思想上的变化等方面沟通的管理过程，目标是准确把握员工对企业的看法、员工本人的需求等。

（一）员工沟通的类型

1. 根据员工沟通的目的划分

根据员工沟通的目的划分，员工成长沟通可以细分为入司前沟通、岗前培训沟通、试用期间沟通、转正沟通、日常沟通、工作异动沟通、绩效管理沟通、离职面谈、离职后沟通管理等几个方面，从而构成一个完整的员工成长沟通管理体系，以改善和提升人力资源员工关系管理水平，为公司领导经营管理决策提供重要参考信息。

（1）入司前沟通

1）沟通目的：重点对企业基本情况、企业文化、企业目标、企业经营理念、所竞聘岗位工作性质、工作职责、工作内容、加盟公司后可能遇到的工作困难等情况进行客观真实介绍，实现"以企业理念凝聚人、以事业机会吸引人、以专业化和职业化要求选拔人"的目的。

2）沟通时机：招聘选拔面试时进行。招聘主管负责对企业拟引进的中高级管理技术人才进行企业基本情况介绍等初步沟通，对拟引进的一般职位负责完成"入司前沟通"，对拟引进的中高级管理技术人才，人力资源部经理和公司主管领导完成"入司前沟通"。

（2）岗前培训沟通

对员工上岗前必须掌握的基本内容进行沟通培训，以掌握企业的基本情况、提高对企业文化的理解和认同、全面了解企业管理制度、知晓企业员工的行为规范、知晓自己本职工作的岗位职责和工作考核标准、掌握本职工作的基本工作方法，以帮助员工顺利地开展工作，尽快融入企业，度过"磨合适应期"。

（3）试用期间沟通

根据《劳动法》规定，员工进入企业后都会进行为期1~6个月的试用阶段，在这个阶段中，企业需要跟新员工进行持续的沟通，客观地了解其工作胜任能力与适应企业的能力，作为决定其试用期表现的考核依据，同时帮助新员工顺利度过磨合期。

试用期间的沟通者往往由三部分人组成，分别是新人指导者、部门领导和人力资源部专员，无论是哪一类沟通者，在试用期间都不应给新员工过多阻力，应尽量为其创造一个合适的工作环境，帮助其适应企业和发挥能力。

试用期间沟通的方式往往以面谈为主，通过面谈，一方面帮助新员工解答疑问，另一方面也可以深入地了解员工的心态、工作情况等。

（4）转正沟通

1）沟通目的：根据新员工试用期的表现，提出是否转正的建议意见。建议同意转正的，应指出工作中存在的不足、今后的改进建议和希望；不同意转正辞退或延长试用期的，应中肯地分析原因和提出今后改进建议。

2）沟通时机：①新员工所属直接上级：进行新员工转正评价时，并形成部室意见。②人力资源部：在审核科室员工转正时，并形成职能部门意见。

（5）日常沟通

员工转正后并不意味着沟通活动的结束，企业还需要通过日常沟通随时了解员工的想法。

日常沟通往往是由用人部门领导直接对部门内员工进行，可以采用面谈、集体会议，甚至文字沟通等。除此之外，在极端情况下，员工也可"越级"向公司领导及人力资源部进行"申诉"，以保障自身的权益。

日常沟通内容的范围较广，可以与员工工作有关，或者与企业发展有关，或者与上级领导方式有关，也可与员工个人问题有关。企业希望通过日常沟通可以更多地了解员工，而不是拘泥于某一点。

（6）工作异动沟通

1）沟通目的：使员工明确工作异动的原因和目的、新岗位的工作内容、责任、挑战及希望，以使员工比较顺利地融入新岗位中，同时达到员工到新岗位后更加愉快、敬业地工作的目的。

2）沟通时期：① 人力资源部：在决定形成后正式通知员工本人前。② 异动员工原部门直接上级：在接到人力资源部的员工异动决定通知后立即进行。③ 异动员工新到部门直接上级：在异动员工报到上岗之日，相当于新员工的入职引导和岗前培训沟通。

（7）绩效管理沟通

绩效管理沟通贯穿于绩效管理的整个过程中，通过绩效管理沟通，不仅能指导员工有效地开展工作，而且也能让员工了解自身的成绩和不足，以及改进的措施。

绩效管理沟通分为三个阶段：首先是绩效计划阶段的沟通；这个发生在绩效管理的初期，主要是用人部门领导与员工通过文字报告或面对面的沟通形式来进行，通过沟通确定整个绩效管理的计划，如考核目标、考核标准、考核时间等；其次是绩效实施阶段的沟通；在这个阶段中，用人部门领导会持续不断地与员工进行沟通，方式较为多样，如报告、观察和面谈等；沟通内容包括两个方面：一方面是指导员工，给予必要的帮助并防止失误的出现；另一方面是信息的收集，通过沟通了解员工的工作状况，用后续绩效成绩的分析依据；最后是绩效反馈阶段的沟通；用人部门领导通过面谈的方式与员工进行一对一的沟通，将整个绩效考核的结果与其进行讨论，赞赏优点，指出不足，同时，共同讨论解决的对策及今后发展的目标。

（8）离职面谈

员工离职存在两种情况：一是主动离职，即辞职；二是被动离职，即辞退。企业应该在员工提出辞职或出现辞职意愿时以及企业对员工进行辞退前，进行一次离职沟通。

离职沟通往往由用人部门领导和人力资源部共同完成，沟通方式以一对一的面试为佳。对于主动辞职的员工，面谈时应该注意区分，如果是对企业有益的骨干员工，应该通过面谈找到辞职的原因，并尽量挽回，防止人才流失；即使无法挽回，也应传达正面的信息，与员工保持良好的关系，以备日后再度合作。如果是其他类型的员工，则以发掘问题和树立正面形象为主，通过与辞职员工的沟通，发现企业存在的问题，以期实现更好的发展。

（9）离职后的沟通管理

1）管理对象：属于中高级管理人员，关键技术人员，或具有发展潜力的科室员工，生产、营销一线骨干岗位员工，并且不是因人品、工作失职等原因主动离职，同时是属于企业希望其"吃回头草"的离职员工。

2）管理目的：通过诚挚、真心的关心，建立友善的终生关系，使其能成为企业外部可供开发的人力资源，更是企业文化、企业形象的正面宣传窗口。

3）管理方式：① 人力资源部负责员工关系管理的人力主管应建立此类员工的离职后续管理档案，档案内容至少应包括离职去向、离职原因、联系方式、后续追踪管理记录等内容。② 离职时诚恳地要求留下联系方式。③ 一般应在员工离职后 1 个月内、3 个月内、半年内、1 年内分别电话沟通关心一次。④ 每年给离职员工寄生日卡和新年卡，由副总级以上分管领导亲笔签名。⑤ 把离职员工列入公司内部刊物邮寄名单（至少 3 个月 1 次）。⑥ 定期（原则上 3 个月 1 次）为离职员工寄发有关公司近况和经营业务的电子邮件。

2. 根据员工沟通的媒介划分

（1）语言沟通

语言沟通是指通过正式语言符号所进行的沟通，主要分为口头沟通与书面沟通。

口头沟通的形式较多，如会议、讲座、面谈、电话等。口头沟通作为员工沟通管理最常采用的方式，有诸多优点，如传播速度快、信息反馈及时、具有丰富的表现手法和辅助手段等。随着科技手段的发展，也逐渐摆脱了受时空限制等传统方式的不足，但是在一定程度上，还是存在信息不易保存的缺点，同时传递中经过层次越多，信息失真现象越严重、核实越困难。

书面沟通的形式有报告、日志、工作手册、企业内部刊物等，具有易保存、易核实、正规性较强等优点，但同时也存在传播速度和反馈速度较慢的问题。

（2）非语言沟通

非语言沟通是指借助非正式语言符号所进行的沟通，如眼神、肢体、面部表情等。非语言沟通的功能主要是弥补语言沟通的不足，以更加丰富的形式进行有效沟通，但是由于其形式的有限性及各国的差异性，使得非语言沟通很难完全独立运行。

3. 根据员工沟通的性质划分

（1）正式沟通

正式沟通是指沟通信息按照明确的规章制度所规定的方式进行的传播过程。正式沟通在企业员工沟通中的运用较广，形式包括例会、培训、报告、规章制度等，这种沟通方式严格按照企业规定的形式进行，保证了企业中最基本的沟通需要，但是灵活性较差。

（2）非正式沟通

非正式沟通是指通过非正式渠道进行的信息传递过程，它相对于正式沟通来说较为随意，不拘泥于某种形式，可以是午间休息时，也可以是下午茶会上，可以是员工的生日宴会，也可以是公司纪念日，只要员工愿意，非正式沟通随时都可以发生。

员工沟通的类型除按照上述三种方式进行划分外，还可以通过其他标准进行分类，如按照信息流动的方向，可以分为上行沟通、下行沟通和平行沟通三种；按照沟通的互动性，可以分为单向沟通和双向沟通等。无论按照哪种方式进行划分，都是为了更好地了解员工沟通的形式，只有充分了解员工沟通的类型，才能有针对性地使用和修正。

（二）员工沟通的技巧

1. 选择恰当的沟通形式

从员工沟通的分类中我们可以了解到，员工沟通的形式很多，没有哪一种形式是绝对完美的，不同形式在不同场合下往往发挥不同的作用。因此，在员工沟通中，双方要学会选择恰当的方式来进行，以保证沟通的有效性。

沟通方式的选择要注意两点：一是沟通信息的形式；二是沟通的类型。

2. 选择恰当的沟通时机和地点

沟通时机的选择要取决于沟通双方，为了保证沟通能够顺畅地进行，最好选择双方都闲暇时，如果沟通的内容较重要，也需要考虑沟通对象的身心状况。

沟通地点的选择往往取决于沟通的内容，如果是闲聊，可以找一些非正式的、轻松的环境，如茶水间、聚会等；如果是重要事宜，则应该找一些较正式、严肃的环境，如办公间、会议室等。

3. 善于倾听

善于倾听是员工沟通中非常重要的技巧，它不仅能够保证沟通的信息被接收，也能够促使另一方畅所欲言。

善于倾听是指要学会非语言性沟通，通过目光注视、点头致意和适宜的面部表情、身体姿势让对方了解到你正在认真倾听他所讲述的每一句话。

4. 问题的解决与反馈

有效的员工沟通需要很多沟通过程中的技巧，但是，仅仅在过程中注意是远远不够的。员工沟通不是一锤子买卖，企业必须让员工沟通有切实的效果，尤其是当员工反映出企业存在的一些问题时，企业应该给予相应的改变和反馈，否则员工就会将员工沟通当作一种"摆设"，久而久之，也就不愿意再参与了。

二、员工冲突管理

冲突是当事人由于互不相容的目标、认识或情感而引起的相互作用的一种心理紧张状态和行为现象。员工冲突会给企业带来困扰，但是，企业在一定程度上也可以通过冲突来协调不同个体之间的责任、技术和见解。应该说，员工冲突是每一个企业中非常普遍又必不可少的情况。

（一）员工冲突的类型

1. 根据员工冲突的人员类型划分

第一，员工之间的冲突。企业内的员工朝夕相处，很容易出现摩擦，形成冲突，这种冲突是员工冲突中层次最低的，但是影响却是最直接的。

第二，上下级之间的冲突。领导与员工是一种管理与被管理的关系，但是这并不意味着二者之间也必须是顺从的关系，为了实现有效的管理，偶尔的冲突也是必然的。

第三，部门之间的冲突。企业内部各部门分工不同，但是大都是直接关联的，时刻存在着工作往来，因此，以部门为单位的冲突也是员工冲突的一种重要形式。

2. 根据员工冲突的原因划分

（1）目标冲突

目标是员工或部门进行工作活动的导向依据，每个个体都会为了自己的目标而努力。但是在某些情况下，不同行为主体之间的目标常常是矛盾的，如销售部可能以实现较快的补货速度为目标,而仓储部则以减少仓储租赁费用为目标。为了实现快速补货，企业必须存储大量现货，而大量现货的存储又会增加仓储面积，带来高额的租赁费用，因此，二者的目标发生了冲突，在这种情况下，双方为了实现各自的目标，很容易发生冲突。

（2）利益冲突

利益是每位员工都切实关注的问题，在现实工作中，持续的双赢几乎是不可能的，员工之间或部门之间必然会为了切身利益而发生冲突，具体表现在三种利益纠纷上：首先是资源的争夺。无论企业发展得多么蓬勃，资源总量总是有限的，而资源又是企业活动的基础，因此，每个主体为了自身的利益都会想方设法掌握更多的资源。其次是权力的争夺。权力与资源类似，也是实现自身利益的一个重要手段，权力越大，可以操控的范围就越广，工作进展可能就越顺利。权力的争夺在同水平的员工或部门之间表现得最为明显，如市场部、财务部、研发部等部门之间的权力争夺。最后是报酬的争夺。员工进行各种活动，甚至发生各种冲突，归根结底是为了自身报酬的获取，无论是晋升空间、表彰荣誉等无形奖励，还是奖金、奖品等物质奖励，都可能会引起激烈的员工冲突。

（3）个体差异冲突

世界上没有完全相同的两片叶子，正如没有完全相同的两个人，每个个体都有自己的特点，同时也会形成差异，如文化差异、性格差异、认识差异、价值观差异等，这些都会促使冲突产生。例如，同样是面对新设备的采购，有的人认为可以提高企业的竞争力，很有必要购买，而有的人则认为更新设备会给企业带来过高的成本，是浪费之举，由于认识的差异，便会产生冲突。

（4）领导风格冲突

员工与领导之间的冲突往往是由于领导风格造成的。根据不同的划分标准，领导风格可以细分为很多类，总体来说，大都以"以人为中心"和"以事为中心"为区分依据。领导风格本无好坏之别，只是在不同情境下适合不同的类型。但是，再优秀的领导者也无法时刻满足所有员工的要求，因此往往会出现员工对领导不满意的状况，发生上下级冲突。除此之外，领导者自身的素质和管理水平也很重要，如果领导者出现厚此薄彼或管理失误等问题，也必然引起员工的反抗。

（二）员工冲突的反应模式

在面对人际关系冲突时，员工常见的反应模式有以下四种。

1. 安全型

安全型员工在出现问题，被同事或领导指出来时，会感谢对方的指导，乐于倾听他们的看法。

2. 反击型

反击型员工在面对他人的批评时，会进行反击。对方批评的力度越大，他们反击的力度就越大。这种做法很不利于与人相处，是必须避免的。

3. 回避型

回避型员工在出现问题时，会不动声色，假装没事，怕惹麻烦，不敢讲话。

4. 妥协型

妥协型员工在出现问题时，爱用讨好、妥协、配合的方式应对，但往往于事无补。

（三）员工冲突的影响

员工冲突像员工沟通一样，是无法避免的，也是经常发生的，一个企业不应惧怕员工冲突的出现，而应学会正确处理和引导。研究表明，如果冲突能够得到快速的解决，将会给企业带来建设性的帮助。

1. 积极影响

第一，暴露企业中存在的问题，促进企业发展。员工冲突的产生，可能是因为企业中存在的某些制度或政策不合理，如薪酬分配不均、岗位职责不清等。在很多情况下，员工面对这些问题都选择了沉默，只有在冲突发生时才敢大声说出自己的想法，因此，冲突反而是一个反映存在问题的好渠道。通过员工之间的冲突，发掘企业存在的问题，然后加以改正，促进企业的长足发展。

第二，了解员工问题，促进员工成长。员工冲突的产生，有时也可能是因为员工自身的问题，通过员工冲突，领导者与员工进行深入的交谈，让员工认识到其实际状况与企业期望状况之间的差距，从而激起员工的危机感，提升自身的水平。

第三，激发创新思想的产生。平静的员工关系能够保证企业平稳的发展，但是很可能像潭死水，激不起半点涟漪。员工冲突的产生带来的不仅是问题，还有可能是思想的碰撞，这往往会给企业带来意想不到的效果。

第四，转移内部矛盾。当员工冲突发生在部门之间时，员工们反而会暂时放下内部的矛盾，团结起来，一致对外，如此一来，内部的凝聚力在无形之中就被提高了。

2. 消极影响

第一，产生消极情绪，影响内部团结。员工冲突产生时，每个参与者必然会出现激烈的情绪波动，有时还会给双方带来较大的精神压力，甚至出现波及其他员工情绪的现象。一旦发生这种状况，企业内部的团队气氛将被破坏，可能需要很久才能化解，有时即使解决了，双方之间还会留有阴影，无法再回到最初的关系。

第二，给企业带来无形和有形损失。员工冲突若处理不当，员工有可能出现极端行径，如工作效率低下、破坏企业物品、散布有损企业形象的信息等，这些都将直接或间接地影响企业的发展。

员工冲突若达到一个无法挽回的境况，员工可能会选择离职。任何一名员工对企业来说都是一种资源，一旦流失将需要重新进行培养，一方面需要重新花费培训费用，另一方面可能由于岗位的空缺而带来业务的影响，给企业带来直接经济损失。

（四）员工冲突的管理方法

1. 讨论协商法

冲突发生之后，最好的方法就是积极面对，让当事人各方坐在一起，面对面地讨论，阐明各方的观点，找出解决矛盾的方法。

讨论协商法是应用最广的解决冲突的方法，但是它也有自己的应用条件。首先，各方主体最好是势均力敌或级别相当，这样才能防止一方利用权势压迫对方，保证各方在公平的前提下进行有效的沟通；其次，冲突的原因最好是个体差异、领导风格等，这样一来，各方可以通过开诚布公的交流，了解彼此的想法，化解存在的误会，但如果是由于目标和利益而发生的冲突，各方一般很难通过协商达到和解。

2. 妥协法

妥协法指的是冲突各方都能做出相应的妥协，通过彼此的妥协而解决矛盾和分歧。

妥协法对由于目标和利益而引起的冲突较为有效，由于在这些冲突类型中，二者之间的关系是针锋相对的，必然无法共存，因此，只能通过双方的妥协来实现。妥协法的运用有三个前提：一是双方不存在悬殊的实力差；二是各方竞争的目标或资源可以通过某种方式进行分割，从而实现部分的妥协；三是该冲突是一次性的，不会长期重复出现。

3. 上级调解法

上级领导作为员工的直接负责人，对他们的情况是最为了解的，因此，当问题发生并且不可协商时，可以由上级领导出面进行调解。

当员工冲突的发生是由于双方目标存在冲突时，员工之间很难彻底解决，即使通过妥协达成一次统一，难保下次不会再出现冲突。因此，面对该类冲突，最好由上级领导出面，站在公司发展的高度上，重新合理制订各部门或员工个人的目标，彻底解决冲突。

当员工冲突的发生是由于双方利益存在冲突时，可由上级领导出面，在现有资源的基础上进行公平的分配，一旦确定结果，各方必须严格执行。该方法往往是带有强制性的，如果领导的公平性处理不好，很容易引起某方的不满，增加冲突的程度。除此之外，上级领导也可以通过增加"利益蛋糕"的大小,同时满足各方当事人的要求,实现冲突的解决。但是该方法也会带来两个问题;一是企业必须存在足够的资源;二是日后再发生类似冲突时,各方当事人有可能放弃协商,直接要求上级领导进行利益给予,给企业增加额外负担。

4. 冲突转移法

相对于上述三种直接面对的方法,还存在一种间接的处理方法,即实现冲突的转移。冲突转移法的策略很多,具体包括转移当事人、转移问题环境等。

转移当事人是指将冲突的一方从冲突环境中转移出来,调离到其他地方,冲突当事人一离开,问题也就不存在了。但是该方法是较消极的,有可能引起被调离方的不满,且恶化各方之间的关系。

转移问题环境是指改变现有问题存在的条件,如引入新的问题,让现有问题进行搁置或变淡,从而最终实现问题的解决。例如,两名员工之间出现了认识冲突,企业可以先搁置现有问题,为两人布置新的任务,通过新任务的合作,一方面让彼此加深了解,改变之前敌对的态度;另一方面让问题搁置,新任务完成后重新面对旧问题,心态可能会淡然很多。

第三节 员工劳动争议管理

一、劳动争议的含义

劳动争议又称为劳动纠纷,是指劳动关系双方当事人之间因劳动权利与义务发生的争执。从广义上来说,劳动关系双方当事人包括劳动者与用人单位之间、劳动者之间和用人单位之间,范围较广。从狭义上来说,劳动关系双方当事人仅指劳动者与用人单位之间。一般来说,在劳动关系研究中通常取其狭义的概念。具体来讲,劳动争议是指劳动者与用人单位之间,在劳动法调节范围内,因使用国家法律、法规和制定、履行、变更、终止和解除劳动合同,以及其他与劳动关系直接相联系的问题而引起的纠纷。

二、劳动争议的分类

议按照不同的标准,劳动争议可划分为以下几种。

第一,按照劳动争议当事人人数多少的不同,劳动争议可分为个人劳动争议和集体劳动争议。个人劳动争议是劳动者个人与用人单位发生的劳动争议;集体劳动争议是指劳动者一方当事人在 3 人以上,有共同理由的劳动争议。

第二,按照劳动争议的内容,劳动争议可分为因履行劳动合同发生的争议,因履行集体合同发生的争议，因企业开除、除名、辞退职工和职工辞职、自动离职发生的争议，因执行国家有关工作时间和休息休假、工资、保险、福利、培训、劳动保护的规定发生的争议，等等。

第三，按照当事人国籍的不同，劳动争议可分为国内劳动争议与涉外劳动争议。国内劳动争议是指中国的用人单位与具有中国国籍的劳动者之间发生的劳动争议；涉外劳动争议是指具有涉外因素的劳动争议，包括中国在国（境）外设立的机构与中国派往该机构工作的人员之间发生的劳动争议、外商投资企业的用人单位与劳动者之间发生的劳动争议。

三、劳动争议的处理原则

中国目前处理劳动争议的机构为劳动争议调解委员会、地方劳动争议仲裁委员会和地方人民法院。处理劳动争议应强调以下原则。

第一，在查清的基础上，依法处理劳动争议原则。

第二，当事人在法律上一律平等原则。

第三，着重调解劳动争议原则。

第四，及时处理劳动争议原则。

四、劳动争议的处理方式

（一）协商解决

劳动争议发生后，双方当事人可在自愿、平等、合法的基础上通过协商解决，并达成劳动争议的协议。若双方中有一方对协议结果不满，可以申请企业调解或劳动仲裁。

（二）争议调解

争议调解是指在争议发生后或协商解决无果的情况下，由第三方主持，通过说服、疏导，促使劳动争议双方当事人达成一致意见，调节劳动争议。

传统的争议调解组织为企业内部设立的劳动争议调解委员会，该方法简单有效，气氛较和谐。为了将其功能更好地发挥，《中华人民共和国劳动争议调解仲裁法》将调解组织的形式进行了扩充，除企业劳动争议调解委员会以外，新增了依法设立的基层人民调解组织和在乡镇、街道设立的具有劳动争议调解职能的组织，劳动争议双方可以根据需要自行选择调解机构。

（三）劳动仲裁

依据《劳动法》和《中华人民共和国企业劳动争议处理条例》的规定，劳动争议双方未能和解，并且当事人不愿申请企业调解或调解不成的，须首先经劳动仲裁机构仲裁，才能向法院提起诉讼；仲裁无须当事人事先达成仲裁协议，一方申请即可启动仲裁程序，另一方则被动强制参加仲裁。

根据《劳动法》及其他有关规定，劳动法律关系的当事人发生劳动争议，应当自知道或应当知道之日起 60 日内向劳动争议仲裁机构申请仲裁，案情复杂需延期的，应经仲裁委员会批准，延长不得超过 30 日。当事人因不可抗力或者有其他正当理由超过申请仲裁时效的，仲裁委员会应当受理，除此之外，仲裁委员会将不予受理。

劳动仲裁为劳动争议解决机制的必经过程，但是，双方当事人只要有一方对仲裁结果不满意的，即可诉诸法院审判使其失效。因此，为了保证劳动仲裁的有效性，《中华人民共和国劳动争议调解仲裁法》将部分劳动争议案件改为了"一裁终局制"，具体如涉及金额不大的追索劳动报酬、经济补偿、养老金或者赔偿金的争议，以及因执行国家的劳动标准在工作时间、休息休假、社会保险等方面发生的争议。这类案件较为明晰，实行"一裁终局制"有利于缩短劳动争议处理周期，更有效地保障劳动者的利益。

（四）法院审判

劳动仲裁结束后，当事人一方或双方不服裁决的可在收到裁决书之日起十五日内向法院起诉。一审法院适用民事程序审理劳动争议案件，一般在立案之日起六个月内结案。若当事人不服一审判决，可在收到判决书之日起十五日内上诉，上诉法院审理期限一般为三个月，以上期限遇有特殊情况均可延长。

思考题

1. 员工关系管理的含义和基本内容有哪些？
2. 员工沟通的类型有哪些？
3. 简述员工沟通的技巧。
4. 简述员工冲突的影响。
5. 员工内部流动的形式有哪些？
6. 劳动争议的处理方式有哪些？

第八章 绩效管理

人力资源管理活动的任何方面都离不开绩效考评，绩效考评既是人力资源管理活动的手段，又是人事决策的依据，同时还是改进人力资源管理系统的依据。然而绩效考评本身不是一项孤立的工作，它是完整的绩效管理过程中的一个环节，所以绩效考评之前的全部管理工作都会对最终的考核结果产生重要的影响。

第一节 绩效管理概述

一、绩效的含义、性质和分类

（一）绩效管理的含义

绩效，从管理学的角度看，包括个人绩效和组织绩效两个方面。

绩即业绩，目标管理和职责要求。目标管理是将企业的目标和个人的目标合而为一。目标管理能保障企业向着正确的战略目标前进，实现目标或者超额完成目标，可以给予员工奖励，如奖金、提成、效益工资等；职责要求就是对员工日常工作的要求，如业务员除完成销售目标外，还要做新客户开发、市场分析报告等工作，对这些职责工作也有要求，这个要求的体现形式就是工资。

效就是效率、效果、态度、品行、行为、方法、方式。效是一种行为，体现企业的管理成熟度。效又包括纪律和品行两个方面。纪律包括企业的规章制度、规范等，纪律严明的员工可以得到荣誉和肯定；品行是指个人的行为，只有业绩突出且品行优秀的人员才能够得到晋升和重用。

绩效是指完成工作的效率与效能。有人认为绩效是指那种经过评估的工作行为、方式及其结果，更多的人认为绩效是指员工的工作结果，是对企业的目标达成具有效益、贡献的部分，在企业的管理中常被用在人力资源的研究评估中。

绩效可以从工作结果和工作行为两个角度来定义。从工作结果的角度来理解，绩效是指在特定的时间内，由特定的工作职能或活动的输出；从工作行为角度来理解，即人们所做的同组织目标相关的、可观测的工作和可评价的行为。对组织而言，绩效是指任务完成的数量、质量及效率等；对员工个人而言，绩效则是指上级和同事对自己工作状况的评价。因此，绩效是指对职位的工作职责所达到的阶段性结果及其过程中可评估的行为表现。

绩效评估是一项管理人员对下属执行的程序（可以根据组织背景以月、季度、半年或一年为单位进行），其设计目的是帮助员工了解其职责、目标、期望和绩效。

绩效管理是管理者与员工之间就目标与如何实现目标达成共识的基础上，通过激励帮助员工取得优异绩效从而实现组织目标的管理方法。绩效管理的目的在于通过激发员工的工作热情和提高员工的能力与素质，以达到改善公司绩效的效果。绩效管理流程是各级管理者和员工为了达到组织目标共同参与的绩效计划制订、绩效辅导沟通、绩效考核评价、绩效结果应用、绩效目标提升的持续循环过程，绩效管理的目的是持续提升个人、部门和组织的绩效。

（二）绩效的性质

1. 多因性

绩效的多因性是指绩效受到主、客观因素和组织内、外环境诸多因素的影响。组织内部环境的主观因素主要是指员工的活力，如工作状态、工作积极性与主动性、素质、技能和创造能力；客观因素是指组织为员工工作提供的内部客观环境条件，如物质性和非物质性的各种条件；组织外部的客观社会环境条件，如社会政治、经济状态、社会风气、市场竞争强度等。

2. 多维性

绩效的多维性是指应当从多个角度或方面去分析和考评绩效。不同岗位上的员工，其绩效重点各有侧重。因此，在对其绩效进行评估时，必须在坚持全面评估、综合分析的前提下，依据评估的具体目的、要求和特定职位的工作性质与特点突出重点，才能得出比较全面、正确的评估结论。

3. 动态性

绩效总是员工在特定时期内的工作行为中表现出来的个人特性和工作的结果，因此员工个人的绩效在不同时期会有所不同，有所差别。这就要求进行绩效评估时，应以发展变化的观点来看待绩效，并对衡量绩效的评估标准进行适时的调整和修改，使之适应新情况。

（三）绩效的分类

1. 按照绩效实施主体的不同进行分类

按照绩效实施主体的不同，可以将绩效分为组织绩效、部门绩效和个人绩效。

第一，组织绩效。组织绩效是指在一定时期内整个组织所取得的绩效。20世纪六七十年代，人们大多从财务的角度界定组织的绩效；到了80年代，逐渐形成了一套以财务指标为主、以非财务指标为辅的公司绩效评价体系；到了90年代，非财务指标受到了更多的关注，尤其是平衡计分卡的使用，为组织绩效的评价提供了一个全面的框架。

第二，部门绩效。在组织实现其战略目标的过程中，部门或者团队往往是基本的战略业务单位，部门绩效目标的实现是组织战略目标实现的保障。部门绩效包括部门的任务目标实现情况，以及为其他部门的服务、支持、协调、配合、沟通等方面的行为表现。

第三，个人绩效。个人绩效是指在完成工作目标与任务的过程中所体现出的个人业绩。个人绩效主要考察的是员工达到目标的行为是否达到职业化行为的标准、是否在按照职业化工作程序做正确的事情。部门是由个人组成的，只有充分激发出部门内每一个员工的积极性和创造性，才能有效地实现部门的绩效目标。

2. 根据评价角度的不同进行分类

根据评价角度的不同，可以将绩效分为任务绩效、周边绩效和管理绩效。

第一，任务绩效。任务绩效是指与工作产出直接相关的，能够直接对其工作结果进行评价的这部分绩效指标。它是与具体职务的工作内容紧密相关的，同时也和个体的能力、完成任务的熟练程度与工作知识密切相关的绩效。换言之，任务绩效就是组织成员对组织的贡献，或对组织所具有的价值。在企业中，员工绩效具体表现为完成工作的数量、质量、成本费用以及为企业做出的其他贡献等。任务绩效应该是绩效考评最基本的组成部分。对任务绩效的考评通常可以用质量、数量、时效、成本、他人的反应等指标来进行考量评估。

第二，周边绩效。周边绩效又称为关系绩效，是指与周边行为有关的绩效。当员工主动帮助工作中有困难的同事，努力保持与同事间良好的工作关系，或者通过额外的努力而准时完成某项任务时，他们的表现被视为周边绩效。周边绩效对组织的技术核心没有直接贡献，但它构成了组织的社会、心理背景，能够促进组织内的沟通，对人际或部门沟通起润滑作用。周边绩效可以营造良好的组织氛围，对工作任务的完成有促进和催化作用，有利于员工任务绩效的完成以及整个团队和组织绩效的提高。

第三，管理绩效。管理绩效主要是针对行政管理类人员，考核其对部门或下属人员管理的情况。例如，管理者为下属制定具有心理挑战性的工作目标，在工作过程中及时跟踪检查、监督与指导，解决员工工作中的困难，及时提供工作结果的反馈信息，充分激发下属的工作积极性，协调各种人际关系，化解矛盾和冲突，提高团队的凝聚力和向心力，所有这些表现就构成了管理者的管理绩效。

二、绩效管理的目的与功能

（一）绩效管理的目的

1. 战略目的

绩效管理的过程就是在组织战略目标的指导下，对组织所要达成的战略目标进行具体分解，而分解的目标与组织各个层次上的岗位相对应，同时对每个岗位实现目标的方法、途径及能力等方面确定相应的评估标准，这样使组织战略目标化为每个具体岗位可以控制与实现的目标的过程。

2. 管理目的

对组织整体绩效的把握是组织进行战略决策，实现组织具体管理职能的基础。通过绩效管理，可以确定组织整体绩效的实现来自于组织的哪些关键部门、关键岗位和关键个人。这样就为组织进行组织结构调整、薪酬调整、职务晋升、留用或解聘等人力资源决策提供重要依据，同时这也是保证组织整体绩效提升的重要途径。

3. 可持续发展目的

组织通过绩效管理过程发现员工的不足并及时给予针对性培训，使之更加有效地完成工作。在指出员工业绩不佳的同时，要找出导致绩效不佳的原因，有效提高员工的知识、技能和素质，促进员工个人发展，实现不断改进员工工作绩效的目的。对于组织而言，绩效管理的核心思想应该是不断提高员工的绩效。

（二）绩效管理的功能

1. 控制功能

通过绩效管理循环，管理者可以及时纠正偏差，并使工作过程保持合理的数量、质量、进度和协作关系，使各项管理工作能够按计划进行。对员工本人来说，管理者的绩效反馈可以帮助员工进一步认识到自己和调整职业发展方向，使员工时时不忘自己的工作职责，并努力实现组织和上级期望的目标。

2. 激励功能

管理者在绩效实施过程中对员工的工作成绩给予及时肯定，在评估后及时反馈结果，这可以让员工获得满足感并强化其正确的行为，激发员工的积极性和工作热情。

3. 辅助决策功能

绩效考核的过程就是对员工的能力、态度、行为等方面进行合理决策提供相对客观、公平、全面的评估，为组织员工的晋升、奖惩、调配等提供科学权威的依据。

4. 发展功能

绩效管理的发展功能主要表现在两个方面：一方面，组织可以根据评估的结果，优胜劣汰，使员工合理流动，保持组织的活力和效率；另一方面，可以发现员工的优点和缺点，并根据其特点确定培养方向和使用办法，促进个人发展。

5. 沟通功能

沟通贯穿于绩效管理的全过程。在绩效目标的制定、绩效计划的实施和反馈过程中，管理者与员工要充分沟通。绩效沟通提供了上下级交流的机会，可以增进相互了解，协调矛盾。同时，绩效评价指标和目标可以向各级管理者和员工传递组织的战略目标和关注的重点。

三、绩效管理的意义

（一）有利于提高工作绩效

绩效管理的各个环节都是为提高工作绩效这个目的服务的，绩效管理的目的不是把员工的绩效分出上下高低，或仅仅为奖惩措施寻找依据，而是针对员工工作过程中存在的问题，通过恰当的措施提高员工的绩效，从而保证组织目标的实现。由此可见，绩效管理是提高员工绩效的有力工具。

（二）有利于提升企业的绩效

企业的绩效是以员工个人绩效为基础而形成的，有效的绩效管理系统可以改善员工的工作绩效，进而有助于提高企业的整体绩效。在西方发达国家，很多企业纷纷强化员工绩效管理，把它视为增强公司竞争力的重要途径。

（三）有利于保证员工行为和企业目标一致

保证员工行为和企业目标一致的一个重要途径就是借助绩效管理。由于绩效考核指标对员工的行为具有导向作用，因此通过设定与企业目标一致的考核指标，就可以将员工的行为引导到企业目标上来。例如，企业的目标是提高产品质量，如果设定的考核指标只有数量而没有质量，员工就会忽视质量，因此影响企业目标的实现。

（四）有利于促进员工能力开发

通过绩效沟通和绩效评价，不仅可以发现员工工作过程中存在的问题，如知识和能力方面的不足之处，通过有针对性的培训措施及时加以补偿，更为重要的是，通过绩效管理还可以了解员工的潜力，从而为人事调整及员工的职业发展提供依据，以达到把最适合的人放到最适合的岗位上的目的。

（五）有利于提高员工的满意度

员工的满意度与员工的需要是联系在一起的，按照马斯洛的需要层次理论，每个员工都有内在的获得尊重和自我实现的需要。绩效管理可以从两个方面满足这种需要，从而提高员工的满意度：首先，通过有效的绩效管理，员工的工作绩效能够不断提高，这可以提高他们的成就感，从而满足自我实现的需要；其次，通过完善的绩效管理，员工不仅可以参与到管理过程中，而且可以得到绩效的反馈信息，这能够使他们感到自己在企业中受到了重视，从而可以满足获得尊重的需要。由此可见，绩效管理有利于提高员工的满意度。

第二节　绩效管理流程

一、绩效计划

绩效管理的第一个环节是制订绩效计划，它是绩效管理过程的起点。绩效计划的确定程序基本上可以分为以下三个步骤。

（一）准备

这一步骤主要是准备相关信息。

第一，从组织管理层面来看，要将组织的整体目标需要进行层层分解，确定好各经营单位和部门各自承担相应的组织绩效目标。

第二，从个人层面来看，要准备员工职位说明所确定的工作绩效目标及上个评估周期的评估结果。

第三，沟通方式的确定和准备，以利于绩效计划的正式确定。

（二）沟通

沟通是绩效计划确定过程的核心环节。为避免员工与经理对绩效标准的理解出现偏差，制订绩效计划需要在双方有效沟通的基础上达成一致意见。

（三）确认

经过认真的准备和充分的沟通之后，形成了初步的绩效计划。最后还需要对绩效计划进行审定和确认，以保证绩效计划完成以下结果和目的。

第一，绩效目标和计划与被评估者的工作职责是一致的。

第二，被评估者的工作目标与公司的组织总体目标紧密联系，并且被评估者清楚地知道自己的工作目标与组织的整体目标之间的关系。

第三，评估者和被评估者就被评估者的主要工作任务、各项工作任务的重要程度、完成任务的标准、在完成任务过程中享有的权限都达成了共识。

第四，评估者和被评估者双方都十分清楚在完成工作目标的过程中可能遇到的困难和障碍，并且明确了评估者所能提供的支持和鼓励。

第五，形成了一个经过双方确认的文档，该文档中包含员工的工作目标、衡量工作目标完成情况的标准和权重，并且评估者和被评估者都在这份文档上签字确认。

二、绩效实施

绩效实施阶段是绩效管理过程中的重要环节，它决定绩效目标能否按计划实现。在管理实践中，许多管理者往往会认为绩效计划已经制订，员工自然而然地会按照计划要求来完成。事实上，员工在实施绩效计划的过程中，需要管理者保持持续的关注和沟通。一方面，员工在工作中遇到困难和障碍时，需要组织和上司的帮助；另一方面，管理者也需要经常观测员工的工作表现，以便及时发现问题和纠正错误，同时还要收集好相关信息并做好记录，为绩效评估做好充分准备。

三、绩效评估

绩效评估是绩效管理的核心环节，是一个按照事先确定的组织目标及其衡量标准，考察员工绩效情况的过程。

绩效评估包括工作结果考评和工作行为考评两个方面。其中，工作结果考评是对考评期内员工工作目标实现程度的测量和评价，一般由员工的直接上级按照绩效合同中的标准，对员工的每一个工作目标完成情况进行等级评估。而工作行为考评则是针对员工在绩效周期内表现出来的具体的行为态度来进行评估。

具体来说，工作绩效评估包括三个主要步骤：界定工作本身的要求，评价实际的工作绩效，提供反馈。

四、绩效反馈与应用

绩效反馈与面谈阶段是绩效管理流程中不可或缺的部分。绩效考核结束后，管理者需要与员工进行一次甚至多次面对面的谈话。通过绩效反馈面谈，使员工了解管理者对自己的期望，了解自己的绩效，认识自己有待改进之处，而且员工也可以提出自己在完成绩效目标中遇到的困难，请求上级的指导或帮助。在员工和管理者对绩效考核结果和改进点达成一致后，管理者和员工需要确定下一个绩效管理周期的绩效目标和改进点，从而开始新一轮的绩效管理周期。

第三节　绩效评价方法

绩效评价是绩效管理过程中关键的一环，而选择合适的评价方法是关系绩效评价是否取得满意效果的关键。

绩效评价指标评定应采用 SMART 原则。

S——具体性（specific）原则，意思是指目标必须是具体的、可以理解的，能够让员工明确具体要做什么或者完成什么。

M——可度量性（measurable）原则，意思是指目标是可以度量的，员工知道如何衡量自己的工作成果。

A——可接受性（attainable）原则，意思是指目标是可以实现的、可以达到的，没有超出员工的实际能力范围。

R——可实现性（realistic）原则，意思是指目标是现实的，员工知道绩效符合公司的实际情况，并且是可以被证明与观察的。

T——时效性（time-bound）原则，意思是指目标实现是有时间限制的，员工应该在什么时间完成工作。

从绩效评价的内容上分，可以将业绩评价方法分为员工特征导向的评价方法、员工行为导向的评价方法和员工结果导向的评价方法三种。一般情况下，在进行员工业绩评价时，常常三种方法结合使用，以便获得多方面的评估信息，提高绩效考核的信度和效度，满足不同的绩效评价需要。

一、排序法

排序法是指根据被评估员工的工作绩效进行比较，从而确定每一位员工的相对等级或名次。比较标准可根据员工绩效的某一方面，如出勤率、事故率、优质品率等确定，一般情况下，是根据员工的总体工作绩效进行综合比较。

（一）简单排序法

简单排序法是指管理者把本部门的所有员工从绩效最高者到绩效最低者（或从最好者到最差者）进行排序。

（二）交替排序法

交替排序法是指管理者对被评估员工的名单进行审查后，从中找出工作绩效最好的员工列为第一名，并将其的名字从名单上划去。然后从剩下的名单中找出工作绩效最差的员工排为最后一名，也把其名字从名单中划去。随后，管理者在剩下的员工中再找出一名工作绩效最好的员工将其排为第二名，找出一名最差的员工列为倒数第二名，以此类推，直到将所有的员工排序完。

（三）对偶比较法

对偶比较法也称为配对比较法，是管理者将每一位员工与工作群体中的所有其他每一位员工进行一对一的两两比较，被认为是绩效更为优秀者，那么此人将得到1分。按以上方法比较剩余员工，然后根据员工所获分数对员工进行排序。

对于管理者来说，对偶比较法，是一项很花时间的绩效评价方法，并且随着组织变得越来越扁平化，控制幅度越来越大，这种方法会变得更加消耗时间。

（四）强制分布法

强制分布法就是将员工的工作业绩进行比较后排序，再按照其业绩的优劣程度强制将其列入某一业绩等级中。通常将业绩分成优秀、良好、一般、合格、不合格五个等级，分布基本符合正态分布规律，即每个等级有一定的比例限制。

（五）结构式叙述法

结构式叙述法是通过一种预先设计的结构式表格，由考评者按照各个项目的要求，以文字对员工的行为做出描述的考评方法。采用本方法，考评者能描述出下属员工的特点、长处和不足，并根据自己的观察分析和判断，提出建设性的改进意见和建议。

二、行为锚定等级评估法

（一）行为锚定等级评估法的定义

行为锚定等级评估法的目的主要是，通过建立与不同绩效水平相联系的行为锚定来对绩效维度加以具体的界定。它为每个评估项目都设计一个评分量表，并使典型的行为描述与量表上的一定的等级评分标准相对应，以供评估者在评估员工的工作绩效时作为参考。典型的行为锚定等级评估量表包括7个或8个个人特征，被称作"维度"，每一个都被一个7分或9分的量表加以锚定。行为锚定等级评估量表是用反映不同绩效水平的具体工作行为的例子来锚定每个特征。

（二）行为锚定等级评估量表的设计过程

行为锚定等级评估量表的设计主要需经历以下几个步骤。
第一，主管人员确定工作所包含的活动类别或者绩效指标。
第二，主管人员为各种绩效指标撰写一组关键事件。
第三，由一组处于中间立场的管理人员为每一个评价指标选择关键事件，并确定每一个绩效等级与关键事件的照应关系。
第四，将每个评价指标中包含的关键事件从好到坏进行排列，建立行为锚定等级评估体系。

行为锚定等级评估法能够明确指出导致问题出现的行为欠缺，并可以得出在员工之间相互比较的量化分数，在员工提出异议的情况下，评估者能够明确地依据员工的行为为自己的结论提出有力的证据，因此适合为奖金的分配提供依据。但是，行为锚定等级评估法的设计成本很高，费时费力。

三、关键事件法

关键事件法是与被考评者的关键绩效指标有关的事件，管理者将每一位员工在工作中所表现出来的代表有效绩效与无效绩效的优良行为和不良行为的具体事例记录下来，并在预定的时期内进行回顾考评的一种方法。

这种方法的使用要求在企业管理的过程中，企业应为每一位员工准备一本记事本，由管理人员或负责评估的人员将员工每日工作中的关键事件随时记录下来。所记录的事情既可以是好事，也可以是坏事，但必须是比较突出且与工作绩效相关的。对关键事件的评估，让员工清楚地知道自己哪些方面做得好、哪些方面做得不好，有助于员工改进自己的工作行为。此外，在使用关键事件法时，还可以通过重点强调那些能够最好地支持组织战略的关键事件而与组织的战略密切联系起来。

四、关键绩效指标法

（一）关键绩效指标的定义

关键绩效指标（简称 KPI）是用于沟通和评估被估者绩效的定量化或行为化的标准体系，定量化和行为化是关键绩效指标的两个基本特征。它体现了对企业目标有增值作用的绩效评估标准。KPI 包括企业级 KPI、部门级 KPI 和每个岗位的业绩指标。

（二）关键绩效指标的特点

第一，是企业实现战略目标的关键领域。
第二，集中测量企业所需要的行为。
第三，将企业的战略目标转化为明确的行动内容。
第四，确保各层各类员工努力方向的一致性。
第五，上级与员工共同参与完成。

五、平衡计分卡法

平衡计分卡（balanced score card），源自哈佛大学教授 Robert Kaplan 与诺朗诺顿研究院（nolan norton institute）的执行长 David Norton 对于业绩评价方面处于领先地位的 12 家公司进行了为期一年的调查研究，努力寻求一种未来组织绩效衡量方法超越传统以财务量度为主的绩效评价模式，以使组织的策略能够转变为行动。经过将近二十年的发展，平衡计分卡已经发展为集团战略管理的工具，在集团战略规划与执行管理方面发挥非常关键的作用。

（一）平衡计分卡的核心思想及作用

平衡计分卡的核心思想就是通过客户、内部经营过程、学习与创新、财务四个方面指标之间相互驱动的因果关系展现组织的战略轨迹，实现绩效考核—绩效改进以及战略实施—战略修正的目标。

1. 客户视角：通过客户如何感觉公司提供的价值来测量绩效

客户应该处于最优先的地位，因为无论是学习与成长，还是内部经营过程，企业创造的价值只有在得到客户认可时才有意义。

2. 内部经营过程视角：衡量公司创造价值程序的有效性

只有有效的管理程序才能使公司保持竞争能力或变成具有竞争能力的公司。内部、业务角度的测评指标通常包括：相对竞争对手的生产率，用于测评技术能力目标的实现程度；循环周期、成本报酬率，用于追求制造水平的卓越性的目标的实现程度；新产品实际引入速度与计划速度的差异，用于评估新产品引入业务的目标实现程度。

3. 学习与创新视角：计量公司推出新产品、新服务和新生产技艺的频度

激烈的全球性竞争要求公司不断改进现有产品和程序，在引入新产品方面具有巨大的潜力。由于人是创新能动性的根源，所以这个指标必然与公司员工密切联系。为了能够提高公司的创新能力，必须激发员工的积极性和提高员工的素质。员工的积极性与公司提供给员工的奖励、福利等有关；提高员工的素质既包括文化素质，如内部伙伴关系、团队精神、知识共享，也包括个人综合素质，如领导能力、技能、技术应用能力，这些都离不开公司高效的培训机制。

4. 财务视角：测量盈亏底线

财务视角的指标包括增长率、投资回报率及其他传统的经济指标。虽然财务指标的及时性和可靠性受到质疑，但是财务指标不会被其他指标完全取代，原因有以下两点：

第一，精心设计的财务控制系统，确实能增强而不是阻碍组织的总体管理规划。

第二，也是最重要的，经营绩效的改善与财务上的成功之间虽然存在联系，但是这种联系具有很多不确定性。

不同类型的企业财务目标不同，因此在确定财务评价指标时也有不同的选择。成长型企业财务目标的重点是销售额的增长，为此要保证充分的开支水平。这类企业通常的财务业绩评价指标为销售收入的增长率、目标市场的占有率、地区销售额的增长率等。稳定型企业财务目标的重点是获利能力，为此要不断扩大投资和规模。这类企业通常使用的财务业绩评价指标为经营收入、毛利率、资本回报率和经济附加值。成熟型企业财务目标的重点是现金净流量，为此要不断提高现金和利润的金额。这类企业通常使用的财务业绩评价指标为现金流量、营运资本占用的减少。运用平衡计分卡，必须明确以下几个条件。

第一，组织的战略目标能够层层分解，并能够与组织内部的部门、工作组、个人的目标达成一致，其中个人利益能够服从组织的整体利益。

第二，平衡计分卡所揭示的四个方面指标之间存在明确的因果驱动关系。但是针对不同类别的职位系列或者针对不同职位类别的个人的绩效标准确定，却并不一定包涵这四个方面的指标。

（二）平衡计分卡的基本程序

第一，说明远景。它有助于经理们就组织的使命和战略达成共识。

第二，沟通。各级经理能在组织中就战略要求进行上下沟通，并把它与各部门及个人的目标联系起来。

第三，业务规划。它使公司能实现业务计划与财务计划的一体化。

第四，反馈与学习。它给予公司一项称为"战略性学习"的能力。

第四节　华通物流有限公司案例分析

一、公司背景

华通物流有限公司（以下简称华通物公司）的前身是华通国际货运代理公司，是S市一家具有近三十年经营历史的国有外贸运输企业，S市地处沿海开放地区，经济比较发达，多年来华通公司一直是当地规模最大，上缴利税最多的国有运输企业。

二、新绩效评估系统的设计

以往的考核内容流于形式，考核内容一成不变，不能真正反映员工的工作绩效，也不能促进工作绩效的改进，缺乏明确的考核标准和清晰的工作目标，只是按照级别区分不同的量表，没有考虑岗位的特点和工作要求，实施中也未能保证公平与公正。例如以员工的直接上级为唯一考核者，使考核结果常常受人际关系和情感因素的影响，失去客观衡量尺度，严重影响了评估结果的公平性。在旧的系统中，没有建立结果反馈系统，被考核者无申辩说明机会，使许多员工不了解自己的考核情况，也不知道公司对他们的期望是什么，失去了解自身表现与组织期望之间吻合程度的机会。在结果使用方面，对业绩优秀与不佳的员工并未采取不同的措施，使员工对考核不感兴趣，敷衍了事，凡此种种加深了员工对考核的不信任感，许多经理和员工都视之为一个既无必要，又无结果，令人讨厌的过程。

新绩效评估表的特点表现在以下几个方面。

第一，对评估等级做出了解释，这样就可以为评估者提供评价的参考，在一定程度上控制以往存在的评估者对等级随意解释的现象，有助于提高绩效评估的准确性。

第二，每项评估标准都留有评语栏，可以供评估者针对该项标准提出关键事件来佐证，这样可以把图尺度评价法与关键事件法联合起来，同样有助于提高绩效评估的准确性、客观性和信任度。

第三，新绩效评估表纳入了面谈与反馈的内容，改进了绩效改进计划，为发挥绩效评估作为一种有效激励手段的作用提供了可能性。

第四，表的最后一部分既有评估者的签字，又有审核者的签字，在一定程度上改变了以往考核中，考核结果容易被考核者一个人的主观因素左右的缺点，增加了控制的力度，有利于形成相对准确的绩效评估结果。

新方案确定评估期限为半年，即每年的6月下旬和12月下旬各进行一次绩效评估，目的是通过与薪酬管理系统的相互作用，绩效评估结果与绩效工资挂钩，为员工提供公平的绩效评估和薪酬，同时以评估结果作为晋升、调配与解聘的依据，从而全面建立起以业绩为导向的激励机制。

评估者由员工的直接上级和更高一级的上级担任，其中直接上级负责评估，更高一级的上级作为审核者，负责确保评估结果的客观和准确。对于公司的一些关键岗位，如销售人员、客服人员、人力资源部和财会部等重要职能管理部门，还引入了全方位的评估，即这些岗位的员工不仅要接受直接上级的评估，同时还要从外部客户、公司内部相关部门中选择参与评估的人员。最终评估结果将根据设定的权数进行加权平均，以便全面掌握工作业绩的情况。同时，新方案还建立了反馈面谈与员工申诉制度，目的是加强与员工的沟通，一方面可以更好地发挥绩效评估的激励作用，另一方面可以帮助员工找到存在的问题与改进的方法，而且申诉制度在一定程度上也可以纠正评估过程中可能产生的一些偏差，使管理者能够更好地了解员工。

为了改变以往考核中存在的严重的平均主义倾向和人情第一的做法，新方案采用了强制分布法，要求部门总经理必须按照规定的比例确定各个绩效等级在本部门员工中的分布，具体的比例为：杰出5%；很好15%；好70%；需要改进5%；不满意5%。但是，在一些员工人数较少的部门中如何实行强制分布法，新方案中并没有进行明确的规定。

三、新绩效评估体系的实施

接下来，人力资源部为所有的中层干部进行了一次绩效评估培训，向中层干部详细解释了新体系的实施方法和绩效评估表格的内容。尹智愚也带领领导班子成员参加了培训，培训结束后，尹智愚对全体中层干部做了评估动员，他要求大家认真对待这次绩效评估，把这项工作看作和自己的业务同等重要的大事来抓。最后，他对大家说："一定要在规定的期限内，高质量地完成这次评估，如果你们哪位以业务太忙为理由推迟评估，那么你不要对人力资源部解释，直接找我解释"。

绩效评估在全公司范围内开始，虽然林文夕认为自己已经考虑到了实施的各方面问题，并已提前做了充分准备，但是自评估开始，他的电话就整天响个不停，其中大多是经理们咨询，也有一些员工忐忑不安地询问情况，这一切使林文夕筋疲力尽，但他也隐约感到了这一次的评估工作在公司所产生的轰动效应。

没有想到更大的麻烦还在后面，评估工作基本上进入了面谈阶段，操作部员工王霞被操作部新任经理陈安东评为"不满意"，她因此与陈安东发生了争执，最终王霞向主管副总经理和林文夕申诉。原来，王霞的丈夫一直在家病休，儿子年纪又小，所以她上班经常是三天打鱼，两天晒网，由于精力都投入到照顾家人，她的工作绩效也比较低，因此，陈安东给她的评估等级其实并没有错误。可是，在以前的考核中，操作部的老经理几乎在每一项考核指标上都给她"优秀"。王霞申诉说，自己的家庭确实有困难，而公司也一直很照顾自己，自己很感激公司，也尽量做好工作，对于这一次被评为"不满意"，她感到很委屈。这种情况使林文夕也深感为难，他去请教尹智愚，尹智愚的一番话给了他启发。尹智愚认为，王霞的困难当然值得同情，公司也应该尽力帮助她，但这并不意味着可以牺牲绩效评估体系的公平性和激励性，如果王霞以这样的业绩都可以得到好的评估结果，其他的员工会受到怎样的影响。王霞的困难可以由工会出面给予困难补助，但除非她的业绩能有所改进，否则，她不可能受益于绩效奖励，这是实施评估最大的原则问题。就是要激励那些业绩好的员工，让他们得到应得的奖励，从而激励其他人同样尽最大努力争取优秀业绩，只有这样，绩效评估制度才有意义，才能达到激励的作用。

四、案例分析和启迪

（一）人力资源是企业战略中不可或缺的重要组成部分

1. 企业实施发展战略，实现战略转型需要人力资源战略的有力支持

在竞争激烈的市场经济环境下，许多国有企业纷纷制定了新的发展战略，力求在竞争对手的重重围困之中找到生存与发展之路，然而，不少企业在制定了宏伟的战略之后，却发现自己没有人力资源来肩负起实施发展战略的重任，只能任凭战略束之高阁，与稍纵即逝的发展机遇失之交臂，无法挽回竞争中的颓势。

2. 最高决策层的推动是企业成功实现人力资源管理体系转型的重要保证

许多雄心勃勃的国有企业人力资源改革者，虽然具备比较先进的管理理念和锐意改革的精神，能够制订出行之有效的人力资源转型计划，但是在计划的实施过程中，由于不能始终得到企业最高决策层的全力支持，最终使改革计划在一片反对声浪中败下阵来；或者即使勉强实施了计划，也难以达到预期的效果，最终不了了之，甚至使计划的结果成为权力操纵下的怪胎，反而更大地伤害了员工的士气和企业的凝聚力。应当承认，除非最高管理层对员工招募、选拔、工作绩效的评估、奖励等人事决策予以应有的关注，否则很难指望会有人力资源的战略计划。许多人力资源管理者都已经意识到，要谋求管理变革，必须首先寻求企业最高决策层的全力支持和信任。

华通公司的尹智愚是一个具有战略眼光和管理意识的国有企业领导者，敢于冲破旧体制下人情观念和平均主义观念的束缚，他的大力倡导与支持，无疑是华通公司能够在人力资源管理改革方面迈出关键性一步的最重要的推动力。

（二）激励机制是开发人力资源的关键

1. 企业激励机制的建立，是激发人力资源积极性与潜能的重要途径，也是一项系统工程

随着知识经济时代的到来，商业竞争正迅速转变为人才的竞争，人才的竞争既表现在企业吸引优秀知识员工的能力方面，更表现在企业通过激励机制的作用，保持优秀人才，并使企业的全部人力资源获得最大限度的利用和增值方面。许多绩优企业千方百计地激励员工，通过高绩效的员工与团队达成组织的最大产出。从现实出发，企业战略要想取得积极的成果，人力资源管理方法本身就应该相互补充，而且公司战略与人力资源管理也应彼此联结。企业激励机制的建立涉及对人力资源管理的多个环节进行改造和重建，包括绩效评估、薪酬福利、培训与发展、晋升与奖惩、员工职业生涯发展等多方面的协调运作。只有在这些管理环节建立起统一的、内在的逻辑联系，使人力资源管理的各种激励手段作为一个系统来运行，才有可能取得成功的激励效果。激励机制的核心问题是理顺利益分配格局，建筑起贡献与报酬的内在关联性是企业实现激励的主要手段。一个具有内部公平性的分配体系是员工尽职尽责地工作的基础，也是企业内部管理的根本使命。

2. 绩效评估体系是企业激励机制的基石

通过绩效评估来发现绩效优异的员工并给他们相应的报酬，这是任何一个有效激励体系的内在机制，很多企业成功实施绩效评估体系的目的就是为了激励员工，每个员工在进入企业之际，就应该了解到该干什么、怎么干，以及怎样干才能得到良好的评价，获得所期望的人事待遇。这种公开、透明的绩效评估制度应该成为约束、激励、指导和帮助全体员工为实现企业经营目标做出努力的手段，成为员工行为规范和权益的制度性保证。

一个科学合理的绩效评估体系对于企业建立激励机制具有重要作用。如果没有有效的绩效评估体系的支持，薪酬、福利、培训、晋升等各种激励手段将失去依托，管理的各个环节之间将失去以绩效为纽带的内在联系，激励体系的建造也将成为无源之水，无本之木。

绩效评估的实践发展到今天，它的作用范围已大大拓展，评估的结果不仅应用于对员工的外在激励，如业绩相关收入，还应该应用于内在激励，在员工的培训与发展、成就个人价值等方面均发挥着重要的作用。

华通公司以绩效管理为突破口开始人力资源管理的改革，抓住了企业激励问题的核心，为整体激励机制的建立奠定了良好的基础。

3. 绩效评估本身就是一个极有价值的激励过程

有效的绩效评估对于激励机制的意义还不仅限于此，除作为重大人事决策的基础之外，绩效评估的激励作用还体现在以下几个方面。

首先，在确立绩效标准之前，如果允许员工广泛地参与到标准的制定中，无疑会激励员工在此后的工作中努力实现目标，特别是当采用目标管理（management by objective，MBO）的方法时，人力资源专家、管理者与员工共同商讨制订的绩效目标，会成为员工日后克服困难，达成公司要求的绩效标准的动力。运用目标管理，评估过程的关注点从员工的工作态度转移到工作业绩上，而参与目标建立使员工成为评估的积极参与者。

其次，绩效评估的激励作用还体现在面谈反馈这一双向沟通的过程中。只评估而不将评估结果反馈给员工，评估在很大程度上便失去了激励的功能。面谈不仅关系员工个人的改进，而且直接影响整个评估工作的成效。通过面谈反馈，可以及时核对评估结果是否准确，纠正评估偏差，避免因表面现象造成误解，从而加深上下级之间的相互信任；可以使员工更好地了解自己的工作情况，为其指明努力方向，以激发其潜在的工作能力。告诉员工他们的岗位深受组织重视，这也是一种激励他们积极承担组织分派给他们的任务的有效方法。不少经历过积极评估的管理者和员工，都对于激励在反馈过程中所起的作用给予高度评价。例如，员工良好的工作表现得到认可，或被告知在哪些方面尚有改进余地，这些都具有现实的激励意义。

在国有企业以往的绩效评估过程中，评估结果或者作为机密，或者仅仅通过单向沟通的方式通知被评估者，这在很大程度上造成了员工对绩效评估的怀疑、恐惧等种种不信任的心理和抵触情绪。华通公司在绩效评估中引入了面谈反馈制度，增加了评估的透明度，有利于实现评估更加公平合理。虽然由于评估者对面谈意义的认识不够，没有掌握面谈技巧，以及员工传统的不信任心理等原因，造成一些员工对面谈过程感到失望，但是这一制度的建立仍具有积极意义，为今后企业不断改进绩效评估制度提供了良好的条件。

思考题

1. 什么是绩效管理？绩效管理的性质是什么？
2. 阐述绩效管理的一般流程。
3. 绩效管理系统设计的程序和内容是什么？
4. 列举绩效考核的方法，它们有哪些优点与缺点？

第九章　激励管理

导读：

薪酬通常会由固定薪资＋浮动薪资构成，在销售岗位中，通常固定薪资的占比偏低，大部分收入为根据业绩获得的浮动收入。激励性的薪酬管理制度可以有效提高员工的销售积极性，建立具有激励性的薪资结构，如提成、奖金等，可以有效驱动员工主动销售的意愿，本节将介绍构建激励管理模式的原因与方法。

第一节　激励概述

一、激励的概念

激励就是组织通过设计适当的外部奖酬形式和工作环境，以一定的行为规范和惩罚性措施，借助信息沟通激发、引导、保持和归化组织成员的行为，以高效地实现组织及其成员个人目标的系统活动。这一定义包含以下几个方面的内容。

第一，激励的出发点是满足组织成员的各种需要，即通过系统地设计适当的外部奖酬形式和工作环境，满足企业员工的外在性需要和内在性需要。

第二，科学的激励工作需要奖励和惩罚并举，既要对员工表现出来的符合企业期望的行为进行奖励，又要对不符合员工期望的行为进行处罚。

第三，激励贯穿于企业员工工作的全过程，包括对员工个人需要的了解、个性的把握、行为过程的控制和行为结果的评价等。因此，激励工作需要耐心。赫茨伯格说，如何激励员工：锲而不舍。

第四，信息沟通贯穿于激励工作的始终，从对激励制度的宣传、企业员工个人的了解，到对员工行为过程的控制和对员工行为结果的评价等，都有赖于一定的信息沟通。企业组织中信息沟通是否通畅，是否及时、准确、全面，直接影响激励制度的运用效果和激励工作的成本。

第五，激励的最终目的是在实现组织预期目标的同时，也能让组织成员实现其个人目标，即达到组织目标和员工个人目标在客观上的统一。

二、激励的作用

美国哈佛大学教授威廉·詹姆士曾做过一次实验，通过研究发现，在按时计酬的制度下，一个人如果没有受到激励，仅能发挥其能力的 20%~80%；如果受到正面的激励，就能发挥其能力的 80%~90%，甚至更高。激励的目的就在于寻求个人与组织在目标和行为上的一致性和协调性，引导员工发挥其最大的工作积极性。激励对企业的作用主要有以下几个方面。

（一）有助于员工充分发挥能力

激励可以提高员工的工作效率与业绩。在缺乏激励的岗位上，员工不可能充分发挥其实际工作能力，而受到充分激励的员工，其潜能才可能充分地发挥出来。所以，通过激励可以激发员工的创造性与创新精神，提高员工努力工作程度，从而取得更好的业绩。

（二）防止员工的负面行为

面向员工的组织激励能够提高员工工作的努力程度，防止负面行为的产生。员工的工作努力程度关系组织的生存与发展。员工的负面行为主要有两种情况：一种是员工的怠工、不思进取等消极行为；另一种是员工有意损害公司利益的行为。在设计激励制度时，应采取各种有效措施，以积极的态度引导和支持员工采取正面行为，为组织努力工作，提高工作效率。

（三）降低监控员工行为的成本

有些工作是不可测的。例如，软件程序设计师工作时，谁也无法排除他会在系统程序里埋下今后导致系统瘫痪的逻辑炸弹的可能。要解决这些问题，不能依靠对员工进行严密监控，因为这样需要相当高的监控成本，只能靠有效的激励方法，才能够真正激发员工内在的热情，唤起他们主动工作的使命感和责任感。有效的方法可以最大限度地降低监控成本，保障员工努力工作，产生相应的工作绩效。

（四）有助于员工素质的提高

有效的组织激励能够确保引进高素质员工。低素质员工一旦进入组织，很可能发生所谓"劣币驱逐良币"的行为，导致组织整体工作人员素质低下，工作效率下滑，严重的可能威胁组织的生存。只有建立合理的激励制度，才能对组织成员起到筛选作用，才能将不合格员工拒之门外。

（五）有助于组织吸引并真正留住人才

在关键人才日益短缺、培训成本不断上升、人才对组织的影响力不断加深的情况下，优秀员工的流失对组织来说可能是致命的损失。而在当前人力资源可以自由流动的前提下，只有有效的激励制度才能吸引并留住真正的人才。为了保证组织绩效，组织需要运用各种鼓励手段吸引和留住人才，才能降低他们的流动意愿和实际流失率，从而吸引并真正留住人才。

（六）有助于实现组织目标

激励是对员工行为有目的的引导。根据实际情况，企业的人力资源管理部门针对企业所制定的目标，采取措施使员工自觉地发挥潜能，为完成任务而努力工作。制定激励措施的目的在于调动员工的工作积极性，使员工更快、更好地完成工作任务，创造优良绩效，实现组织目标。

（七）造就良性的竞争环境

科学的激励制度包含有一种竞争精神，它的运行能够创造出一种良性的竞争环境，进而形成良性的竞争机制。在具有竞争性的环境中，组织成员就会受到环境的压力，这种压力将转变为员工努力工作的动力。正如麦格雷戈所说："个人与个人之间的竞争，才是激励的主要来源之一。"在这里，员工工作的动力和积极性成了激励工作的间接成果。

三、激励的原则

（一）公平公正原则

管理者在激励下属时，要做到公平、公正、一视同仁。特别是在涉及下属的切身利益的问题上，如工资、奖金、职称、晋级、提升等方面，必须做到公平、公正，不能因人的地位、家庭背景以及与领导关系的亲疏等而有所不同，否则就起不到激励的积极作用，甚至还会出现消极作用。

（二）目标导向性原则

激励作为管理的有效手段，目的是更好地实现管理目标，提高效率和增强效果。因此，管理者在激励下属时，要做到激励手段同管理目标相互统一、相互结合。这样，既能满足下属的需要，又能保证管理目标的实现。

（三）物质激励和精神激励相结合原则

物质激励是基础，精神激励是根本。在两者结合的基础上，逐渐过渡到以精神激励为主。

（四）合理性原则

激励的合理性原则包括两层含义：其一，激励的措施要适度，要根据所实现目标本身的价值大小确定适当的激励量；其二，奖惩要公平。

（五）明确性原则

激励的明确性原则包括三层含义：其一，明确，激励的目的是需要做什么和必须怎么做；其二，公开，特别是分配奖金等员工非常关注的问题时，更为重要；其三，直观，实施物质奖励和精神奖励时都需要直观地表达它们的指标，总结和授予奖励和惩罚的方式。直观性与激励影响的心理效应成正比。

（六）时效性原则

要把握好激励的时机，"雪中送炭"和"雨后送伞"的效果是不一样的。激励越及时，越有利于将人们的激情推向高潮，将创造力持续有效地发挥出来。

（七）正激励与负激励相结合原则

正激励就是对员工符合组织目标期望的行为进行奖励。负激励就是对员工违背组织目标的非期望行为进行惩罚。正激励与负激励都是必要而有效的，不仅会作用于当事人，而且还会间接地影响周围其他人。

（八）按需激励原则

按需的起点是满足员工的需要，但员工的需要因人而异、因时而异，并且只有满足最迫切需要的措施，其效价才高，激励强度才大。因此，领导者必须深入地进行调查研究，不断地了解员工需要的层次和结构的变化趋势，有针对性地采取激励政策。

第二节　激励行为理论

一、内容型激励理论

内容型激励理论是研究"需要"激励的基础理论，它是对激励的原因与影响激励作用的因素的研究。在内容型激励理论中，比较著名的是马斯洛的需要层次理论、赫茨伯格的双因素理论、阿尔德佛的 ERG 理论、麦克利兰的成就需要理论等。

（一）马斯洛的需要层次理论

马斯洛（A. Maslow）是美国的人本主义心理学家，对动机持整体的看法。他认为人的各种动机是彼此关联的，各种动机间关系的变化又与个体生长发展的社会环境有密切关系。他强调人的所有行为均由"需要"所引起。

1. 需要层次理论的主要内容

马斯洛的需要层次理论把人的需要分成五个层次，即生理的需要、安全的需要、爱与归属的需要、尊重的需要、自我实现的需要。

第一，生理的需要。生理的需要是指为了生存而不可缺少的需要，是其他所有需要的基础，其中，以衣、食、住、行的需要为主。马斯洛认为，生理的需要在人类各种需要中占有最强的优势。如果一个人被生理的需要控制时，那么，其他的需要就会被放到次要的地位。例如，一个十分饥饿的人，只会对食物产生兴趣，而不会有兴趣去写诗作画。如果同时缺乏食物、安全和爱情，则缺乏食物的饥饿需要占有最大的优势。

第二，安全的需要。人生理的需要获得基本满足后，注意力就会集中到高一层次的需要上，产生新的需要，即安全的需要。人们希望保护自己的安全，免受外界的伤害、威胁，希望自己的生活和工作稳定、有保障，尽量减少不确定性因素，减少风险。马斯洛认为，对健康的成人来说，其安全的需要得到充分满足后，他们就不再有任何安全的需要来作为他们活动的动机。例如，一个人的人身安全、工作安全、免受失业、年老或受到伤害时的生活保障等需要得到满足时，就会产生新的更高一层的需要。这些安全的需要可以通过强健身体、医疗保险、安全施工、失业保险、退休福利等措施来满足。

第三，爱与归属的需要。上述需要得到满足后，人们就会产生感情上的需要，即爱与归属的需要。爱的需要包括给予和接受爱。归属的需要就是参加一定的组织，归属于某一团队，与人交往、建立友谊，希望得到关心、支持和友爱等。当然，爱与归属的需要比生理和安全的需要细致得多，不同的人对爱与归属的需要差别也很大，主要与个人的性格、经历、所受的教育、信仰等因素密切相关。马斯洛认为，爱的需要主要是指情感方面的需要，实质上也是一种归属。例如，人作为社会人都希望与别人交往，保持一定的关系，工作单位不仅是工作场所，也是人们进行交往活动、建立友谊，从而获得归属的场所。

第四，尊重的需要。一个人的爱与归属感得到满足后，通常还会产生自我尊重和尊重别人的需要。尊重的需要主要包括两个方面：一是渴望成就、独立与自由等；二是渴望名誉、地位，即希望受到别人的尊重、受人赏识等。例如，一个人在某一群体中，希望人们承认自己的重要性，对自己的成绩、人品、才能等给予较高的评价，并发挥一定的影响力。这种需要得到满足后，可使人们产生自信、价值、能力等方面的感觉。如果这些需要得不到满足，人们便会产生自卑、虚弱和无能等感觉。显然，尊重的需要很少得到完全的满足，但这种需要一旦成为推动力，人们就会具有较持久的积极性。

第五，自我实现的需要。上述四种需要得到满足后，还会产生一种最高形态的需要，即自我实现的需要。自我实现就是人们追求自我理想的实现，充分发挥个人潜能，做一些自己认为有意义、有价值的事情，是人生追求的最高境界。音乐家要演奏音乐，画家要绘画，诗人要写诗，教师要教书育人，这样才能发挥其才能，使其感受到最大的快乐。马斯洛认为，满足自我实现需要的途径是因人而异的。有人希望成为一名出色的管理者，有人希望成为优秀的建筑师，还有人希望在艺术上有所造诣，同时这也是一种创造性的需要。例如，一个工程师竭力发明一种新仪器，通过对这种挑战性工作的胜任感和在创造性活动中得到的成就感来满足自我实现的需要。

2. 理论解析

第一，五种需要像阶梯一样从低到高，按层次逐级递升，但这样的次序不是完全固定的，而是可以变化的，也有种种例外情况。

第二，需要层次理论有两个基本出发点：一是人人都有需要，某层需要获得满足后，另一层需要才出现；二是在多种需要未获得满足前，首先满足迫切需要，该需要满足后，后面的需要才显示出其激励作用。

第三，一般来说，某一层次的需要相对满足了，就会向高一层次发展，追求更高一层次的需要就成为驱使行为的动力。相应地，获得基本满足的需要就不再是一股激励力量。

第四，五种需要可以分为两级，其中生理的需要、安全的需要和爱与归属的需要都属于低一级的需要，这些需要通过外部条件就可以满足；而尊重的需要和自我实现的需要是高级需要，它们是通过内部因素才能满足的，而且一个人对尊重、自我实现的需要是无止境的。同一时期，一个人可能有几种需要，但每一时期总有一种需要占支配地位，对行为起决定作用。任何一种需要都不会因为更高层次需要的发展而消失。各层次的需要相互依赖和重叠，高层次的需要发展后，低层次的需要仍然存在，只是对行为影响的程度大大减小了。

第五，马斯洛和其他的行为心理学家都认为，一个国家多数人的需要层次结构，是同这个国家的经济发展水平、科技发展水平、文化和人民受教育的程度直接相关的。在发展中国家，生理的需要和安全的需要占主导的人数比例较大，而高级需要占主导的人数比例较小；在发达国家，则刚好相反。

3. 需要层次理论在管理上的应用

马斯洛的需要层次理论虽然自问世以来一直有很大的争议，有一定的局限性，但在世界上流传很广。在许多国家和地区的管理、教育和培训等工作中有一定的应用价值，也是企业普遍应用的激励理论之一。

将需要层次理论应用于组织管理中，应注意以下几个问题。

第一，满足员工不同层次水平的需要。作为管理者需要了解员工目前的需要处于哪一个层次水平，找出相应的激励因素，采取相应的管理措施来满足员工的需要，从而引导和控制其行为，调动积极性，实现组织的目标。不同层次的需要，要有相应的激励因素和组织管理措施。

第二，满足员工不同个性的需要。管理者应注意到，不同个性的人选择工作时也会表现出很大的差异性。曾有一项研究发现，具有较高自我实现需要的人常常会选择具有挑战性的工作，具有冒险性和挑战性的工作及工作成就感对他们有极大的激励作用。相反，一些有较高交往动机和成就动机的人则尽量回避困难的工作，喜欢竞争性和风险性较弱的工作。作为管理者应设计个性化的激励措施。

第三，员工的需要不是一成不变的。由于生产力水平的变化、生活水平的提高，员工的主导需要也是在不断发展变化的。

总之，在组织管理中运用需要层次理论，要具体问题具体分析，针对不同的情况灵活对待。不能简单地根据层次顺序来激励员工，应把员工的需要引向更高层次，这样才能产生持久的激励作用。

4. 理论评价

一直以来，马斯洛的需要层次理论有积极方面，也有一定的消极方面。

积极方面如下。

第一，马斯洛提出人的需要有一个从低级向高级发展的过程，这在某种程度上是符合人类需要发展的一般规律的。

第二，马斯洛的需要层次理论指出了人在每一个时期都有一种需要占据主导地位，而其他需要处于从属地位。这一点对于管理工作具有启发意义。

第三，马斯洛需要层次理论的基础是他的人本主义心理学，人的内在力量不同于动物的本能，人要求内在价值和内在潜能的实现乃是人的本性，人的行为是受意识支配的，人的行为是有目的性和创造性的。

消极方面如下。

第一，需要层次理论存在着人本主义局限性。

第二，人的动机是行为的原因，而需要层次理论强调人的动机是由人的需要决定的。

第三，需要归类有重叠倾向。

第四，需要层次理论具有自我中心的倾向。

第五，需要满足的标准和程度是模糊的。

（二）赫茨伯格的双因素理论

赫茨伯格及其同事对匹兹堡地区 9 家工业企业的 200 多名工程师和会计师进行了访谈，调查被访者对工作感到满意和不满意的原因分别是什么，在调查研究的基础上，他提出了这一理论。

调查结果显示，使员工感到满意的因素往往与工作本身或工作的内容有关，赫茨伯格将其称为"激励因素"，包括成就、认可、工作本身、责任、晋升和成长六个方面。这些积极感情和个人过去的成就、被人认可以及担负过的责任有关，它们的基础在于工作环境中持久的而不是短暂的成就。使员工感到不满意的因素则大多与工作环境和工作条件有关，赫茨伯格将其称为"保健因素"，主要体现在公司政策和行政管理、监督、与主管的关系、工作条件、薪金、同事关系、个人生活、与下属的关系、地位以及安全保障这十个方面。

研究发现，使员工对工作感到满意的因素和不满意的因素是各不相同的。当员工对工作感到满意时，往往归因于一些使员工感到满意的因素，这些因素对员工产生直接激励作用，与工作本身所具有的内在激励感联系在一起，能促使人们产生工作满意感，能激发、鼓励人的积极性。它包括工作的成就感，自己努力获得承认，工作内容和性质本身，责任感，晋升，个人成长，激励人们去完成任务，如责任、成就等。

对于保健因素，如果不具备时往往会引起员工的不满意或消极情绪，对这些因素进行改进以后，则会消除员工的不满意，但并不能使员工感到满意；而对于激励因素，如果员工得到满足以后，往往会使员工感到满意，使他们具有较高的工作积极性和主动性。当这些因素缺乏时，员工的满意度会降低或消失，但是并不会出现不满意的情况。也就是说，保健因素只会导致不满意，却不会产生满意；而激励因素则只会产生满意，却不会导致不满意，这两个因素是彼此独立的。

据此，赫茨伯格认为，传统的"满意—不满意"的观点是不正确的。满意的对立面是没有满意，而不是不满意；同样，不满意的对立面是没有不满意，而不是满意。

赫茨伯格的双因素理论与马斯洛的需要层次理论有相似之处，他提出的保健因素就相当于马斯洛提出的生理需要、爱与归属需要等低级的需要；激励因素则相当于受人尊敬的需要、自我实现的需要等高级的需要，但这两个理论解释问题的目标更加明确，也更有针对性。

赫茨伯格的双因素理论对于人力资源管理的指导意义是，管理者在激励员工时必须区分激励因素和保健因素，要保持和调动员工的积极性，必须首先具备必要的保健因素，防止员工不满意情绪的产生；但只是如此还不够，更重要的是要针对激励因素，努力创造条件，使员工在激励因素方面得到满足，为此，要重视工作内容的设计、任务的分配等。需要注意的是，对于哪些是激励因素，哪些是保健因素，该理论的内容不一定适合各国的实际。对于每个人来说，不仅需要因人而异，而且激励因素和保健因素也各不相同。

（三）阿尔德佛的 ERG 理论

耶鲁大学的心理学家克雷顿·阿尔德佛提出了 ERG 理论。他根据对工人进行的大量调研，从而对马斯洛的需要层次理论进行了修正，认为人的需要可以归结为三种：生存需要（existence）、关系需要（relatedness）、成长需要（growth），由于这三个词的第一个英文字母分别是 E、R、G，因此又被称为 ERG 理论。

1. ERG 理论的主要内容

第一，生存需要。这是人类最基本的需要，包括生理上和物质上的需要，这类需要相当于马斯洛提出的生理需要和安全需要。

第二，关系需要。关系需要是指与他人进行交往和联系的需要，这相当于需要层次理论中的爱与归属需要和尊重需要中的他人尊重部分。

第三，成长需要。成长需要是指人们希望在事业上有所成就，在能力上有所提高，不断发展、完善自己的需要，这可以与需要层次理论中的自我实现需要以及尊重需要中的自我尊重部分相对应。

2. 三种需要的相互关系

第一，需要并存。ERG 理论认为，人在同一时间可能有不止一种需要会起作用，有时三种需要可以同时起作用。例如，在生存和相互关系需要没有得到满足的情况下，一个人也可以为成长的需要而工作。

第二，需要升级。马斯洛的需要层次是一个严格的台阶式上升序列，即认为较低层次的需要得到满足后，才能上升到更高层次的需要。而 ERG 理论却并不认为各层次需要必须是逐级上升的，而是可以跳跃的。

第三，需要受挫。马斯洛的需要层次理论是基于"满足—上升"的逻辑，认为一个人的某一层次需要未得到满足时，他可能会停留在这一需要层次上，直到获得满足为止。而 ERG 理论不仅是"满足—上升"，还提出了一种"受挫—回归"的观点。ERG 理论认为，当一个人在某一更高等级的需要层次受到挫折时，那么作为替代，他的某一低层次的需要会有所增强。例如，一个人的相互关系需要得不到满足后，他对更多金钱的欲望或更好的工作条件的愿望可能会更强烈。所以，高层次的需要受挫则会导致向较低层次的需要回归。

3. ERG 理论在管理中的应用

第一，了解员工的真实需要。阿尔德佛将人的需要分为三类，每个人有各自不同的需要，这种不同的需要导致他们在工作中有不同的行为表现，影响他们的工作绩效。例如，对于不同教育、家庭背景和文化环境的人，某种需要的重要程度和产生的驱动力强弱也是不同的。

第二，防止"受挫—回归"现象的发生。管理者应特别注意满足员工较高层次的需要，使员工需要的发展朝向更高层次的方向，避免"受挫—回归"现象的发生。

4. ERG 理论的原则

第一，需要并存原则：ERG 理论并不强调需要层次的顺序，认为某种需要在一定时间内对行为起作用，而当这种需要得到满足后，可能去追求更高层次的需要，也可能没有这种上升趋势。

第二，需要降级原则：ERG 理论认为，当较高级需要受到挫折时，可能会降而求其次。

第三，增强原则：ERG 理论还认为，某种需要在得到基本满足后，其强烈程度不仅不会减弱，还可能会增强，这就与马斯洛的观点不一致了。

5. ERG 理论的意义

需要就是激发动机的原始驱动力，一个人如果没有什么需要，也就没有什么动力与活力可言；反之，一个人只要有需要，就表示存在着激励因素。作为一名领导者，不仅要掌握充满活力的需要理论，还要善于将满足员工需要所设置的目标与企业的目标密切结合起来，同时应特别注重下属较高层次需要的满足，以防止"受挫—回归"现象的发生。

（四）麦克利兰的成就需要理论

麦克利兰（D. Meclelland）是美国哈佛大学的心理学家，20世纪50年代，经过大量的调查研究提出了成就需要理论：人的基本需要有三种，即归属需要、权力需要、成就需要。这三种需要是在生理需要基本得到满足的前提下提出来的，且都与组织管理中的激励工作有特别的联系。

1. 成就需要理论的主要内容

第一，归属需要。具有归属需要的人通常喜欢与别人建立友善、亲和的人际关系，并从中得到快乐和满足。他们比较注重保持一种融洽的社会关系，渴望他人的喜爱和接纳，希望与周围的人保持亲密关系以及相互的沟通与理解。他们充分享受其中的乐趣，随时愿意安慰和帮助危难中的伙伴，并喜欢与他们保持友善的关系。高归属需要的人通常喜欢合作性而不是竞争性的工作岗位。

第二，权力需要。权力是管理成功的基本要素之一，人在不同的发展阶段会有不同的权力需要，一般的发展过程是依靠他人—相信自己—控制别人—自我隐退。在这个过程中，主要包括个人权力和社会权力等。具有高权力的人喜欢承担责任，乐于影响和控制他人，重视自己的地位，倾向于寻求竞争性和领导性地位取向的工作环境，他们常表现出健谈、好争辩、直率、头脑冷静、善于提出问题和要求、喜欢教训别人、乐于演讲等特点。

第三，成就需要。成就需要者对胜任和成功有强烈的要求。他们追求卓越、争取成功，热衷于接受挑战；常为自己设定有一定难度而又不是高不可攀的目标，并去努力实现；敢于冒风险，又能以现实的态度对待风险，不存侥幸心理，善于分析和评估问题；愿意承担责任；追求的不是报酬本身，而是个人成就；想把事情做得比以前更好、更有效率。

2. 成就需要理论在管理中的应用

麦克利兰的动机理论在企业管理中很有应用价值。首先，在人员的选拔和安置上，通过测量和评价一个人动机体系的特征，对于如何分派工作和安排职位有重要的意义。其次，由于具有不同需要的人需要不同的激励方式，了解员工的需要与动机有利于合理建立激励机制。最后，麦克利兰认为动机是可以训练和激发的，因此可以训练和提高员工的成就动机，从而提高生产率。

3. 成就需要理论的贡献和不足

成就需要理论的贡献如下。

第一，麦克利兰指出了各种社会需要往往会对人们的行为共同起作用，而且会有一种需要对行为起主要作用的观点，是其理论中对马斯洛需要层次理论的一个最大的批判与发展。

第二，麦克利兰指出，预测业绩的最好因素不是诸如学历、技能等外在条件，而是人的深层素质，也就是水下的冰山部分。这个比喻虽然看似浅显，却蕴含着巨大的理论价值和实践价值，对管理学，尤其是对人力资源管理产生了重大影响，它揭示出影响个人绩效的最主要的素质并非是我们传统认为的那些东西。

第三，麦克利兰对于权力（支配）需要的研究则更进了一步。尽管他的观点还有再探讨的必要，但他对成就需要会妨碍领导活动的论证，对亲和需要不足以维系组织运转的论证，以及对权力两面性的区分，在领导理论中是极具启发意义的。

二、过程型激励理论

过程型激励理论研究的重点是激励行为发生的过程，研究人们的行为如何被激发、引导和延续，试图识别激励行为发生过程中各种动态变量之间的关系。

过程型激励理论中具有代表性的理论主要有弗鲁姆的期望理论、亚当斯的激励公平理论、洛克的目标设置理论和斯金纳的强化理论。

（一）弗鲁姆的期望理论

1. 期望理论的基本内容

期望理论的基本假设是人之所以能够从事某项工作并达成组织目标，是这些工作和组织目标会帮助他们实现自己的目标，满足自己某方面的需要。

效价是个体对某一目标效用价值的评价和期望程度。效价越高，其激励作用也就越大。效价的范围在 1 和 –1 之间，有三种情况：① 目标对自己重要时，效价为正值，最大效价为 1；② 目标对自己无意义时，效价为 0；③ 目标对自己不利时，效价为负值。只有效价为正值时，才对个体产生激励作用。

2. 期望理论在激励中的应用

期望理论提出，要真正调动人们工作的积极性，在进行激励时要处理好以下三个方面的关系。

第一，处理好努力与绩效目标的关系。在管理激励行为时，要认真考虑个人努力与绩效目标的关系，绩效目标的制定要切合实际，以能够有效调动员工的积极努力工作为标准。

第二，处理好绩效与回报的关系。当员工认为取得绩效后能得到合理的回报时，就可能产生新的工作热情；当员工认为取得绩效后没有得到合理的回报时，就可能降低其工作积极性。

第三，处理好回报与需要的关系。管理者在激励管理中，不要泛泛地采用一般的激励措施，而应当采用多数组织成员认为效价最大的激励措施，而且在设置某一激励目标时应尽可能加大其效价的综合值。

3. 实践意义

弗鲁姆的期望理论，对于有效地调动人的积极性，做好人的思想政治工作，具有一定的启发和借鉴意义，因为期望理论是在目标尚未实现的情况下研究目标对人的动机影响。一个好的管理者应当研究在什么情况下使期望大于现实，在什么情况下使期望等于现实，从而更好地调动人的积极性。

在思想政治工作中，应该充分地研究目标的设置、效价和期望概率对激发力量的影响。因为不同的人有不同的目标，同一个目标对不同的人也会有不同的价值。只有具体问题具体分析，才能真正调动每个员工的积极性。

（二）亚当斯的激励公平理论

1. 激励公平理论的基本观点

激励公平理论的基本观点是员工的工作动机不仅受到其所得绝对报酬的影响，还受到相对报酬的影响。

激励公平理论指出，当一个人做出了成绩并取得了报酬以后，他不仅关心自己所得报酬的绝对量，而且关心自己所得报酬的相对量，即与他人所得报酬的比较。他要与他人进行比较来确定自己所获报酬是否合理，比较的结果将直接影响他今后工作的积极性。

这种公平比较有两个角度：一是横向比较。把自己付出的劳动和所得的报酬与他人付出的劳动和所得的报酬进行社会比较；二是纵向比较。对自己现在付出的劳动和所得的报酬与自己过去付出的劳动和所得的报酬进行历史比较。

这种公平比较有三种可能的结果：一是双方的报酬与贡献的比值相当，个人感到待遇公平；二是自己的报酬与贡献的比值比别人的报酬与贡献的比值高，这是一种自己占了便宜的不公平待遇；三是自己的报酬与贡献的比值比别人的报酬与贡献的比值低，这是一种自己吃亏的不公平待遇。

当感到比较结果不公平时，特别是自己得到吃亏的不公平待遇时，个人会产生不安或不满的情绪，因此会想办法使不公平待遇变得较为公平，包括曲解自己或别人的报酬或贡献，采取某种行为使别人的报酬或贡献发生改变，采取行动改变自己的报酬或贡献，如改变比较对象、辞去工作等。

2. 激励公平理论的应用

管理者在进行激励时应考虑到以下几点。

第一，影响激励效果的不仅有报酬的绝对值，还有报酬的相对值。在实践中，为了达到较好的激励效果，在报酬的绝对值方面，不仅要注意报酬的刚性增长，也要注意对人们期望心理的疏导；而在报酬的相对值方面，要注意报酬在组织范围内同类岗位之间以及不同岗位之间的相对公平。

第二，公平与人们的主观感受有关，在激励过程中应注意对激励对象的引导和沟通，从而使激励对象树立正确的公平观。正确的公平观包括三个内容：第一，要认识到"绝对的公平是不存在的"；第二，不要盲目攀比；第三，不应"按酬付劳"，造成恶性循环。

第三，激励应务求公平，力求提高和完善组织的管理水平，使比较存在客观上的相等，从而在组织中营造一种公平合理的气氛，促使员工产生公平感。

（三）洛克的目标设置理论

1. 目标设置理论的主要观点

目标设置理论认为设置目标是激励管理中的重要方法。

具体的目标比笼统的目标效果更好，更能够影响个人对目标的感知价值和可接受性。

目标设置理论的具体观点如下。

第一，如果能力目标的可接受性等因素保持不变，则目标越困难，绩效水平越高。

第二，反馈能引导行为的改变。

第三，员工参与目标的设置往往会激发员工更加努力地工作，参与能提高目标本身作为努力方向的可接受性，也会增强员工在内心对目标的承诺。

2. 目标设置理论的应用

进行目标设置时，管理者应注意的问题：一是个人目标与组织目标一致；二是目标设置既有挑战性又有现实性；三是目标体系要方向明确、内容具体、时间界限清晰；四是目标可以由管理者设置，也可以由员工自己设置，或者由管理者和员工共同设置；五是目标设置必须要有反馈环节。

3. 在目标设置过程中应注意的问题

目标设置是目标激励的重要组成部分，在工作中设置什么样的目标才能达到目标与绩效的优化组合，设置的目标与个体的切身利益密切相关。因此，管理者和员工在目标设置过程中应注意以下几个方面的问题。

第一，目标设置必须符合激励对象的需要。

第二，注意目标设置的具体性。

第三，注意目标的阶段性。

第四，目标难度的拟定上要适当，过高了力所不及，过低了不需努力，轻易得到，都不能收到良好的激励效果。

第五，合理运用反馈机制。

第六，鼓励员工参与个人目标和企业目标的设置。

第七，目标设置应注重对员工努力程度的反应，进行个性化的工作衡量。

（四）斯金纳的强化理论

强化理论是由美国心理学家斯金纳提出来的，强化理论认为人的行为是由外部因素的刺激而引起的。

1. 强化理论的主要内容

（1）强化理论的基本观点

强化理论是以斯金纳的操作条件反射理论为基础的，它着眼于行为的结果。在形成操作条件反射过程中，个体的行为是主动的，个体为了获得某种奖励或回避不好的刺激，主动地选择自己的行为。无论行为的结果是奖还是罚，行为结果作为一个刺激物对个体行为都具有强化的作用。操作条件反射也称为工具性条件反射。斯金纳认为，人类的大部分行为都是条件反射，行为取决于行为的结果。人为了达到某一目的而做出行动时，会得到一定的结果。这一结果便强化了先前的类型。

（2）强化的类型

1）正强化。正强化是通过积极的行为结果使员工的某种行为得到巩固和加强。当员工做出了所期望的行为后，应给予物质和精神上的奖励，对其行为加以肯定，从而使这种行为能力保持下去，这是一种积极的强化。在组织管理中，如发奖金、对成绩的认可、表扬、改善工作条件以及人际关系、晋升、安排担任挑战性工作、给予学习和成长的机会等都能起到正强化作用。

2）负强化。负强化是通过消极的结果使员工的某种行为减少和终止。负强化分为以下三类。

① 回避。回避是为了避免惩罚，预防不希望的刺激发生，从而促进所希望的行为发生。

② 惩罚。惩罚是通过某种带有强制性、威胁性的结果，使员工的某种行为终止。

③ 消退。消退是撤销对某种行为结果的强化，以表示对该行为的轻视或否定，使这种行为出现的频率逐渐减少，最后消失。

经过比较研究，结果发现：不同的强化所起的作用是不同的。例如，连续强化比间歇强化反应速度快，但一旦停止强化后，其行为将很快消失；间歇强化的效果虽不如连续强化的速度快，但保持时间长。所以，在管理中，不仅要注意强化刺激的内容，还要注意强化的方法和手段。

2. 强化理论在组织管理中的应用

第一，针对不同的员工应采用不同的强化方式。员工的年龄、性别、职业和文化背景不同，他们的需要就不同，强化方式也应不同。同一种强化方式对一部分人有效，而对另一部分人则不一定有效。

第二，及时反馈、及时强化。及时反馈就是通过某种途径，及时将工作结果告诉员工。无论结果好与坏，对行为都有强化作用。好的结果可以激励员工继续努力；坏的结果则可以促使员工分析原因，及时矫正行为。

第三，分阶段制定目标，小步子强化奖励。在激励员工时，不仅要设置一个总目标，还要根据总目标设置诸多个分目标。每完成一个分目标都及时给予强化激励，通过不断地激励逐渐增强信心，有易于最终实现总目标。

第四，奖惩结合，并且以奖为主。强化理论认为，正强化和负强化都有激励作用。在实践中，应以奖励为主，以惩罚为辅，两者结合，收到的效果才会更好。

第三节　激励艺术

一、物质激励

（一）工资、奖金、津贴

工资、奖金以及津贴等以金钱形式表现出来的薪酬待遇能够满足员工的多种需要，是一种最常用的激励员工的形式和手段，在经济方面，它可以直接满足员工的生理需要及其他一些物质需要。在非经济方面，它既是成绩的象征、安全的保障，又是地位的标志、自尊的依据，它的微妙之处在于它是一种力量的象征。如果员工在获得组织报酬时感到不公平的话，员工就会偷懒，士气低下，流动率和缺勤率也会随之提升。当工资很低时，人们就会偷懒，降低绩效，能少干就少干。因此，适当的工作评估方案，重视有员工代表参与评估工作和科学的薪酬制度是非常重要的。合理的薪酬是建立在公平公正的基础上的，激励人的最好办法就是将两者结合起来：固定工资和浮动工资。固定工资确保员工的基本生存需要，而浮动工资则根据员工的工作表现与贡献而变动，这样会激励员工努力工作。

（二）技能培训，职务晋升

技能培训可以提升员工的工作能力和技术，这为将来谋求更好的薪酬提升和职位晋升提供了有力的保障。

伴随职务晋升而来的，如更高的工资和福利等，取得进步的感觉也具有激励性。让员工在一个有变化的环境中工作，并能直接地看到自己的努力与进步的轨迹，员工就会在一个职位上做更长时间，也会工作得更有效。这也许有助于留住那些好的员工，也构成了一种承认员工绩效的方式。

（三）员工持股和股票期权满足

所有权增加了除普通薪酬方案之外的创造额外个人财富的可能性，只靠用常规的工资增长无法显著增加普通员工的收入，激励股票期权给单调的薪酬方案带来了令人兴奋的元素。关注公司每天的股票，能让每个拥有公司股份的人都牢记个人奉献对公司绩效的重要性，尤其在股价上。此外，当达到绩效目标时，激励性股票期权的收益是立竿见影的；所有权能吸引有才能和不稳定的员工留在公司，而不会因为较高的基本薪酬跳槽；所有权，特别是激励性股票期权形式，是一种有经济吸引力的支付员工高绩效报酬的方法。

利益是永恒的激励，员工持股是一种长期的激励方式，以近期满足的不断积累来达到长期满足。这种满足建立在员工与企业长期合作的基础之上，对企业也相当有利。因为员工与企业的利益休戚相关，员工不会有短期行为，所以越来越多的现代企业正在引入、运用并发展这种方法。

（四）社会保障和其他企业的附加福利

通过包含医疗、养老、失业、工伤、生育等重要内容的社会保障，保障员工在遇到不可测的事件时的基本生活，使其不至于陷入困境。企业年金计划等附加福利，可以使员工在退休后享受更高的生活质量。

（五）福利性娱乐设施、带薪休假、交通补贴、员工餐厅等

由企业斥资提供的娱乐性福利措施，主要目的在于进行一些增进组织内员工交往与锻炼机会的活动，以促进员工身心健康，从而增加员工和睦的氛围与合作意识，最基本的目的还是在于通过这类活动，加强员工对公司的认同感和归属感。

带薪休假既维护职工的休息休假权利，从而保证劳动力的再生产，又调动职工的工作积极性，有利于实现绩效的提升，还有适当的交通补贴、通过员工餐厅向员工提供低廉的美味餐饮等一些福利形式，也是重要的间接激励方式。这些方式可以弥补直接满足的不足，是员工重要的动力来源，它能提高员工的积极性，增强向心力，加强归属感。

二、非物质手段

在某种程度上，非物质奖励不但有效，而且比物质奖励更为有效。

（一）信任、区别对待与关怀

管理人员采取信任的态度能让员工知道自己得到重视。中国古语云："用人不疑，疑人不用。"给下属充分的信任，放开手让员工按照自己的思路去做事，让下属觉得自己也很重要，这样才能充分发挥其潜力，调动其积极性。管理者亲自公开赞扬出色完成任务的员工，员工因赞扬受到激励，对于交付的工作就能愉快地完成。

每个人激励的原动力都不同，应尊重每个人的尊严和价值。关心每个员工的情况，给予处于困难或弱势的员工适当的帮助，这不仅是一种情感激励，也是一种投资，被帮助的员工会心存感激，会以热情和努力来回报企业。

（二）参与决策，共同设置目标

人们越是高度参与到制定和他们相关的任务目标中，越是可以激发他们完成这些任务的积极性，通过让他们参与到决策中，领导们也可以提高自身的诚信度。培养员工的主人翁意识，激起员工对工作的自豪感和责任感。不同程度地让员工参加组织的重大问题，可以让员工感受到与管理者有关的问题而受到激励。

（三）自我激励的组织文化

合理定位并积极宣传组织文化，让员工体会到归属感，确保员工有大量的机会在非正式场合与同事认识，如野餐会和日常工作之外的活动，让他们自己去建立和谐友善的关系，使他们感受到自己是组织的重要一员来激励他们。

（四）公正和工作稳定性

员工对公平的感知不仅局限于那些明显的经济因素，在大多数员工的公平、公正观念中，一个关键的心理因素在于是否受到尊重。在组织中，尊重不仅是被当作一个有责任的个体，而且把他们看成重要和独特的，而不是基于对性别、收入或是对组织的贡献这些因素的考虑。在日常组织工作中，管理者的基本礼仪和礼貌对于员工来说是尊重的一个标志，如像"早上好"之类的简单问候，比起冷漠的态度来说，对员工士气的振奋就有明显的作用。

工作的稳定性以及它对员工士气和绩效的重要性，并不意味着可以提升终身雇佣的保障。当员工对他们的工作稳定性感到焦虑时，应尽量避免不当的裁员，因为这样会对员工的士气产生消极的影响，从而影响经营绩效。但是，如果不得不裁员时，应该与员工进行诚恳和全面的交流，提供慷慨的解雇金，并承诺当公司再次招聘时，一定会优先考虑他们，同时还要让余留的员工明白裁员是为了帮助公司解决当前的困难。

三、物质激励与非物质激励的关系

物质激励与非物质激励相对应，是按照激励的内容划分的两种激励形式，是分别采用物质激励和非物质激励调动人们积极性的两种方法。物质方面和非物质方面的需求，是人们产生某种动机，导致某种行为的主要源泉。

物质激励和非物质激励紧密联系，互为补充，相辅相成。物质激励必须包含一定的思想内容，而非物质激励则需要借助一定的物质载体。而且，只有物质激励手段和非物质激励手段相结合，才能达到事半功倍之效。

四、企业如何做好物质激励与非物质激励

企业首先应该给予非物质激励以高度的关注，在企业内部构建系统的多元化回报与激励体系；其次，在对员工的内在需求现状调查研究的基础上，设计与实施有针对性的非物质激励措施；最后，通过企业文化和组织氛围建设，在企业内部构建长效的激励动力源泉。

从中国企业激励的现实来看，最有效的非物质激励方法应该重点关注：加大人力资源开发的物质投入，通过系统的培训教育，提高员工的职业化能力，提升员工对企业的组织承诺度；通过文化和氛围建设，增强员工的凝聚力；通过机制优化和变革，提升员工对企业的认同感。

第四节　德邦物流是如何激励员工的

一、策略决定怎么激励

物流是个很古老的行业，过去的镖局干的就是这个行当。电子商务崛起对现代物流刺激很大，发展很快，但真正懂得现代物流运营和物流管理的人才非常少，在德邦物流董事长崔维星心头，用人是最重要的问题之一。是自己培养，还是从外面招聘？不同的选择，其薪酬和福利策略也将不同。

德邦选择了自己培养这个相对漫长的方式，这也能体现崔维星着眼长远的思维习惯，他说："用长跑的理念来经营人生、经营公司，才有资格坐在这里，虽然公司已经从4个人发展到了3万多人，但我认为万米长跑的25圈才跑了三五圈，好戏还在后面。"

所以，从2004年起，德邦开始从高校大规模招聘应届毕业生，单在2017年，德邦就招聘了5000多名大学生、400多名研究生。特别是家境不太好、能吃苦耐劳的优秀大学生，这个选人的侧重点，在德邦激励设计中，还会被重点考虑。如何招人并非本文的重点，我们将重点讨论德邦如何激励他们。

二、激励就要让员工"爽"

如果立足于内部培养，接下来的问题就是，如何让员工迅速成长，并且尽心尽力为公司服务，德邦的做法可概括为："围绕'爽'字做文章，让员工'爽'起来"。

相比那些互联网公司新奇特的福利设置和激励手段，德邦的体系初看不显山不露水、平淡无奇，但深入则会发现，环环相扣。特别是福利制度的背景，是崔维星内心深处想让员工在德邦"爽"起来的一贯思路。

那么，德邦到底怎么让员工"爽"呢？

（1）福利"爽"。德邦的福利充分体现了人情味儿和人性化。如"亲情1+1"，德邦每月寄200元给员工家属，费用由公司和员工各担一半；"家庭全程无忧"，员工从结婚到生小孩，直到孩子上幼儿园、小学、初中、高中和大学，公司每年都给予一定补助；"集体婚礼"，德邦每年为员工组织一次大型的集体婚礼活动，员工层级不同，花费也不同。2011年总监级以上层级的集体婚礼，在马尔代夫举行，每对夫妇的花费在2万元以上，费用全部由德邦承担。

在德邦，培训既是人才培养战略的重要一环，也是一项重要福利。德邦也非常舍得投入，专门成立了德邦学院，员工从入职到每一次晋升，都需要经过学习和培训。在培训中伴随测评，获得班级前50%的才有资格晋升。如果从晋升来看，德邦做得相当公平，我们曾经做过一次大规模的无记名问卷调查，95%以上的员工认为晋升靠的是能力和业绩，而不是关系。在一家3万多人的企业中，能做到这一点实属不易。

（2）晋升"爽"。德邦员工的晋升速度，在业内出了名的快，在这个员工几万人的企业中，人力资源部负责人居然是在公司工作还不满3年的应届硕士，综合管理部负责人也不过本科毕业5年。通常情况下，大学生干满1年即可升任经理，经理干满2年即可升任高级经理。但从薪酬来看，德邦的薪资水平在业内并不具有竞争力，并且层级越高，薪资竞争力就越差，德邦副总裁的薪酬，大约在市场水准的25分位线左右。

所以，薪酬不是留住人才的最重要因素，在薪酬竞争力不强的情况下，德邦总监以上管理人员离职率为零。为何能留住人才呢？员工的满意度为何远高于同行？这就是德邦激励设计的奥妙所在。

思考题

1. 什么是激励？激励的作用和原则有哪些？
2. 激励有哪些类型？
3. 内容型激励有哪几种？
4. 激励应注意的原则有哪些？
5. 激励艺术有哪些？

第十章　中国式人才开发与教育培训

导读：

"建国君民，教学为先"，这是《礼记·学记》中的一句话。意思是说，建设国家、管理人民，要把教育作为最优先、最重要的工作。企业发展要想基业长青，必须要建立起自己的教育培训（即人才开发培养）系统。

教育和培训工作是两项不同的工作，教育以思想和智慧为先导，其目的是教育做人；培训以知识和专业能力为先导，其目的是培训做事。企业教育培训系统，首先应教育员工做人，然后才是培训员工做事。"人才"的前提首先是成人，然后才是成才。人对了，事就对了，结果就对了，即使发生错误和偏差，也会及时自我修正。

企业不要为了培训而培训，一定要构建有效的教育培训系统，为了有效地培养人才而培训。培养人才，做人教育系统比做事培训系统重要百倍。

请注意，培训评估不是对老师的评估，培训评估是对学生的评估。对老师的评估是企业的责任而非学生的责任，并且对老师的评估应该在老师授课之前就已经结束了，授课之后就应该是对学生的评估了。

培训就是复制成功，培训要让成功者来培训，做到了，才有资格成为培训讲师。培训不是光讲理论，成功了，老师怎么讲，学生都会信。没有成功，把理论和道理讲得再天花乱坠，学生都不会信。

第一节　关于人才开发与教育培养

"一年之计，莫如树谷；十年之计，莫如树木；终身之计，莫如树人。一树一获者，谷也；一树十获者，木也；一树百获者，人也。我苟种之，如神用之，举事如神，唯王之门。"——《管子·权修》

企业员工的培训和发展是企业人力资源开发的一个重要内容。从员工个人来看，培训和发展可以帮助员工充分发挥和利用其人力资源潜能，更大程度地实现其自身价值，提高员工的满意度，提高对企业的组织归属感和责任感；从企业来看，对员工的培训和发展是企业应尽的责任，有效地培训可以减少事故，降低成本，提升工作效率和经济效益，从而增强企业的市场竞争能力。因此，任何企业都不能对员工的培训和发展掉以轻心。

组织发展，人为根本；基业长青，教育为先，这是小到一个企业，大到一个国家发展的必经之路。国家的发展就是一部培养人才、重用人才的国家历史。同样，一个企业的发展也就是一部培养人才、重用人才的企业历史。

马云说过，学校里是培养不出管理大师的。我国现在的学校教育是需要改进的，当前的教育大多不以培养人才为目的，可以说，从小学开始，教育都是以成绩为导向，不是以人才为导向，所以我们培养了一批又一批的学习机器，填鸭式应试教育只能教给学生知识，而不能增长学生的智慧。很多学生毕业后，光有知识，缺乏智慧，高分低能，眼高手低，急于求成，急功近利，这样的教育是失败的。培养人才要重视目标的社会性。学校培养人、发展人的核心职能，其确立的标准是培养社会需要的人。学校培养目标的内容应当是与社会发展同步甚至超前的，这样，学校才能真正变成一个人才库。

中小学教育，特别是小学教育比大学教育重要一百倍，前者教育成人，后者教育成才。但是我们现在很多中小学教育的老师以成绩为目的，以评价、争做"优秀"老师为目的，题山文海，这是对学生的极度不负责任，这是对社会最大的不负责任。

一个社会的发展，很多东西都可以市场化、商品化，但是，教育、医疗和国防是不能市场化、商品化的。人类需要工业、科技，但是人类不需要工业化、科技化，极端工业化、科技化将会毁灭人类；人类需要商业，但不需要商业化，商业化会使人退化，失去人的灵性，变成动物和牲口。教育培训也一样，人类所有的活动服务于一个共同的目标，一切为了健康、幸福与和谐，这才是根本。

人才开发，应该相互联系地分为两个系统，即做人教育系统和做事培训系统。一个人如果把人做好了，即使他是一个文盲，也可以成就一番事业。做人的教育系统比做事的培训系统重要一万倍。前者是人生智慧的开发；后者是做事知识方法的学习。前者是根本，是主干，是基本功；后者只是枝叶，是补充。知识再多，能力再强，如果人没有做好，人生都不会有大成功。

企业员工培训的主要目的有四项：育道德、建观点、传知识、培能力，且缺一不可。对于这四项不同层级的培训目的来说，前两者是软性的、间接的；后两者是硬性的、直接的。从中国阴阳哲学来看，前两者属阴，是看不见的手；后两者属阳，是看得见的手。前两者是做人的基础；后两者是能力的发展。前两者教育做人的道理，也就是成人；后两者培养能力，也就是成事。如果培训的这四个目标都达到了，那么人才就培养出来了。

下面是一篇堪称历史上最牛的演讲。这是甲骨文公司总裁 Larry Ellison 在耶鲁大学给毕业生所做的演讲。演讲全文如下：

耶鲁的毕业生们，我很抱歉，如果你们不喜欢这样的开场白。我想请你们为我做一件事，请你——好好看一看周围，看一看站在你左边的同学，看一看站在你右边的同学。

请你设想这样的情况：从现在起 5 年之后，10 年之后，或 30 年之后，今天站在你左边的这个人会是一个失败者；右边的这个人，同样，也是个失败者。而你，站在中间的家伙，你以为会怎样？一样是失败者。失败的经历，失败的优等生。

说实话，今天我站在这里，并没有看到一千个毕业生的灿烂未来。我没有看到一千个行业的一千名卓越领导者，我只看到了一千个失败者。你们感到沮丧，这是可以理解的。为什么，我，埃里森，一个退学生，竟然在美国最具声望的学府里这样厚颜地散布异端？

我来告诉你原因。因为，我，埃里森，这个行星上第二富有的人，是个退学生，而你不是。因为比尔·盖茨，这个行星上最富有的人——就目前而言——是个退学生，而你不是。因为艾伦，这个行星上第三富有的人，也退了学，而你没有。再来一点证据吧，因为戴尔，这个行星上第九富有的人——他的排位还在不断上升，也是个退学生。而你，不是。你们非常沮丧，这是可以理解的。你们将来需要这些有用的工作习惯。你将来需要这种"治疗"。你需要它们，因为你没辍学，所以你永远不会成为世界上最富有的人。哦，当然，也许，你可以，以你的方式进步到第 10 位、第 11 位，就像 Steven。不过，我没有告诉你他在为谁工作，是吧？根据记载，他是研究生时辍的学，开化得稍晚了一些。

现在，我猜想你们中间很多人，也许是绝大多数人，正在琢磨："能做什么？我究竟有没有前途？"当然没有。太晚了，你们已经吸收了太多东西，以为自己懂得太多。你们再也不是 19 岁了。你们有了"内置"的帽子，哦，我指的可不是你们脑袋上的学位帽。

嗯！你们已经非常沮丧了。这是可以理解的。所以，现在可能是讨论实质时了——绝不是为了你们，2017 届毕业生。你们已经被报销，不予考虑了。我想，你们就偷偷摸摸去干那年薪 20 万美元的可怜工作吧，在那里，工资单是由你两年前上学的同班同学签字开出来的。事实上，我是寄希望于眼下还没有毕业的同学。我要对他们说，离开这里。收拾好你的东西，带着你的点子，别再回来。退学吧，开始行动。

我要告诉你，一顶帽子、一套学位服必然要让你沦落，就像这些保安马上要把我从这个讲台上撵走一样必然。（此时，埃里森被带离了讲台）。

这篇演讲揭示了教育培训最大的本质，也就是人才最宝贵的能力在于创新和创造能力，只会做事，墨守成规，安于现状，充其量只是工才，不是人才，或者说得不好听点，就是奴才。

这里还有一个故事：

一位科学家做过一个有趣的实验，他把跳蚤放在桌上，一拍桌子，跳蚤迅即跳起，跳起高度均在其身高的 100 倍以上，堪称世界上跳得最高的动物！将跳蚤装在一只透明的敞口玻璃瓶中，再让它跳，跳蚤还是一跃而起，跳出玻璃瓶。然后，科学家拿了一个无色透明的玻璃盖子，将玻璃瓶盖住，这一次跳蚤跳起来后碰到了玻璃盖。连续多次后，跳蚤改变了起跳高度以适应环境，每次跳跃总保持在玻璃盖以下高度。接下来科学家逐渐改变玻璃盖的高度，跳蚤都在碰壁后主动改变自己的高度。最后，玻璃盖接近玻璃瓶底部，这时跳蚤已无法再跳了，只能在瓶底爬了。科学家于是把玻璃盖拿掉，再拍桌子，跳蚤竟然不会跳，变成"爬蚤"了。后来，科学家又在玻璃杯下面点上一盏酒精灯，"爬蚤"在酒精灯加热的作用下，又一跃而起，重新变成了跳蚤。

我们的教育培训也好，管理也罢，是要发挥玻璃盖的作用，还是要发挥酒精灯的作用？答案非常清晰，那就是我们要发挥酒精灯的作用。

我的小孩从6岁开始就有一个爱好，就是特别喜欢拆玩具，买回来的玩具枪、飞机、轮船，统统地都被他拆掉。我母亲从老家来看到后跟我讲，你不能这样教育孩子，这样下去完全是个败家子。后来，我单独给我母亲讲了一句话，我母亲就明白了，我说："不会拆房子的永远不会盖房子。"这就是要培养孩子的创造力。后来，他8岁就可以自己用马达组装电风扇了，还嚷着给他买物理、化学书，他要学习物理和化学。

所以，企业的教育培训是一样的，我们需要得到人才，我们就构建人才成长发展的机制，同样用培养人才而非工才的方法来培养人才，只有这样，种瓜得瓜，种豆得豆，企业最后才会得到人才。

第二节　培训的现状和误区

一、培训的"冰山理论"

根据"冰山理论"，影响员工行为的因素有知识、技能、态度和习惯。在海平面上可看到的，可称之为"行为"，也就是说，一个人表现在外，被人所看到的，如同冰山一角。行为的构成，源自员工知识的多少、技能的熟练度、态度及习惯的好坏。所以，根据员工的行为，可判断出员工在知识、技能、态度以及习惯方面存在的问题。找准问题，对症下药，使培训达到预期的效果。

二、培训的目的误区

很多企业抱怨培训没有收到效果，甚至还认为培训起到了反作用，其根本原因在于这些企业的培训目的本身就陷入了误区。许多企业提出以下的培训目的。

第一，从根本目的来说，培训是满足企业长远的战略发展需求。

第二，从职位要求来说，培训是满足职位要求，改进现有职位的业绩。

第三，从员工角度来说，培训是满足员工职业生涯发展的需要。

第四，从管理变革来说，培训是改变员工对工作与组织态度的重要方式。

第五，从响应环境来说，培训有利于员工更新知识，适应新技术、新工艺的要求。

对于任何一家企业来说，培训都离不开以上这些目的。不可否认，这些目的对于企业培训来说都很重要，但是这些目的却违背了培训的根本。

三、培训的执行误区

培训对企业的发展是十分重要的。同时，企业管理者也必须认识到培训不可能解决公司遇到的所有问题。有些管理者把经营问题错误地看成培训问题，于是，必然产生以下几种误区。

第一，聘用了一个技能不符合要求的人也没关系。如果雇来的人不能满足这项工作的最基本要求，那便是录用问题，而不是培训能解决的。

第二，培训能改变员工恶劣的态度。如果员工的态度影响了工作，公司就必须了解产生这种态度的缘由，也许与公司的组织气氛有关系，也许问题出自公司的组织结构。如果贸然将员工送去培训，只能使其态度更恶劣。

第三，培训能解决所有的工作绩效问题。员工由于脾气暴躁与顾客发生争吵，如果主管不与其沟通，只是简单地送去培训，结果收效甚微。其实，这是个奖惩问题，而不是培训问题。

第四，新员工自然而然会胜任工作。有些管理者错误地认为，新员工只要随着时间的推移，会逐渐适应环境而胜任工作。国内的企业大约有 80% 没有对新员工进行有效的培训，就立即分配到正式工作岗位上去了。

第五，培训支出是提高成本而不是投资行为。松下幸之助曾说，企业中各方面的钱都可以省，唯独研发费用及培训费用绝对不能省。

第六，培训是企业的义务而不是员工的权利。作为企业的管理者，有责任，也有义务让每一位员工明白：关心并参与培训，意味着把握自己未来发展的主动权，这不仅是事关企业单方面利益的事，也是员工自己应有的权利。

第七，流行什么就培训什么。企业需要有目的、有步骤、系统地进行培训。

第八，培训时重知识、轻技能、忽视态度。在培训中以建立正确的态度为主，重点放在提高技能方面。

除上述误区以外，企业管理人员还存在许多误区，例如有什么就培训什么，效益好时无须培训，效益差时无钱培训；忙人无暇培训，闲人正好去培训；人才用不着培训，庸才培训也无用；人多的是，不行就换人，用不着培训；培训后员工流失不合算；等等。管理者如果不消除这些培训误区，就不可能对培训引起足够的重视。

四、培训的管理误区

（一）管理层和被管理层培训不同步

培训的管理误区存在三种情况：一是老板学习，员工不学习；二是老板学习，员工学习；三是员工学习，老板不学习。在这三种情况中，最糟糕的是最后一种情况，即员工学习，老板不学习，如果老板认为学习是员工的事情，企业的发展只要求员工进行相关方面的学习，而自己没有必要学习，就会形成这样的局面：在员工还没有学习时，很多知识都不知道，也没有什么想法，更不会去争辩道理，虽然在能力方面有待提升，但是至少对于老板来说是很好管理的；在员工学习以后，员工知道得多了，你说什么，他都可以去跟你分析、讨论、讲道理，慢慢就变得不听话，产生许多抵触情绪，反而不好管理了。

（二）培训学习不系统

随着培训的不断发展，各种培训理念应运而生，不同的培训老师对于同一课题会有不同的看法和理解，逐渐形成了不同的派别。然而有些情况下，不同派别的老师其观念之间是相互矛盾的，而大多数参训学员在汲取知识时缺乏敏锐的分辨能力，有些企业今天派几个员工去学张老师的"峨眉派"，明天又派几个员工去学王老师的"武当派"，后天再派几个员工去学李老师的"少林派"……最后回到企业后就是"八仙过海，各显神通"，你不服我，我不服你，学习越多，矛盾越多。学习了很多流派，反而没有形成企业自己的派别。

（三）学习什么，回来后就用什么

培训学习的成果是要慢慢领悟的，很多企业老板对于培训成果急功近利，今天听了刘老师的课，觉得讲得很有道理，回来之后立即开会执行刘老师的观点和方法。隔了几天，又去听吴老师的课，觉得也非常有道理，回来之后马上行动，按照吴老师的观点和方法操作。学习一次，企业瞎折腾一番，几经折腾，最后把企业折腾关门了。还有的企业，今天听财务课程，财务老师说，财务管理是企业中最重要的，是核心；明天又听营销课程，营销老师讲，营销管理是最关键的，是龙头；过几天学人力资源课程，人力资源老师又说人力资源管理是企业的根本……管理者回来后，一会儿抓财务，一会儿抓营销，一会儿又抓人力资源。如此几番折腾，企业必然难以招架。

（四）培训评估评错了对象

企业请老师讲课，课程结束后，十有八九都变成了学生对老师的评估。因为企业出钱了，要检验一下这个老师讲得好不好。所以整堂课程中，学生都在以评判的态度来学习，目标聚焦在老师讲课的效果如何，而不是聚焦在自己能够领悟和学习到多少内容。所以，"江湖派"老师往往非常吃香。有很多老师，特意为了迎合这种课程，练就全身的本领，让现场气氛十分活跃，至于学员能不能学到内容，这个不重要，重要的是学员开不开心、满不满意。所以很多课程最后形成的效果是，听之前激动，听之时感动，听之后就一动不动。学员回去一想，好像什么东西都没有学到。培训评估的对象是学员而非老师，请老师讲课，就要尊重认可老师。对老师的评估应该在培训之前就已经结束了，而不是在讲课时才进行评估。对学员的评估，才是培训的根本。

第三节　企业本质：两大"工厂"

企业的本质是人才的平台。通过这个平台，企业保障所属人才得以成长发展、施展自我才能、实现人生价值、活出生命的意义。企业为人才提供服务，人才为客户提供服务，通过这种方式，企业为社会进步、人类发展做出贡献，同样，工资也不能看作企业发给人才的，工资是企业为人才提供的平台，人才为社会做出贡献后，社会委托企业给予人才的报酬。

企业是以追求利润为根本的，因为没有利润，就没有能力为国家缴税，没有能力为社会创造就业机会，没有能力对员工的成长和发展负责，也就谈不上社会的进步和人类的发展。但是，利润并不是企业追求的首要目的。企业的使命应该是创造、服务和留住顾客，而利润是企业服务顾客、推动社会发展，为社会发展做出贡献后，社会给予企业的回报。

千秋大业，人才为本。企业是由人组成的集合体。破解"企"字，有一个恰当的说法："有人则企，无人则止"。人才是企业发展的非常重要的战略性资源。成功的企业，必然是能不断聚集和持续培养高素质人才的企业。培育人才的结果，就企业而言，是生产力和竞争力的增强；就员工而言，是工作生活质量和人生满意程度的提高。企业不单单生产产品，更生产人才。企业的竞争，说到底是人才的竞争，如何开发人才、培养人才和使用人才，充分发挥人才的积极作用，已成为现今摆在每一个企业面前的重要课题。

企业的竞争就是人才的竞争，"栽好梧桐树，自有凤凰来"。如果说人才是"千里马"，企业领导就是"伯乐"，"千里马"受到"伯乐"慧眼相识，必将深感知遇，从而倍加努力，驰骋万里，奋勇向前。因此，企业做好人才的培养，自然而然也就提升了自身在市场上的竞争力。

企业应该追求利润，但不应该以追求利润为首要目标，企业应该以客户满意度为首要目标，客户对企业满意了，利润自然而然就来了。因此，我们要弄清楚如何让客户满意，因为我们的员工是与客户直接接触的，客户主要是从员工那里得到企业的信息，员工的一言一行都代表着企业的形象，可以说，客户的满意度取决于员工给他们带来的感觉。如何能够让员工给客户带来良好的感觉，是我们讨论客户满意度的关键。而我们知道，员工只有身心舒畅，才可能给客户带来最贴心的服务，员工如果不安心、不满意、心存抱怨，是服务不好客户的，客户的满意也就无从谈起。因此，我们想要获得客户的满意，必须首先让员工满意，用真心去感动员工，员工才能用真心去感动客户，也就是说，员工的满意度决定了客户的满意度。知道了这一点，我们就需要去探究员工的满意度来自哪里。分析中华英才网对大量中国企业做出的一项关于影响客户满意度的因素的调研结果，我们发现，排在第一位的是员工的职业发展空间，紧随其后的就是直接上司的领导水平。其实，员工的职业发展空间与直接上司的领导水平也是紧密相连的，因此我们可以得出一个结论，就是中层经理干部的领导能力决定了员工的满意度。中层经理干部如果能够对其下属员工提供人性化的关怀，对下属员工的成长发展负责，为其提供良好的职业发展空间，用真心感动员工，那么员工自然会发自内心地满意，员工感动了、满意了，就会将这种感动和满意转化为工作的动力，真心地去感动客户，为客户提供最好的服务，那么客户就自然满意了。客户满意了，利润提升、收入增长就是水到渠成的事情，利润提升了，收入增长了，企业就获得了更好的发展，那么员工就对自己的职业发展空间更有信心，于是更用心地工作，如此良性循环，企业的优秀和卓越就成了必然。

一、企业本质一：服务"工厂"，让客户满意，让客户幸福

企业首先是一个服务"工厂"，在这个服务"工厂"里，客户是第一位的，企业的一切宗旨和目标都应该围绕着服务客户这个核心。我们说管理是一项"修己安人"的过程，其中的"安人"就代表安客户、安员工。服务"工厂"的宗旨就是服务客户，为客户提供服务，让客户幸福。

任何一个企业都存在着这样一条价值链，即优秀的干部经理人才决定了优秀满意的员工，优秀满意的员工决定了忠诚满意的客户，忠诚满意的客户决定了企业业绩和利润的增长。从这条价值链中我们可以看到，影响企业业绩和利润增长的直接因素就是忠诚满意的客户，企业建造忠诚满意客户的过程，实际上就是构建服务"工厂"的过程。

随着中国经济的飞速发展，市场竞争的焦点已从产品质量、产品价格迅速进入以服务为核心的阶段。为了给消费者提供优质的产品和良好的服务，提高客户满意度，各行业品牌企业积极建立 400 客户服务体系、800 客户服务体系，客户服务已经成为消费者评价产品质量最重要的砝码之一，也是企业打造品牌的核心要素。要成就和塑造一个持久的优秀品牌，就必须把服务提高到战略高度上来，因此越来越多的企业开始注重服务体系的建设。可见，一个积极履行社会责任的良好企业，提高客户服务和管理水平非常重要。企业用心服务，切实履行社会责任，是满足广大消费者需求的有效途径，也是提升自身竞争实力和实现持续发展的重要基础。如同企业的产品有生命周期一样，客户同样也是有生命周期的。客户的保持周期越长久，企业的相对投资回报就越高，给企业带来的利润就会越大。由此认为，保留客户非常重要。保留什么样的客户，如何保留客户，是对企业提出的重要课题。企业的客户成千上万，企业对如此多的客户又了解多少呢？不了解客户就无法对客户加以区别。应该采取何种措施细分客户，对细分客户应采取何种形式的市场活动，采取何种程度的关怀方式，才能够不断地培养客户的满意度，是企业传统客户关系管理面临的挑战。

国际上一些非常有权威的研究机构经过深入地调查研究以后，分别得出了这样一些结论："把客户的满意度提高 5 个百分点，其结果是企业的利润增加 1 倍""一个非常满意的客户，其购买意愿比一个满意客户高出 6 倍""2/3 的客户离开供应商，是

因为供应商对他们的关怀不够""93% 的企业 CEO 认为客户关系管理是企业成功和更有竞争能力的最重要的因素"。这些数据本身不是我们要探讨的关键，但我们需要了解这些数据背后所传递出的重要信息。多次重复的重要信息通常被人们总结为规律，规律是我们每个人对待生活、工作所必须遵守的，以上种种的数据都是在指明一个规律，即客户的满意度对企业的发展至关重要，而客户的满意度来自企业给客户带来的一种感觉。要想为客户提供优质的服务，我们需要了解客户的需求，为客户创造价值。

传统的管理学观念认为，客户最关心的是企业所提供商品的价格，价格越低，客户的满意度越高；价格越高，客户的满意度越低。然而，在现实的中国企业中，这条规律似乎越来越行不通。事实上，客户是否满意的根本不在于价格的高低，至少我们可以说，价格绝对不是影响客户满意度的最重要因素。客户满意与否，其真正的关键在于企业给客户带来的一种感觉，这种感觉往往体现在企业所提供的服务上，而非商品本身。

最初的企业是产品导向的，似乎日常生活需要的产品是人所共知的、现成的、无须思考的、毋庸置疑的，于是降低成本等内部环节成为管理乃至战略（规模效应、薄利多销）的重点；而后随着产品的饱和、顾客需要的多样化，人们发现顾客开始变得挑剔、骄横，于是人们开始指向顾客、考虑顾客，强调顾客导向。顾客导向要求企业做到想顾客之所想、急顾客之所急，这不是一句空泛的口号，而是需要企业在为客户提供服务时切实地履行，真心地为顾客提供服务，顾客一定能够接收到这种信息，从而受到感动，获得良好的感觉，产生对企业的高满意度。于是，客户就成了企业的忠诚拥护者，并且会将这种感觉和满意传递给他或他周边的人，创造一批潜在客户。因此我们说，企业最好的营销者并不是企业中的销售人员，而是企业拥有的一批忠诚的客户。归根结底，企业创建服务"工厂"，就是在企业中形成以客户为导向的文化和机制，这种文化和机制并不是僵硬的制度，而是每个企业员工都发自内心的工作目标。现在我们很多人去学习营销知识和营销技巧，事实上，当所有营销人员都具备了这些共同的知识和技巧后，这些技巧反而会失效，因为在很多时候，这些知识和技巧成了一种生搬硬套的模式，就好比一个人去一家酒店，迎宾人员远远就看见了，却非要等到顾客走到面前才展现出笑容，这种笑容是不真诚的，反而会给客户一种很模式化的感觉。因为如果是真心欢迎顾客，那么在迎宾人员远远看到顾客时就会表现出来。实际上，这并不是个例，我们很多人都会遇到这种情况。因此，企业在为客户提供服务时，一定要摆脱模式化服务的束缚，真正理解到只有真心才能换得客户的心的道理，做到用真心服务客户。

二、企业本质二：人才"工厂"，让员工满意，让员工幸福

前面讲了企业的本质之一，即服务"工厂"。服务"工厂"的本质就是服务客户，为客户提供服务，让客户信服。管理中的"修己安人"中，"安人"的另一方面就是安置员工，因为员工是直接为客户提供服务的主体。因此，企业作为服务"工厂"的

同时，还是一座人才"工厂"。人才"工厂"的本质是服务员工，为员工提供服务，让员工安心、幸福。

（一）人才"工厂"的本质就是服务员工

中国式人力资源管理认为，企业的方向决胜在高层，企业的命运决胜在中层。因为企业的中层管理者是人才"工厂"能否建立起来的关键所在，经理干部要通过自己的智慧，带领员工用双手改变命运，承担起员工成长和发展的责任。

价值链中影响客户满意度的直接因素就是优秀满意的员工，只有优秀的人才方可为客户提供优秀的服务，只有满意的人才才能为客户提供满意的服务。企业只有真心地对待员工，感动员工，员工才会真心地对待客户，感动客户。

企业构建人才"工厂"，就是要创造人才滋生成长的土壤机制。这是一项长期的不可间断的工程。换句话说，企业人才"工厂"的建立要与企业的发展战略紧密结合，着眼于未来，追求长期利益而非眼前功效。很多企业对待员工时，只盯着员工能够为企业创造多少利润，而没有关注到员工的成长和发展。事实上，只有员工得到了成长和发展，走向优秀卓越，才可能为企业创造源源不断的价值，这两者是相互依存的。只关注员工能为企业带来什么，必然会产生员工和企业的对抗，这种情况下，员工的工作效率是十分低下的，更不可能真心地为客户提供服务，这无论是对客户、对员工，还是对企业，都是非常不利的。因此，一个优秀的企业，首先会为员工提供优质的服务，让员工满意，让员工成长，让员工优秀并走向卓越，那么员工自然会成倍地为企业创造价值。

我们说人才"工厂"的本质是服务员工，那么服务员工的目的是什么呢？很多人认为服务员工是为了更好地服务顾客，这一点没有错，但这并不是服务员工的直接目的。服务员工的直接目的有两个：一是培养满意的员工；二是培养优秀的员工，也就是培养优秀满意的员工，只有优秀满意的员工才能让客户真正满意。

在构建人才"工厂"的过程中，如何做到让员工满意呢？要做到让员工满意，首先要清楚员工的需求。想清楚员工的需求，就要关注员工想要什么，很多管理人员认为员工最在意的是工资，其实不然，员工最在意的是自己的成长和发展。因此，要做到让员工满意，就必须为员工提供良好的职业发展空间。通过对许多中国企业调研发现，薪酬作为影响员工满意度的一个重要因素发挥着极大的作用，但并不是决定性因素，决定一个员工对企业是否满意的关键是企业能否为员工提供成长和发展的平台，这恰恰是最关键的一个环节。

优秀的企业之所以能够信心百倍地迎接未来，就是因为它们不仅实行了人才管理，而且建成了人才"工厂"。很多企业创办企业大学，就是在培养人才生成的土壤和机制，就是着眼于长远利益，为员工提供服务，让员工满意，让员工变得优秀。

（二）人才"工厂"运作的典型案例

1. 海尔的人才"工厂"

海尔集团在人力资源开发过程中坚持观念创新、制度创新；坚持创造一种公平、公正、公开的氛围，建立一套充分发挥个人潜能的机制，在实现企业大目标的同时，给每个员工提供充分实现自我价值的发展空间——"你能翻多大的跟头，就给你搭多大的舞台"。海尔的人才"工厂"构建理念如下。

理念一："人人是人才，赛马不相马"——开展公平、公正、公开竞争。

市场竞争，说到底是人才的竞争。有什么样的人才，就有什么样的市场；谁拥有最多的高素质人才，谁就可以在竞争中取胜。海尔的人力资源开发，自一开始就是"人人是人才""先造人才，再造名牌"，率先转变大多数企业干部的职能，人力资源开发中心不是去研究培养谁、提拔谁，而是去研究如何发挥人员潜能的政策。企业给员工搞了三种职业生涯设计：第一种是针对管理人员的，第二种是针对专业人员的，第三种是针对工人的，每一种都有一个升迁的方向。

理念二："在位要受控，升迁靠竞争，届满要轮岗"——控制在岗的管理人员。

海尔的用人制度中有这样一条原则——在市场经济条件下，所谓"用人不疑，疑人不用"，就是对市场经济的反叛。市场经济中人的本质关系是利益驱动关系，是否信任一个干部是依据个人感情，还是依据对干部工作能力的考察，直接关系企业的成败。海尔集团依据这个原则制定了"在位要受控，升迁靠竞争，届满要轮岗"的用人方针。

理念三："海豚潜下去越深，跳得也就越高"——沉浮升迁机制。

一个干部要负责更高层次的部门时，海尔的管理层并非让他马上到岗任职，而是让他先去该岗位的基层岗位锻炼一段时间。有的干部已经升到很高的职位了，但如果缺乏某方面的经验，也要派他下去；有的干部各方面经验都有了，但处事综合协调的能力较低，也会被派到相关基层部门进行锻炼。这样，对一个干部来说压力可能较大，但也锻炼了素质，培养了综合能力。

理念四：定额淘汰。

定额淘汰就是在一定的时间和范围内，必须有百分之几的人员被淘汰，这在某种意义上说比较残酷，但对企业长远发展还是有好处的。在海尔没有"没有功劳，也有苦劳"之说，"无功便是过"，在一定时期一定范围内，按一定的比例实行定额淘汰。海尔实行10/10原则，奖励前10%的员工，淘汰后10%的人员。当员工进入海尔以后，海尔会通过一系列举措"安"员工，通过循序渐进的方式一步一步让员工融入企业，让员工满意，并不断培养员工的能力，使其得到成长和发展，变得优秀，走向卓越。

第一步：让员工把心态端平放稳。

第一步很重要。有些企业迫不及待地向新进毕业生灌输自己的企业文化或职业技能，强迫他们去接受，希望他们能尽快派上用场，而全不顾及他们的感受。毕业生新到一个陌生的与学校完全不同的环境，总会有些顾虑：待遇与承诺是否相符；会不会得到重视；升迁机制对自己是否有利；等等。在海尔，公司首先会肯定待遇和条件，让新人把心放下，做到心里有底。接下来会举行新老大学生见面会，让师兄、师姐用自己的亲身经历讲述对海尔的感受，使新员工尽快客观了解海尔。人力中心、文化中心和旅游事业部的主管领导也会同时出席，与新人面对面地沟通，解决他们心中的疑问，不回避海尔存在的问题，并鼓励他们发现、提出问题。另外，还与员工就如何进行职业发展规划、升迁机制、生活方面等问题进行沟通。让员工真正把心态端平放稳，认识到没有问题的企业是不存在的，企业就是在发现和解决问题的过程中发展的，充分认清这些问题是企业发展过程中的问题，还是机制本身的问题，让新员工正视海尔内部存在的问题，不走极端。要知道没有人愿意随随便便跳槽，往往是思想走向极端，在形势无法挽回时才会"被迫"离开。

第二步：让员工把心里话说出来。

员工虽然能接受与自己的理想不太适应的东西，但并不代表他们就能坦然接受，这时就要鼓励他们说出自己的想法——不管是否合理。让员工把话说出来是最好的解决矛盾的办法，如果管理者连员工在想什么都不知道，解决问题就毫无针对性。所以应该为他们开条"绿色通道"，使他们的想法第一时间反映上来。海尔给每名新员工都配发了"合理化建议卡"，员工有什么想法，无论是制度、管理，还是工作、生活等任何方面都可以提出来。对合理化的建议，海尔会立即采纳并实行，对提出人还有一定的物质和精神奖励；而对不适用的建议，也给予积极回应，因为这会让员工知道自己的想法已经被考虑过，他们会有被尊重的感觉，更敢于说出自己心里的话。

例如，在新员工提的建议与问题中，有人居然把"蚊帐的网眼太大"的问题都反映出来了，这从一个侧面表现出海尔的工作相当到位。相对而言，有些企业做得就不够，新进大学生因为进入企业后受到的待遇与招聘时的承诺不太符合，产生不满情绪，这种不满情绪原本并不算什么大事，只是员工初来乍到时的一种很自然的反应而已，但其企业管理层非但不能较好地消除这种不满，反而造成了新员工情绪激化，导致新员工把老总堵在了办公室里，要求给个答复。而老总出来后居然说："你们愿干就干，不愿干就走人"，把员工当作工作的"乞讨者"，员工还有什么理由留下呢？

第三步：让员工把归属感"养"起来。

敢于说话是一大喜事，但那也仅是"对立式"地提出问题，有了问题可能就会产生不满、失落情绪，这其实并没有在观念上把问题当成自己的"家务事"，这时就要帮助员工转变思想，培养员工的归属感，让新员工不当自己是"外人"。海尔本身的文化就给员工一种吸引，一种归属感，并非像外界传闻的那样，好像海尔除了严格的管理，没有一点儿人性化的东西。"海尔人就是要创造感动"，在海尔每时每刻都在产生感动。领导对新员工的关心真正做到了无微不至的地步。你会想到在新员工军训时，人力中心的领导会把他们的水杯一个个盛满酸梅汤，让他们一休息就能喝到吗？你会想到集团的副总专门从外地赶回来就是为了和新员工共度中秋吗？你会想到集团领导对员工的祝愿中有这么一句——"希望你们早日走出单身宿舍（找到对象）"吗？海尔还为新来的员工统一过了一次生日，每个人得到一个温馨的小蛋糕和一份精致的礼物。首席执行官张瑞敏也特意抽出半天时间和七百多名大学生共聚一堂，沟通交流。

对于长期在"家"以外的地方漂泊流浪、对家的概念逐渐模糊的大学生来说（一般从高中就开始住校），海尔所做的一切又帮他们找回了"家"的感觉！

第四步：让员工把职业心"树"起来。

当一个员工真正认同并融入企业当中后，就该引导员工树立职业心，让他们知道怎样去创造和实现自身的价值。海尔对新员工的培训除了开始的导入培训，还有拆机实习、部门实习、市场实习等一系列的培训，海尔花费近一年的时间来全面培训新员工，目的就是让员工真正成为海尔躯体上的一个个健康的"细胞"，与海尔同呼吸、共命运。

海尔通过树立先进典型的形式，积极引导员工把目光转移到自己的工作岗位上，把企业的使命变成自己的职责，为企业分忧，想办法解决问题，而不单纯是提出问题。在这种理念指导下，海尔新入职的大学生尚且处于培训初期，或是刚刚结束导入培训进入拆机实习的阶段，就有很多人提前进入了"角色"，他们利用周末时间走访各商场、专卖店，视察海尔的展台，调查直销员的表现，发现问题并反映给上级领导；还有的在和普通市民闲谈交流的过程中，发现了海尔产品或服务方面的缺陷，并把顾客的姓名、住址、电话等信息记录下来，反映到青岛工贸……

2. 松下幸之助的人才"工厂"

松下幸之助花了10年时间宣传一个观念：松下电器公司是制造人才的，顺便生产制造一些电器。这就是说，松下电器公司首先是一家人才"工厂"，然后才是电器工厂。因为，松下电器公司深谙一个道理：只有"制造"出优秀的人才，才能制造出优秀的电器。

松下电器公司是一个非常善于学习的企业，并对中国传统智慧中的"以人为本"有着深刻的研究和认识。松下先生一直强调企业就是人，如果不先培育人才，企业就无法获得成长。但是，人才是多方面的，企业需要哪一方面的人才呢？企业经营者又应当培育哪个方面的人才呢？

《易经》是集中国传统智慧于一体的宝典，其中的核心就是两个字——"时"和"中"，"时"讲的就是要顺应规律，人们行动的准则要适应这个社会。达尔文的《物种起源》论述了这样一个观点，就是在漫长的物种演进过程中，得以幸存的既不是最强壮的物种，也不是最聪明的物种，而是最能够适应环境的物种。

"各位可能与我的观点不一样。不过，人是应当在适合该公司的状态下聚集起来的。太优秀的人也会有麻烦。太优秀的人虽然也有相当勤奋工作的，不过，大部分太优秀的人都会说出在这种无聊的公司上班实在糟糕的话。可是，如果不是这样的人，就会以感激的心情说，待在这家公司真不错，因而努力地工作。我欣赏也感谢这一类型的人。因此，我不会招募太多优秀的人。"

这是录用人的原则，并不一定要征求超级的人才，只要能求得适合该公司的人才就好了。而采用后的人才造就，也是同样的情形，并不是非要把每一个员工都培养成具有超级能力的人才不可。首先，这种事根本就不可能。公司里有各种各样的工作，只要分别有适合各种工作的人担任就可以了，超级的人才并不是公司所需要的人才。

那么，公司所需要的人才造就，或者称作人才培养，究竟需要什么样的人才呢？

松下电器公司对人才培养的理念是："能正确理解公司基本的经营方针，并努力实践自己的使命，以达成使命的人"。这里提到了基本的经营方针，其实松下电器公司完全是以这个基本的经营方针、经营理念为中心、为基础来行事的。当然，所谓基本的经营方针是相当抽象的，必须顺应时代的变化，分别发挥各自的创造力，产生自己的风格，自己去思考具体的事情，并加以应用解决才行。对松下电器公司而言，能够照这个基本的经营方针去做，完全尽到"产业人"本分的人，就是人才。

松下先生只要一有机会就对员工们说明，什么样的人才是松下电器公司所需要的，公司必须把他们培养成什么样的人，等等。明确理解人才的内容，是造就人才的基本，松下先生所谓的人才有如下标准。

第一，虚心学习、不断进取的人。要以一句话来表达松下先生的伟大实在很难。但是，若从根本上来说，那就是松下先生虽然有这样大的成就，仍然具有非常谦虚的态度。当然，他所持的经营信念是一点儿也不动摇的，但那却是一种确立于谦虚之上的信念与意志。"人类如果失去谦虚，那么信念或确信就会变成自大。自大就会自满，自满就会失败。这是最需要警觉的。"松下先生指出，扩张之后的松下电器公司，最忌讳的是员工，尤其是在岗位上的人自大。公司在社会上、在产业界有今天的地位，固然可喜，不过更应加快发展，以便对社会有更大的贡献。因此，大家必须顺着社会的需要而努力。同样，一个公司的社长、课长也应站在此立场，促使员工进步，对社会尽一己之力。如果忘掉这个使命，认为是靠自己的力量才使公司壮大，并靠着自己的手腕才爬到今天的地位，这就是骄矜自满。有这种想法，一定无法再发展进步。另外，如果有谦虚的心，就可以知道别人的伟大。如此一来，就会觉得自己的员工都比自己伟大，因而知道了员工的长处，也知道活用其才能之道。松下先生指出，在上位的人尤其不可没有这种谦虚之心。经常不忘初衷，又能谦虚求学、不断进取的人，才是企业所需人才的第一个条件。

第二，善于学习、追求智慧的人。松下先生虽然有生活的经验，可是从某种观点来看，他觉得这个公司里最差的人就是他，因为他是最年长的，体力、记忆力各方面和年轻人相比，没有一样超越他们，这是事实。最差的松下先生既然当了领导者，为了达到成果，松下先生必须接受他们的指导来工作，除此别无他法。没有才能的人，如果广泛地吸取大家的才能，这本身就是一种高超的才能。因此，就拿找出松下电器公司进步发展之道这一点来说，假使松下先生没有发现好的方法，别的干部总应该发现吧？若干部没有发现，起码他们的员工总会发现吧？不管是谁发现的，都是为了松下电器公司的进步而找出来的好方法。我们应该坦诚地接受，拿来作为自己的方针，再引为公司的方针。连一封信都写不出来的松下先生，能成为这家公司的社长，又能不犯什么大过错，完全归功于松下电器公司2.5万人的聪明才智。俗话说："涓涓细流，汇聚成大海"，力量就无可比拟了。在今日的世界上，只要有想干的坚强意志，那么，欲寻求的聪明才智是满遍天下的。日本德川时代，想追求智慧，必须亲自走十里的道路去请教人才可获得。如今，像电视等都是免费提供知识的。另外，具有专门知识的人，也在各个领域活跃着。因此，今天是一个即使自己没有聪明才智，只要有所需要就可充分求得的时代。然而，在实际的求知路上，人们却有很多烦恼，归根结底，应该是由于他们不能以真诚的心相待，不能去追求应该追求的东西而造成的。

可见，松下电器公司是非常注重人才制造的，松下电器公司的人才"工厂"，首先强调员工"成人"，然后才是"成才"。正是这一理念确保了松下电器公司的基业长青和可持续发展。

第四节　企业教育培训开发系统

培训目前在中国企业中的地位越来越高，企业也把越来越多的资源投入培训工作当中。但是，在中国企业中目前培训能自成体系的并不多，而一个公司的培训如果没有形成体系，很难说它能取得好的效果。一个完善的培训系统应该包括培训需求分析体系、培训实施体系、培训师资与资源体系、培训评估应用体系四大类。

一、培训需求分析体系

（一）培训需求分析

所谓培训需求分析是指在规划与设计每项培训活动之前，即制订年度培训规划前，由培训部门（或者借助外部专业的咨询公司）、主管人员、工作人员等采取各种方法和技术，对各种组织及其成员的目标、知识、技能等方面进行系统的鉴别与分析，以确定是否需要培训及培训内容的一种活动或过程。培训需求分析是确定培训目标、设计培训规划的前提，也是进行培训评估的基础，因而它是搞好培训工作的关键。如何进行培训需求分析，一般应从以下几个方面入手。

1. 组织分析

培训需求的组织分析主要是通过对组织的目标、资源、特质、环境等因素的分析，准确地找出组织存在的问题与问题产生的根源，以确定培训是否是解决这类问题的最有效的方法。培训需求的组织分析涉及能够影响培训规划的组织的各个组成部分，包括对组织目标的检查、组织资源的评估、组织特质的分析以及环境的影响等方面。组织分析的目的是在收集与分析组织绩效和组织特质的基础上，确认绩效问题及其病因，寻找可能解决的办法，为培训部门提供参考。一般而言，组织分析主要包括下列几个重要步骤。

（1）组织目标分析

明确、清晰的组织目标既对组织的发展起决定性作用，也对培训规划的设计与执行起决定性作用，组织目标决定培训目标。例如，如果一个组织的目标是提高产品的质量，那么培训活动就必须与这一目标相一致。假若组织目标模糊不清，培训规划的设计与执行就显得非常困难。

（2）组织资源分析

如果没有确定可被利用的人力、物力和财力资源，就难以确立培训目标。组织资源分析包括对组织的金钱、时间、人力等资源的描述。一般情况下，通过对上述问题的分析，就可以了解一个组织资源的大致情况。

（3）组织特质与环境分析

组织特质与环境分析对培训的成功与否有重要的影响作用。因为当培训规划和组织的价值不一致时，培训的效果则很难保证。组织特质与环境分析主要是对组织的系统结构、文化、资讯传播情况的了解。

2. 工作分析

工作分析的目的在于了解与绩效问题有关工作的详细内容、标准和达成工作所应具备的知识和技能。工作分析的结果也是将来设计和编制相关培训课程的重要资料来源。工作分析需要富有工作经验的员工积极参与，以提供完整的工作信息与资料。工作分析依据分析目的的不同可分为以下几种。

（1）一般工作分析

一般工作分析的主要目的是使任何人能很快地了解一项工作的性质、范围与内容，并作为进一步分析的基础。一般工作分析的内容为工作简介和工作清单，工作简介主要说明一项工作的性质与范围，使阅读者能很快建立一个较为正确的印象。其内容包括工作名称、地点、单位、生效及取消日期、分析者、核准者等基本资料。工作清单是将工作内容以工作单元为主体，并以条列方式组合而成，使阅读者能对工作内容一目了然。而每项工作单元又可加注各工作的性质、工作频率及工作的重要性等补充资料，这对员工执行工作、管理层进行工作考核和进行特殊工作分析皆有益处。

（2）特殊工作分析

特殊工作分析是以工作清单中的每一项工作单元为基础，针对各单元详细探讨并记录其工作细节、标准和所需的知识技能。

工作分析是培训需求分析中最烦琐的一部分，但是，只有对工作进行精确的分析并以此为依据，才能编制出真正符合企业绩效和特殊工作环境的培训课程。

（3）工作者分析

工作者分析主要是通过分析工作人员个体现有状况与应有状况之间的差距，来确定谁需要和应该接受培训以及培训的内容。工作者分析的重点是评价工作人员的实际工作绩效和工作能力，包括下列数项内容。

1）考核绩效记录。主要包括员工的工作能力、平时表现（请假、怠工、抱怨）、意外事件、参加培训的记录、离（调）职访谈记录等。

2）员工的自我评价。自我评价是以员工的工作清单为基础，由员工针对每一单元的工作成就、相关知识和相关技能如实地进行自我评价。

3）知识技能测验。以实际操作或笔试的方式测验工作人员真实的工作表现。

4）员工态度评价。员工对工作的态度不仅影响其知识技能的学习和发挥，还影响与同事间的人际关系，影响与顾客或客户的关系，这些又直接影响其工作表现。因此，运用定向测验或态度量表，就可以帮助了解员工的工作态度。

（二）培训需求调研

确定培训需求的目的是确定哪些员工需要进行培训，需要进行哪方面的培训。这里的关键是要找出产生培训需求的真正原因，并确定是否通过培训可以解决，否则不可能产生企业预想的效果。如一家企业员工队伍的绩效不佳，通过分析发现，问题的起因在于薪酬方面的政策影响了员工的积极性。在这种情况下，如对其进行技能等方面的培训，就不可能解决问题。培训需求分析是培训的起点，如何确保培训需求分析关系培训计划的制订和培训的效果。如果说培训需求分析是整个培训工作开展的起点，那么培训需求调研就是培训需求分析的起点。通过培训需求调研可以掌握等一手信息，了解培训的重点，避免培训的盲点。一般来说，培训需求调研方法有访谈法和问卷法。

1. **访谈法**

培训组织者与员工进行访谈，询问他们对自己的工作和未来抱有怎样的态度和意见，可以采取个人访谈和集体访谈两种形式。访谈的形式根据实际情况可以是正式的，也可以是非正式的。访谈的步骤如下。

第一，培训中心确定要获得什么样的有利于培训规划的资料。

第二，确定访谈对象及人数。

第三，准备好访谈提纲。

第四，整理并分析访谈结果。

2. **问卷法**

问卷法是以问卷调查的形式，将需要了解的信息编制成题目让员工选择或回答。问卷调研的步骤如下。

第一，培训中心列举所想要了解的事项。

第二，将列出的事项转化为问题。

第三，设计培训需求调研问卷，尽可能将问卷形式设计得简单易答。

第四，对问卷进行编辑，并最终成文。

第五，先把问卷进行试答，检查存在的问题，并加以修改。

第六，将修改好的问卷分发给事先确定好的调查对象。

第七，按规定的时间收回问卷，并对问卷结果进行分析。

通过培训需求调研，并对调研结果进行分析，明确员工在培训方面存在的普遍性问题，确定培训目标，进而依此制订培训计划，也就是根据培训目标确定培训组织人员、培训内容和培训对象，并进一步确定培训形式、时间、地点、方式、评估人员、评估标准以及费用预算。在这一系列过程中，我们一定要确保培训需求分析的有效性，如果没有可靠的培训需求分析，培训目标也就无从谈起，尽管据此制定了培训目标，这个培训目标也是偏离企业发展的。

只有建立在培训需求分析上的培训目标才是切实可行、适应企业需要的。

（三）培训需求系统流程

通过这个流程，我们可以清楚地找到培训需求调研、培训需求分析、培训目标之间的关系。因此，在整个培训需求系统中，第一步是成立培训需求调研项目小组，项目小组的成员应该多元化，并且需要企业高层参与，以确保调研工作的有效性。第二步是进行培训需求调研，通过调研结果进行培训需求分析，并通过对不同模块的分析找出问题的重点所在，进而比较明确地确认培训需求，从而建立培训目标。

1. 战略分析

培训工作在立足于公司发展现状的同时，还要着眼于公司未来的发展。根据公司的近期规划和长远战略发展规划，有针对性地确定培训需求。

2. 人力资源管理系统分析

分析培训体系在人力资源管理体系中的地位和作用。

3. 任务技能分析

《职务说明书》对工作职责进行了详细的描述，指出了工作应达到的绩效标准以及工作中的行为；工作规范说明了对工作岗位的要求，通过对《职务说明书》和工作规范的分析能够确定培训目标。这也是公司对员工最基本的要求。

4. 绩效分析

企业建立目标管理和员工绩效考评体系的目的是提高员工个人绩效，从而保证企业总目标的实现，并在此过程中正确评估每位员工的个人工作能力、岗位技能的差距与努力方向，为公司制订培训计划和岗位技能训练提供了依据。公司在制订培训计划时，需要确认不同的职位要达到理想绩效所必须掌握的知识和技能，通过绩效分析，了解员工行为、态度及工作绩效与理想目标之间的偏差，在业绩较差或可以继续提高的领域确认所需的培训项目。

5. 现存问题分析

针对公司在某一时间段或某一方面存在的严重问题，通过分析进行全面培训。

6. 重大事件分析

重大事件是指那些对现时公司目标起关键积极性或消极性作用的事件。确定重大事件的原则是：在工作过程中对公司的效能有重大影响的特定事件，包括重大事故、顾客的迫切需求等。

7. 职业发展前瞻性需求分析

随着公司的发展和员工的不断进步，即使员工目前的工作绩效令人满意，但有时因为工作异动、职位的晋升及工作内容的变化而产生新的培训需求。

（四）培训目标的设置和计划的拟订

设置培训目标将为培训计划提供明确的方向和依循的构架。培训目标主要分为三大类：一是技能的培养；二是知识的传授；三是态度的转变。通过不同的培训目标，并将其具体化和操作化就形成了培训计划。培训计划主要包括以下内容。

第一，希望达到的结果，这是由全局性培训计划和培训目标所决定的某个阶段性结果。

第二，培训对象和培训内容，如是对中高层管理人员的管理技能培训，还是对技术人员的新技术发展培训，或是对新员工的岗前培训，或是针对某个部门或某个项目团队的专业培训，等等。

第三，培训形式，如是企业自行培训、企校合作培训，还是请专业培训机构培训等。

第四，培训时间、地点、具体方式，如是利用上班时间培训，还是利用下班时间培训；是脱产培训，还是不脱产培训；是面对面培训，还是在线培训；等等。

第五，培训组织者的确定，如是由人力资源部全权负责，或由各部门自行负责，还是由人力资源部与培训需求部门合作组成培训项目小组共同组织。培训组织者的确定受具体的培训对象、内容和形式等因素的影响。

第六，培训评估者和评估标准的制定，这一点非常重要，为培训后的效果评估奠定了基础。

第七，培训费用的预算，包括总预算和人均费用预算等。

制订正确可行的培训计划必须兼顾许多具体的情境因素，如行业类型、企业规模、用户要求、技术发展水平与趋势、员工现有水平、企业文化、企业宗旨与政策等。

二、培训实施体系

首先，根据培训内容和培训对象确定合适的培训师；其次，由培训师确定培训教材，培训教材可由培训中心协助培训师编写；再次，培训中心还要负责准备培训设备，一般包括投影仪、屏幕、计算机、摄像机、放映机、黑板、纸、笔等；最后，发布培训通知，确保每一位需要参加培训的人员都收到通知，并告知基本内容，使其有所准备。

（一）确定培训师

培训师的选择受培训内容、培训形式和培训费用预算的限制。要找到一位合适的培训师不是一件容易的事情。企业要培养一位合格的培训师成本也很高，而外部聘请培训师通常拥有扎实的培训技能，但是缺乏对企业的了解。如果有可能，最好能与培训师进行多方面沟通，让培训师对企业情况和培训目标有较为深刻的了解，以此保证培训内容的针对性。

1. 内部竞聘

虽然企业内部培养培训师的成本很高，操作也较为复杂，但是内部培训师对企业的长远发展和建立企业内部核心培训体系具有重要意义。

2. 外部聘请专家培训师

企业在聘请外部专家培训师前一定要对其进行评估，而不是培训后评估。中国现在的培训市场较为混乱，培训师也是鱼龙混杂，因此，在培训目标和计划确定以后，需要慎重选择适合本企业的培训师。企业在引进外部培训师时特别需要重点关注两个问题，即如何选择适合本企业的培训师和如何确定适合本企业的培训内容。当企业对培训师的培训课题并不十分了解，对培训师的培训风格也知之甚少的情况下，很难确定培训师和其培训观点是否适合企业需求，是否符合企业文化。而且在一个行业培训效果好的培训师，到另一个行业也许不被认可，这个专题培训效果好，另一个专题培训效果却不一定好，问题的关键在于要把握选择外部培训师的几个关键，通常按照以下几个主要步骤进行操作。

第一步：简历审核。

从培训师的简历中，仔细审核培训师的情况，能够基本了解培训师的真实背景并做出合理的判断。

第二步：与培训师沟通。

通过与培训师详细沟通，了解培训师对授课内容的认知，培训师的课程设计逻辑和价值理念，同时，判断培训师的表达技巧是否可以满足企业的要求。

第三步：与客户核实。

通过曾经聘请过该培训师的企业的反馈，了解培训师的培训是否对企业具有针对性。

第四步：需求者确认。

很多时候，企业的培训中心对培训内容并不是十分了解，从而无法判断培训师是否合适，这时可以让对培训内容最为了解的人来进行判断，通常是培训需求部门经理来进行审核确认。

（二）确定培训教材

一般由培训师确定培训教材，教材可以是外面公开出售的书籍和讲义，也可以是培训师自己编写的教材，还可以是企业内部制定的教材。一套好的教材应针对培训对象的文化层次，围绕目标，简明扼要。

（三）确定具体的培训时间和地点

培训计划中对培训时间、地点的规定是指导性的，如在某个时间段，是上班时间还是下班时间、是企业内部还是企业外部等。在培训活动实施的过程中，需要确定具体的培训时间和地点，并对培训场所进行适当的布置。

（四）准备培训设备，发放培训通知，实施培训

培训设备一般包括投影仪、屏幕、计算机、摄像机、放映机、黑板、纸、笔等。要确保每一位参加培训的人员都收到通知，并告知培训的基本内容，使其有所准备。

三、培训师资与资源体系

（一）培训通道

培训主导方向是让成功者做讲师，培训的本质在于复制成功，这也是培训的核心价值和意义，因此培训的关键在于让成功者做讲师。培训部帮助公司成功人士收集资料，制作课件，安排培训时间，做好后勤工作。通过对培训需求和培训目标的分析，选拔有突出贡献、取得成功的优秀员工来担任讲师。

员工—干部经理人才—讲师（成功者），是培训师最佳的选拔方式。干部经理人才对企业的发展起着至关重要的作用，因此公司培训的主导方向是培养优秀的干部经理人才，干部经理人才复制企业成功者的成功经验，并将其传授给员工，优秀的企业培养优秀的干部经理人才，优秀的干部经理人才培养优秀的员工。

（二）内部讲师选拔机制

内部讲师选拔流程如下。

1. 报名条件

第一，认同并接受公司的企业文化，热爱本职工作，在公司任职一年以上并在工作岗位上取得突出成就。

第二，对主讲课程有丰富的相关工作背景，并有一定的授课经验。

第三，有良好的表达能力，普通话标准。

第四，具备讲师基本素质要求和授课基本能力，对担任内部讲师有兴趣、热忱。

2. 报名流程

报名采取个人自荐与公司推荐相结合的方式进行，参加选拔的人员在人力资源部领取《内部讲师申请表》，填制后上交人力资源部。

3. 内部培训讲师考核小组

培训中心组织建立培训讲师考核小组，考核小组可由公司总经理、人力资源部及运营经理组成，负责对内部培训讲师资格、培训课程设置等进行评定，最后确定培训讲师。

4. 内部讲师的工作职责

第一，参与培训课程内容审订。

第二，讲授培训课程。

第三，对学员进行课程考试或考查。

第四，在人力资源部的协助下编写教材、讲义和课件。

（三）干部经理培训系统

运营经理要担负起培训的主要责任，培训的关键在于部门经理的配合，人力资源部起顾问式的辅助作用，只有部门经理才能最确切地了解部门的实际情况、员工的培训需求，而且培训所获得的知识和技能的考核和运用都需要运营经理的支持。

对于干部经理的培训应该分为两条主线：第一条是管理线，是培养中层干部经理做人的能力；第二条是技术线，是培养中层干部经理做事的能力。

（四）企业内部课程库

如果员工的能力仅保留在自己身上，形成不了公司的共同经验，这样就造成一个有能力的员工的流失会带走相关的知识经验，于是很多经验窍门随之失传，其他员工还需要重新花费大量的时间和精力摸索总结，这样的过程一次次地重复，让企业无法复制以往的工作经验。构建企业自有的课程库，对于企业的发展能够起到很大的推动作用。

企业中层经理在管理各部门的过程中，逐步形成自己的知识积累，并将这些知识经验提炼出来，创立企业独有的品牌课程库。这样，其他部门或分公司都能在课程库中获得他人的经验教训，从而大幅度降低问题重复出现的概率。这样的培训内容，让员工感触深、记得牢、用得上。让员工直接站在前人的肩膀上学习工作，不仅能促进员工的快速成长，企业在不断的经验积累中也能形成自己独有的课程文化。

1. 成立项目小组

1）成立目的

项目小组对企业内部课程库进行统一管理，对知识提炼和培训库的流程、标准、形式等统一协调，对运营管理中出现的问题集中处理。同时，通过项目小组的形式调动企业各方面人员参与，从而引起他们对培训课程库的高度关注和重视，便于此项工作的顺利开展。

2）人员组成

项目小组成员结构应该多元化，汇集企业的精英人士，包括人力资源部人员、高层经理干部、中层经理干部，公司老总把控全局。在初步试点提炼知识时，项目小组成员可以精简些，待逐步成熟后，项目小组成员规模可以扩大。

3）人员分工

企业领导的作用主要是确定方向和提供资源，对重大事项拍板。人力资源部主要是牵头组织，负责建立培训课程库过程中大的事项安排和日常事务性工作，包括专项讨论会的组织、培训库框架格式的确定、培训手册的编写督促、问题协调处理等工作内容。

部门经理负责部门系统知识内容提炼、总结和完善。由于他们掌握着更多的专业知识和技巧，同时是突发事件的直接处理者，就成了提炼专项知识和编写本部门培训课程的主力军。

外部专家或顾问主要起参谋和指导作用。一些关键课程的提炼,如营销、技术、突发事件处理等课程,有外部相关专家或咨询顾问参与项目小组中,知识经验就能挖掘得更加深入和专业。

另外,普通员工可以向部门提供意见和建议,对培训课程知识进行补充。

2. 梳理企业内部知识

由于各部门知识纷繁万千,需要积累和培训的素材也非常多,对企业运营知识的梳理需要项目小组讨论确定。总体上讲,只要与企业运营有关、对企业有用的知识,都需要总结和提炼。这不仅包括本企业,也包括同行、对手及外界其他优秀的成果。大体来说,主要包括以下几种类别。

第一,企业各项业务作业流程、方法、标准、注意事项等。

第二,企业技术图纸、业务档案、客户资料等。

第三,企业重大事件、内部经验、事故教训、专有技术、独家窍门。

第四,他人的经验教训(同行、同类型公司、其他类型企业)。

第五,社会其他优秀成果(如社会中的培训类光盘、培训类书籍 / 教材等)。

3. 提炼关键岗位知识

确定了关键岗位知识后,就需要项目小组集中提炼,这主要通过讨论会的形式进行。讨论会一般由人力资源部人员主持,项目小组人员一起研讨,大家针对某岗位需要的知识进行头脑风暴,相互补充完善,逐步成稿。项目小组的人员并不是固定的,一般提炼到哪个岗位知识,该系统分管副总、中层管理人员都要参与。

在提炼形式上,需要按照岗位知识要求,确定培训课程模板或框架。模板或框架标准一般先由人力资源部人员确定初步标准,大家讨论修改通过,然后按照这些培训模板框架填写内容。

通常来说,岗位培训课程框架或模板一般需要根据岗位说明书、岗位作业流程确定。通常分为岗位主要职责、岗位作业流程、需要掌握的知识技能、常见的问题及防范措施、经验与技巧分享等。这样,就把岗位培训课程内容分成几大类,然后在每个大类里面再继续细分各个独立的小类,直到不能细分为止。这样,知识的主干、次干、细支都有了,形成了整个培训课程的框架,在这个框架的基础上,大家再往里逐步填写内容。

不同岗位的培训课程的简繁程度并不统一,要根据各岗位人员的实际需要确定。一般来说,关键岗位的培训课程内容要丰富详细一些,而辅助性岗位的培训课程可以简单一些。岗位内部各具体知识也不能一视同仁,关键流程的知识或者人员容易出问题的知识可以详细提炼,而辅助流程的知识或人员容易掌握的知识可以简约一些。

4. 完善培训手册

项目小组人员把岗位知识讨论完成后,形成岗位培训知识的初稿。接下来需要把培训初稿通过手册、内部网络、邮件等形式展示给大家,让没有参与的人员进行讨论,听取意见,逐渐把培训课程补充完善。

项目小组审核通过，培训课程就能定稿了，这时可以通过手册、胶片、电子文档、录音、录像等形式把它们固化下来，这是企业知识积累的宝贵资料。通过图文并茂的光盘、视频资料的发放或者传输至企业内部网站进行共享等，这些都是学习型企业的典型做法。其中，培训手册由于便于携带、制作简单等优点，成了培训课程的主要载体。

5. 提炼模式推广

关键岗位、部门的培训课程材料定稿后，人力资源部人员对教材进行格式统一编号归档，形成标准化的培训资料。然后人力资源部就把这些标准化的教材以及讨论的过程方法等形成模板和样本，向公司其他各部门推广，整个公司的培训课程库就建立起来了。

四、培训评估应用体系

（一）培训评估的理念

由于培训管理者和培训实施者所提供的培训的好坏并非只取决于培训活动的最终结果，而决定于培训过程中的每一个环节，因此，一项完整的培训评估应体现为对培训过程的全程评估，大体上可以分为三个阶段，即培训前的评估、培训中的评估和培训后的评估。其中，培训后的考核和跟踪评估最为重要，而对培训效果的评估又是其中最为关键的部分，也是最困难的部分，我们通常所说的培训评估是指对培训效果的评估。

事实上，行为和结果都是理论上的东西，评估起来并不十分具备可操作性，在培训项目实施之前，人力资源开发人员必须把培训评估的目的明确下来。多数情况下，培训评估的实施有助于对培训项目的前景做出决定，对培训系统的某些部分进行修订，或是对培训项目进行整体修改，以使其更加符合企业的需要。例如，培训材料是否体现公司的价值观念、培训师能否完整地将知识和信息传递给受训人员等。重要的是，培训评估的目的将影响数据收集的方法和所要收集的数据类型。

（二）四级评估体系

培训效果评估是培训流程中的最后一个环节。评估结果将直接作用于培训课程的改进和讲师调整等方面。评估需从以下四个方面考察。

第一层评估，反应层。这类评估主要是考核学员对培训讲师的看法、培训内容是否合适等。这是一种浅层评估，通常是通过设计问卷调查表的形式进行。

第二层评估，学习层。主要是检查学员通过培训掌握了多少知识和技能。可以通过书面考试或撰写学习心得报告的形式进行检查。

第三层评估，行为层。该层关心的是学员通过培训是否将掌握的知识和技能应用到实际工作中，提升工作绩效。此类评估可以通过绩效考核方式进行。

第四层评估，结果层。这类评估的核心问题是通过培训是否对企业的经营结果产生影响。结果层的评估内容是一个企业组织培训的最终目的，也是培训评估最大的难点。因为对企业经营结果产生影响的不仅是培训活动，还有许多其他因素都会影响企业的经营结果。

第五节　中国式教育培训系统建设

一、中国式教育培训的本质

（一）以人为本，志同道合

中国式教育培训本质一：以人为本，以能为辅，先人后事，人是主，事是辅，教人智慧，启迪心灵，增强爱心为主，培养知识、专业技能为辅。以人为本，即以教育做人为本，把人做好了，事就做好了。人对了，事自然就对了，结果也就对了，即使错误，也不会错到哪里去，会通过自我修正而回到正确的位置。因此我们说，要想获得好的培训效果，首先要做到接受培训的学员本身就适合企业对他进行培训，中国人力资源管理要求企业做到以人为本，这一点同样应该在培训中体现出来。培训中的以人为本就是要注重培训给人带来的内在效果，也就是要教育员工先成人后成才，大量研究表明，培训能否收到成效，学员的学习态度起着最重要的作用。所以，培训首先应该关注学员的内心层面，其次才是知识技能的灌输。只有学员的心灵敞开了，才能接受培训老师所传达的知识理念；只有学员用心去领悟，才能将所接受的知识理念转化为自己的智慧。其实，培训的关键在于传授学员领悟智慧的能力，在于启迪学员的心灵，我们所说的先人后事就是这个道理。智慧是对应人的，知识是对应事的，如果一味地灌输知识，而忽视了智慧的引导，培训就难以取得令人满意的成效。现在，很多企业抱怨，花了大量的人力、物力、财力组织员工培训，但结果却差强人意，道理就在于此。

（二）复制成功，榜样带动

中国式教育培训本质二：培训就是传播复制智慧和成果。榜样标杆就是与员工朝夕相处、为大家所亲近和熟悉的同事，通过他们无声的说服，能够使员工感到更真实、更亲切，因此容易引起共鸣，容易使榜样的力量得到更好的发挥，促使员工们相互学习，共同提高。

"一个好的榜样胜过千百句空话"。借助榜样的力量，可以形成强大的带动力，通过挖掘有潜力的员工，并成功树立起榜样标杆，使得培训更有说服力，能够很好地激励广大员工。在榜样的带动下，形成良好的工作氛围，起到"一花引来万花开"的连锁效应。由于现在企业的培训五花八门，而且培训市场也是鱼龙混杂，很多员工已经腻烦了那种空洞式的说教，而以榜样带动的培训方式，令人信服且具有活力、动力和感染力，使培训实现知识转化。

我国有句俗话："榜样的力量是无穷的"。一个英雄模范人物可以影响一代甚至几代人；一个生动的现实事例可以强烈震撼人们的心灵，使人焕发出无穷尽的激情和力量。

时势造英雄，环境出典型。企业管理者要做的就是酿造培育榜样标杆的环境和土壤，然后榜样标杆通过培训将自己的成功经验传授给企业的广大员工，形成"点亮一盏灯，照亮一大片"的培训氛围。

培训老师可以将自己拥有的智慧通过语言传达出来，但是学员能否领悟智慧、能否取得成果，就要看学员自己了，所谓"师傅领进门，修行在个人"就是这个道理。因此，企业应该引导员工学习榜样的内在品质和精神，而不是单纯从形式上模仿其具体言行。

二、中国式教育培训的需求分析系统

教育培训需求分析是指在规划与设计每项培训活动之前，由培训部门采取各种措施和技术，对组织及成员的目标、知识、技能等方面进行系统的鉴别与分析，从而确定培训的必要性及培训内容的过程。培训需求分析就是采用科学的方法弄清谁最需要培训、为什么要培训、培训什么等问题，并进行深入探索研究的过程。它具有很强的指导性，是确定培训目标、设计培训计划、有效地实施培训的前提，是现代培训活动的首要环节，是进行培训评估的基础，对企业的培训工作至关重要，是使培训工作准确、及时和有效的重要保证。中国式教育培训系统分为两个模块：个人培训需求和组织培训需求。

（一）个人需求分析

员工的个人培训需求，以员工的自我管理为基础。企业可以为员工提供多样化的培训与发展机会，对培训的个人需求分析则需要员工自己做到心中有数，如果员工在内心抵触培训，拒绝学习和成长，那么，再完善的培训制度、再优秀的培训课程都无法起到作用。因此，在中国式教育培训系统中，其基础是靠员工个人自我策划与掌握。之所以说培训工作的效果与招聘的成效紧密相连，其原因就在于此。因此，企业在招聘的过程中一定要注重人才苗子的引进，因为人才苗子都十分乐意接受新知识、新理念，不断充电，不断成长和发展。

在确保了员工个人的自我管理这一基础后，再就是需要企业管理者提供支持。培训的开端在于培训需求，培训需求应该由员工的直接上司负责。员工个人做好自己的职业发展计划，直接上司对员工的成长和发展负责。因为企业管理者最了解自己所领导的直接下属员工的长处与短处、需要与抱负，以及直接下属的过去与现状；同时，他们又了解企业中存在的机会与职业发展通道，便于向下级介绍前景，指导、监督、培养和鼓励他们的下属上进。

直接上司可以通过建立学习责任书的方式来对其直接下属的培训学习和职业发展

负责。学习责任书一方面要充分考虑到员工的个人成长和发展，另一方面也要与企业的人力资源战略密切结合，并与企业的总体战略相一致。学习责任书应以书面形式明确阐明，以利于后续的跟进和反馈。制定有针对性、可操作性的学习责任书，需要管理者对其下属的道德品质、个性特征、工作能力、职业发展规划都具有充分的了解。

（二）组织需求分析

受训员工的直接上司是培训需求分析系统中的主力军，教育培训部门起辅助性作用，主要负责培训的组织、实施和指导。培训的主导是培训需求者的直接上司，因为他们能更清晰地了解培训需求。但是，在确定了培训需求分析后，培训的组织和实施应由教育培训部门进行组织和实施，如讲师的甄选、课件的制作、时间的安排等。

教育培训部门要根据受训者直接上司对其制定的学习责任书来做好培训工作的规划，明确培训目标，提供辅助性的支持和指导。因为一个员工需要具备什么样的能力，哪些领域的相关知识需要得到提升，只有他的直接上司最为清楚，而不是教育培训中心。教育培训中心可以提供辅导和咨询服务，教给部门经理如何建立学习责任书需要注意的问题和技巧，配合部门经理将培训需求分析做得全面客观，但决策权在一线经理手中。

三、中国式培训师

现在的培训师大体分为三类，即大学派、江湖派和实战派。

（一）大学派

大学派，实际上就是我们所说的理论派，大学派培训师往往具备大量的理论知识，他们培训的方式就是将他们所掌握的理论知识传授给学员，也就是教知识。

（二）江湖派

江湖派培训师一般都是单纯的职业培训师，当然也有成功优秀的职业培训师，他们的一个特点就是为了讲课而讲课，他们能够非常清楚地把握学员的心理，知道什么内容会引起学员的兴趣，什么内容会让学员觉得索然无味。因此，他们的课程一般都很受学员欢迎，能够营造热烈活跃的氛围，这类讲师掌握了授课培训的"法"和"术"，渲染气氛、控场、互动能力强，什么课程都能讲。

（三）实战派

实战派就是在某一领域取得傲人成就的成功者将其成功经验分享给学员。笔者最信奉马云说的一句话："你成功后，你说什么，别人都会信；你不成功，你说什么，别人都不信。"这也就是中国式管理的本质。管理就是修己安人、言传身教，中国式教育培训身教胜过言传，也就是修己安人。你自己做好了，把人做到位了，你才有资格教育培训别人。所以，真正的教育培训是让成功者（相对于接受教育培训者）当老师。

企业中首先有培训资格的就是老板或者创业者。老板或者创业者能够把企业做成功，一定有成功的方法和智慧，把这个总结出来，然后进行复制。因为实战派讲师本身就是成功的典型，他们站在讲台上，就代表着一个标杆，树立了一个榜样。在这种情况下，他们所说的话是非常有说服力的，学员也会认真地借鉴他们的成功经验。特别是对于中国人来说，很多时候我们对他人的观念抱有怀疑态度，一个没有成功的人，他说得再多，讲得再有道理，也没有人愿意听，更没有人相信。因此，要想培训收到成效，要想员工敞开心扉地接受培训内容，就要把握员工的心理，让成功者当讲师。

企业中其次具有培训资格的就是干部经理人。干部经理人之所以能够成为干部经理人，是因为他们得到了成功者的信任，吸收了成功者的成功经验、成功智慧，也就是复制了成功者的成功，中国人常常说："跟什么人，学什么人"，也就是这个道理。复制过来的成功也是成功。把成为管理者经理人的成功原因复制出来，就是最好的教育培训。

让管理者、经理人或者是企业中的成功者成为培训师，培养人才，是推动企业发展的永续动力。

四、企业面临的两大问题

中国的企业在不断的发展过程中面临着两大问题，即维持性问题和创新性问题。维持性问题包括改善性问题，也称为稳定性问题，它是企业在发展中沉淀下来、得以传承下去的，这类问题应该占80%。当然，这个数据是相对而言的，不同的企业有不同的情况，但是一般来说，维持性问题在企业中占绝大部分比重。对于这类问题，企业应该自己培训。企业发展的过程就是不断将创新性问题转化为稳定性问题，不断创新和沉淀的过程。一部企业发展的历史，就是一部创新沉淀的历史。企业的发展，好不容易才积累沉淀了那么一点儿东西，一定要通过教育培训传承下去，反复地宣导，反复地培训。

创新性问题是企业自己不好解决的，在企业中占20%。可以从外面聘请专家，不断进步，一步一个脚印，不断地沉淀，不断地创新。

因此，对于维持性问题，需要企业内部培训；对于创新性问题，企业可以聘请外部讲师。总的来说，企业的培训要以内部培训为主，同时以外部培训为补充。这里需要说明的是，内部培训一定要形成体系，建立企业独有的内部核心课程体系。此外，内部课程培训体系中一定要建立学员的考核机制和评估档案，作为员工职业发展的一项依据。

五、中国式教育培训系统构建

中国式教育培训系统需要按两条主线进行操作，即做人教育系统和做事培训系统。

我们先来看"教育"这两个字。"教"字，左边是个"孝"字，右边是个"文"字，综合起来的意思就是"孝"的文化。孔子说，"夫孝，德之本也，教之所由生也"，曾子也说，"民之本教曰孝"。"育"就是像母亲哺育孩子一样。从优秀的传统文化中，我们也可以看到教育的方向，教育首先在孝，孝就是做人的道理。也就是说，教育主要是对人德行的教化。在现今的企业中也应该秉持这样的理念来教育员工，也就是管理中的做人教育系统。

再来看"培训"这两个字，"培"字，左边是一个"土"字，我们古人说乾为天，坤为地，坤就属土，"土"字代表万事万物发展的根基；右边上面是一个"立"字，下面是一个"口"字，"立"代表行得正，"口"代表言，综合起来就是正派的言行作为根基。"训"字，左边是个"言"字，右边是个"川"字，就是说语言要像河川一样，生生不息，生动活泼，反复强化。培训是培养做人做事的能力，提升人的言行举止方面的能力。

因此，在中国式教育培训系统中，教育是指做人的教育系统，培训是指做事的培训系统。前者是教育人做人方面的道理，后者是培养人做事方面的能力。通过教育修炼人的智慧，通过培训锻炼人的能力，教育是根本，培训是保障。

（一）做人的教育系统与做事的培训系统

1. 做人的教育系统

感恩的心就是爱心，感恩是一种处世哲学，是生活中的大智慧。人生在世，不可能一帆风顺，种种失败都要勇敢面对，豁达地处理；人生在世，第一感恩的应该是父母，这是中华民族普遍强调的孝道，也是教育的本质。"百善孝为先，教育孝为本"，说的也是这个道理。我们常说，一个人的心有多大，格局就有多大；一个人的心向往什么，什么就会被吸引过来。怀有一颗爱心，感受到关爱。

《道德经》里说："上善若水。水善利万物而不争，处众人之所恶，故几于道。居善地，心善渊，与善仁，言善信，政善治，事善能，动善时。夫唯不争，故无尤。"讲述的就是水的智慧，水之所以被誉为上善，就在于它的谦逊。

谦卑是一种智慧，是为人处世的黄金法则，懂得谦卑的人，必将得到人们的尊重，受到世人的景仰。正所谓"道有道法，行有行规"，做人也不例外，用平和的心态去对待人和事，也是符合客观要求的。主动吃亏是一种风度，任何时候，情分都不能践踏，若一个人处处不肯吃亏，则处处想占便宜，于是，妄想日生、骄心日盛，而一个人一旦有了骄狂的态势，难免会侵害别人的利益，最终会伤害自己。谦逊是终身受益的美德，一个懂得谦逊的人是一个真正懂得蓄积力量的人。谦逊能够避免给别人造成太张扬的印象，还能够使员工在生活、工作中不断积累经验与能力，最终达到成功。低调做人，不耍小聪明，让自己始终处于冷静的状态，在低调心态的支配下，兢兢业业，勤奋工作。

要想先做事，必须先做人。做好了人，才能做事，做人要低调谦逊，做事要有高调的信心，事情做好了，人在事情中得到锻炼，做人的水平就又上了一个台阶。

这里说的低调做人并不是将人打造成为一个老好人，什么都好，如果一个人没有自己的原则，八面玲珑，反而受人厌恶。因此，在低调做人的同时，一定要在内心把持自己的原则和底线。内心的原则是做人之本，是堂堂正正做人的脊梁，是人格的自立，是自我价值的体现。

以积极感恩的心态低调做人，加上坚持内心的原则，就是人们常说的"外圆内方"，做人的最高智慧就是"外圆内方"，方是圆的底线，圆是方的包裹。只圆不方，人就成了一个八面玲珑、滚来滚去的球，那就是过于圆滑了；只方不圆，必然四处碰壁，刺伤他人，方的形状是一个四面棱角、静止不动的"口"，如同一盘死棋无法前进。

2. 做事的培训系统

前面说了要低调做人的智慧，那么在做事方面则要相反，要高调，积极进取。在企业中，做人教育系统是根，做事培训系统是叶。人一旦做好了，那么事也就不难了。做人的智慧是需要沉淀和修炼，做事的技巧则需要培训和学习。做人的教育系统是相通的，不管是营销部门、财务部门，还是技术部门、管理部门都可以共同学习。做事的培训系统是分科开展的，不同的职能设置不同的培训课程，培训老师应该是对该职能领域具有深刻认识和实践的人才，对营销部门进行专门的营销培训，对财务部门进行专门的财务培训，对研发部门进行专门的研发知识培训，等等，通过这些不同领域的专业培训的构建，形成做事的培训系统。

（二）必修课程体系与选修课程体系

教育培训系统中的课程体系可以划分为两大类，即必修课程体系和选修课程体系。前面讲述了中国式人力资源管理中的教育培训系统应该分为两条主线，也就是做人的教育系统与做事的培训系统。根据这两条主线，课程体系可以进一步细分为：做人的必修课程、做事的必修课程；做人的选修课程、做事的选修课程。

1. 必修课程体系

必修课程体系是企业在成长中日积月累的智慧沉淀，这种沉淀正是构成企业文化的基础，是属于企业内化的财富。既然这种智慧是在企业内部生成的，自然要靠企业内部来宣传和发扬，在企业内部不断复制和固化。对于必修课程，企业要构建自己的讲师团队，那么这里又回到了培训的本质，也就是本章中反复强调的"让成功者做讲师"。根据不同的层级、不同的类别，将做人的教育系统分层分类构建起来。

做人的必修课程涵盖的是内心修炼方面的内容，如共同的价值观、道德观、使命感、做人的原则和标准等方面的主题，重在修炼员工的心灵，提升员工内心的格局，培养员工的爱心、孝心、责任心，以及员工乐观向上、自动自发的积极心态。

做事的必修课程则侧重于学习与企业目前发展阶段相适应的知识、方法和工具，如营销人员必备知识技能、财务人员必备知识技能、研发人员必备知识技能等。通过知识技能的学习，能够提高工作效率，优化资源配置。

2. 选修课程体系

选修课程体系的构建是为了满足员工更新知识、丰富见识、开阔眼界、拓宽视野的需要。当今的社会是一个知识更新换代十分迅速的社会，企业要想适应社会的变迁，就需要企业的员工跟上时代的步伐，不断汲取新鲜的养分和能量。

做人的选修课程是在做人的必修课程的基础上进一步延伸和扩展，如在企业中引入《弟子规》《五伦八德》《家庭幸福》《夫妻关系》等，让员工自行选择学习。

做事的选修课程可以吸收所从事专业领域中的新理念、新方法，不一定要完全钻研透彻，但是至少要知道有这样的理念和方法的存在，并对其有大致的了解。

授权在组织运作中起着十分关键的作用，它是以人为对象，将完成某项工作的权力授予下属人员。即主管将处理用人、用钱、做事、交涉、协调等权力转交给下属，而且不只是权力的授予，同时还要托付完成该项工作的必要责任。组织中的不同层级有不同的职权，权限则会在不同的层级间流动，从而产生授权问题。有效的授权是一项重要的管理技巧。在这里介绍一下五级授权体系。

"我决策，你执行"位于授权体系中的最底层，然后依次向上递增，越往上授权度越强，逐步发展为最顶层的"你决策，我执行"的授权方式。很多企业管理者都会有这样一个困惑："到底哪一种授权方式才是最有效的呢？"其实并不存在一种普适性的授权方式，以上各个授权层级都是有效的，但要具体问题具体分析，而分析的变量则在于管理者与下属之间的信任度。具体采取哪一层级的授权方式，就是根据信任的强弱来决定的。

当上司与下属之间毫无信任可言时，就必须采取最底层的授权方式，实际上就是零授权，决策权都掌握在上司手上，下属仅充当一个执行员的角色，没有自己的思想，只是将上司的决策执行到位。上司和下属通过一段时间的合作，信任开始从无到有，在彼此之间信任构建的初步阶段，也就是具备微弱的信任度时，下属可以对工作提出自己的建议，但是意见仅供参考，是否采纳还是完全取决于上司，所授的只是虚权，事实上，决策权还是控制在上司手中，下属仍是一味执行。当上司对下属比较信任时，这个时候上司会把决策权分摊一部分给下属，彼此共同协商，一起作决策，然后下属再全力执行，这一层次就属于中度授权了。上司和下属在工作中通过长期合作，彼此建立起高度的信任感时，上司就可以高度授权，自己仅仅是提出思想，决策由下属制定并执行。最后，上司完全信任自己的下属时，就可以完全授权了，这也是授权的最高层次，上司仅仅是对方向进行把控，决策权和执行权都掌握在下属手中。

因此我们说，企业的授权要做到因人而异，对不同的员工不能采取统一的授权制度，而是应该根据与员工之间的信任度来确定。信任感越高，授权度越强，只有这样才能有效授权，取得成效。

组织的三层级与权、责、利之间的关系，讲的是高层代表决策的权，中层代表执行的责，基层代表发展的利。将这一思想结合本节所讲的授权，我们可以发现企业管理者对普通员工的授权授予的就是发展权利，也就是发展的机会。直接上司是员工最好的老师，他的一言一行都影响着员工的发展，如果管理者将大权紧握在手而不下发，就会导致员工失去发展的机会，员工一旦看不到自己的发展通道就会选择跳槽，即使不跳槽，也不会好好工作。

通过上司与下属之间信任感的不断巩固，从一级授权逐步通向五级授权，员工在这一通道的层层递进中不断地得到锻炼，能力逐步提升，员工也成长发展了，最后就悟道出师，成为企业人才大厦体系中坚实的支柱。

然而，这里需要注意的是，以上所介绍的五层授权体系还不是完整的授权体系，因为有效的授权绝对不是在授权完后就撒手不管了，否则就会形成授权者被架空的局面，而管理者一定要把控大局，使决策和执行都处于有序的轨道中。因此，完整的授权体系应该是在授权以后，被授予权力的下属需要进行汇报决策以及执行的进展，上司负责监督检查，授权一定要通过检查进行跟踪。但是检查并不是为了检查而检查，并不是单纯地去发现问题、鸡蛋里挑骨头式的检查，检查的真正目的是对员工进行有效辅导，在出现偏差时能够及时纠正方向，只有这样才能切实有效地帮助员工成长和发展。因为只要是人，就会犯错误，我们并不能杜绝错误的发生，但是要在错误发生时有效调整，并通过错误来进行锻炼，不断成长，走向优秀和卓越。因此，我们说授权后的检查跟踪不是为了去挑员工的毛病，而是对员工的成长和发展负责。

中国式人才招聘中曾经提到，企业最大的成本就是信任成本。任何一个优秀的企业都追求团队协作能力，信任是合作的前提，没有了信任，就不可能有真正的团结和默契地合作。上司与下属通过一段时间的共事，逐步建立信任，再通过授权将信任感传达给下属，下属接收到上司的信任信息，就会产生认同感和归属感，于是就会更努力、高效地工作，这些都被上司看在眼里，记在心上，信任感更上一个台阶，授权度更强……这样就形成一个良性循环，工作效率自然就大大提升。相反，如果上司不对员工的成长和发展负责，紧握权力不肯下放，员工也能感受到这种不信任感，看不到未来，工作效率必将大打折扣。因此，在信任基础上的授权使上司能够腾出时间和精力做更重要的事情，同时也为下属创造了成长和发展的机会，大大提高了工作效率。

除上述提到的五层授权外，还有一个零级授权形式，即"我决策，我执行"。这里说的"我执行"是指上司通过向下属就某一工作方式进行演示，下属在一边观察学习、模仿，上司演示的次数不能频繁，一两次就够了。如果通过上司的演示，员工仍然没有改进，那么就要考虑这个员工是否需要调整或辞退，因为这不是员工的能力问题，而是态度问题。如果员工的态度不端正，那么上司是无法与其培养信任感的，而没了信任感，授权也就无法实施。

总结上面所述，有效授权就是有效培养人才的过程。最好的学习和创新场所就是工作现场，没有任何锻炼方式比工作中学习来得更有效和更快。因此，在企业教育培训系统中，最好的导师就是员工的直接上司，也就是经理人。

六、中国式人才五层次开发体系

中国式人才培养可以分为五个不同的层次，分别为开发知识、开发技能、开发思维、开发观念和开发心灵。

（一）第一层次：开发知识

在对人才的培养与开发过程中，知识其实是最容易传授的，也是最容易掌握的，只要花时间去学习，每个学员都可以掌握。这一层次主要限于理论层面。

（二）第二层次：开发技能

技能的开发是向学员传授分析和解决问题的方法，与第一层次一样，这一层次也主要是单向的学习灌输，告诉学员在发生什么问题时应该怎么去做，没有深入地去探究问题的根源和本质，是在教员工用手脚做事。

（三）第三层次：开发思维

这一层次逐步开始注重学员的内在开发，指导开发学员分析和解决问题的思维，侧重于教育学员如何利用大脑去思考，而不单单是传授技能和方法，换句话说，也就是在教员工用大脑做事。

（四）第四层次：开发观念

这一层次的培训开发更深地切入到学员的内在，观念是指导行为的基础，培养员工坚韧的意志力和坚定的信念。这一层级的开发是在引导员工从用大脑做事逐步转向用心做事。

（五）第五层次：开发心灵

这是人才培养开发的最高层级，也是培训的最高境界。如果将员工的心灵开发了，那么员工做任何事情都会用心去做，而不是用手脚做事，也不是用大脑做事。用心做事所取得的效率是非常高的，能够取得事半功倍的效果，并且能够培养员工的创造性思维，给企业带来无穷的活力。

中国式人才的五个层次开发是一个循序渐进的过程，知识和技能的开发是硬性的，主要在于培训讲师的传授，员工只是被动地接受。而思维、观念和心灵的开发则一方面需要培训讲师的智慧；另一方面主要是依赖于学员自己的领悟和修炼，是软性的，也是一项长期的工程，正如本章开头所讲的百年树人就是这个道理，如果最终开发了员工的心灵，那么将对企业的发展产生极大的推动作用。心灵的开发是根，知识的开发是干；心灵的开发就是开发智慧，是培训的"道"，知识的开发是开发方法，是培训的"法"和"术"。因此，在人才的开发培养中要注重根的培养，根培养好了，枝和干自然就茂盛了。

七、三级教育评估系统

在进行教育培训评估时一定要注意，评估的对象不是讲师，而是受训学员，否则就会导致培训讲师为了迎合学生而忽视了培训的目标、受训学员学习时抱着审视的态度进行学习，影响学习的效果。当然，企业也要注重对讲师的评估，但是讲师的评估应是在培训课程开始之前就已完成，而不是在授课过程中。评估的对象一定要是学员，通过评估制度，一方面能够对员工的学习起到督促推进的作用；另一方面也强化了培训课程中的核心理念，保障培训的效果。

对学员的评估方式因课程的不同，其侧重点也不同，前面内容已经讲过，培训课程体系应划分为必修课程和选修课程。对于必修课程，一定要通过试卷进行考试强化；对于选修课程，一定要通过学员写心得体会感悟强化。中国式培训评估系统分为以下三个层级。

（一）第一级：考

考试主要是针对培训课程内容中的核心部分，培训考核评估的核心理念就是要以对学员的考核为导向，而不是以对讲师的考核为导向。培训的主要目的是培养学员在某一方面或某几个方面的能力，如果单纯地以考核讲师为培训考核目标，那么势必会导致讲师一味地去迎合学员的心理需求，而忽视了学员是否学到了知识技能。考核学员的方式要以考试为主，考试成绩必须记录在学员的学习档案中，以此作为学员未来职业发展的依据。

1. 考核方式

通过卷面的方式，将课程中的重点转化为考题，在培训结束后发放给学员进行考试，并建立学员培训学习档案，核心课程的考试成绩须记入档案备查。考试成绩主要是由培训讲师进行专业性评估，成绩直接记录在学员培训成绩档案中。

2. 课程评估记录

培训评估记录非常重要，必须将其记录在学员的培训档案中，作为员工职业发展的依据之一。

（二）第二级：写

写指的是学员应在培训课程结束后，将自己的切身感受写下来，一方面可以强化自己的学习效果；另一方面也可以作为培训组织者评估培训效果的依据。

（三）第三级：讲

员工如果只是将自己的培训体会用文字表达出来，那还只是自己的知识，不能转化为公司的财富。如果员工能够将这些心得体会在公司宣讲，那么就能够将这种经验传达给整个企业，同时也能强化员工自身的理解。

八、教育培训应用系统

培训的评估系统，其核心理念就是学员在培训过后一定要通过考试或写心得体会进行反馈和强化。

　　这里需要注意的是,培训评估的结果一定要记录在案,否则培训评估就成了空架子,难以发挥作用。教育培训部门要为每位学员建立独立的员工个人培训档案,记录员工参加的课程名称、参加培训的总时数、花费的培训费用、每次培训后的评估成绩以及提交的培训心得体会等,这些数据对于在需要了解员工学习情况时一目了然,而且在晋升评审、转岗、调动时具备直观的参考价值。

　　通过学员培训学习档案的记录,并结合学习责任书,能够较清晰地了解学员通过培训所获得的成长和发展,同时也可以知晓学员内心的进取程度。将培训成绩与学员的个人发展挂钩,个人发展与年终奖金及第二年的成长与激励挂钩,对培训学习中的优秀学员予以奖励能够起到标杆示范作用,其他员工看到标杆的成功渠道,自然就会模仿学习,这样,企业的学习氛围就自然建立起来。通过这种方式,一方面企业做到了对员工的成长和发展负责;另一方面培训的效果也能落到实处。员工职业发展通道的开发对企业有着巨大的利益,主要表现在能够发现人才,尤其是储备干部,保证了企业中各个层级质量的连续性,不致于产生突发性的人才空缺,影响企业的正常运行;同时还实现了人尽其才,充分开发本企业的人力资源潜力,满足了个人的荣誉、自尊和自我发展的需要,引导员工的个人目标与组织目标的一致,保证了员工的积极性、创造性与对组织的忠诚与归属感,真正体现了以人为本的中国式人力资源管理智慧。

思考题

1. 如何实施人才战略工程?
2. 中国共产党坚持实施的三大战略是什么?
3. 中国实施的发展战略是什么?
4. 人才强国战略是什么战略?
5. 怎样实施人才强国战略?
6. 中国有哪些发展战略?

参考文献

[1] 陶铁胜，张桂宾. 中国传统文化与人力资源管理 [M]. 上海：上海三联书店，2000.

[2] 刘娜欣. 人力资源管理 [M]. 北京：北京理工大学出版社，2018.

[3] 陈葆华. 现代人力资源管理 [M]. 北京：北京理工大学出版社，2017.

[4] 王斌，魏大明. 人力资源管理 [M]. 重庆：西南师范大学出版社，2016.

[5] 曹海英. 人力资源管理概论 [M]. 北京：中国金融出版社，2016.

[6] 王丽娟. 非人力资源经理的人力资源管理上 [M]. 北京：中国经济出版社，2016.

[7] 王胜桥，吕洁. 卓越连锁经营管理系列人力资源管理 [M]. 上海：复旦大学出版社，2017.

[8] 彭剑锋. 人力资源管理概论 [M]. 上海：复旦大学出版社，2011.

[9] 中公教育经济专业技术资格考试研究中心. 人力资源管理专业知识与实务中级 [M]. 北京：世界图书出版公司，2016.

[10] 杨红英. 人力资源开发与管理 [M]. 昆明：云南大学出版社，2014.

[11] 谢永建. 转型中的人力资源管理创造成果与价值 [M]. 北京：科学技术文献出版社，2018.

[12] 魏新，张春虎. 人力资源管理概论 [M]. 2 版. 广州：华南理工大学出版社，2013.

[13] 熊淑萍，刘忠林. 管理心理学在人力资源管理中运用的创新研究 [M]. 南昌：江西人民出版社，2018.

[14] 张同全. 人力资源管理 [M]. 大连：东北财经大学出版社，2012.

[15] 易南. 世界 500 强人力资源总监管理笔记 [M]. 北京：中国商业出版社，2018.

[16] 曹世奎. 医药人力资源管理 [M]. 2 版. 北京：中国中医药出版社，2017.

[17] 德森佐，罗宾斯. 人力资源管理基础教程 [M]. 8 版. 吴晓巍，译. 沈阳：东北财经大学出版社，2007.

[18] 易晓芳，陈洪权. 企业文化管理 [M]. 武汉：华中科技大学出版社，2016.

[19] 尹剑峰. 世界 500 强人力资源总监管理笔记 [M]. 北京：北京时代华文书局，2016.

[20] 艾晓玉. 传统文化与现代管理 [M]. 北京：中国旅游出版社，2018.